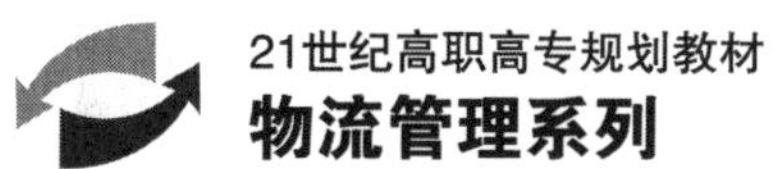

21世纪高职高专规划教材

物流管理系列

配送实务

主编◎邓传红　副主编◎任天舒　熊晓艳

Practice of Distribution

中国人民大学出版社

·北京·

总　序

为适应湖北省物流快速发展的新形势和新要求，深入贯彻落实《国家中长期教育改革和发展规划纲要（2011—2020 年）》和《湖北省中长期教育改革和发展规划纲要（2011—2020 年）》，经湖北省教育厅批准，由武汉交通职业学院牵头，联合武汉职业技术学院、武汉船舶职业技术学院、武汉铁路职业技术学院、湖北交通职业技术学院等 14 所职业院校以及湖北省邮政速递物流公司、武汉东本储运有限公司、武汉商贸国有控股集团有限公司、武汉港务集团有限公司等 26 家企业，共同建设“湖北物流职业教育品牌”项目。

该项目旨在整合各方资源，调动各方积极性，走集团化、集约化办学的新路子，促进职业院校和行业企业紧密结合、优势互补、合作共赢，促进湖北省物流行业的全面健康发展，为湖北省构建中部崛起战略支点作出应有贡献，因而得到了中国物流学会、湖北省运输与物流协会、交通运输部长江航务管理局、湖北省国际货运代理协会、中国商业经济学会储运研究分会、《物流技术》杂志社、《物流工程与管理》杂志社、湖北物流发展研究中心等行业（主管）机构及相关单位的大力支持。

该项目将紧紧抓住湖北省打造职业教育品牌、做强职业教育的重大历史机遇，依托湖北物流职业教育集团，以武汉交通职业学院及相关院校物流管理专业为重点，力争用 3 年时间，将湖北省物流管理专业建设成为在“办学体制机制创新、资源共建共享、技术技能型人才共同培养、共同服务物流产业”四个方面具有示范效应的职业教育品牌，促进专业与产业链对接和产教深度融合，提升湖北物流职业教育服务区域经济、服务物流行业的能力，带动湖北职业教育科学发展、快速发展、高质量发展。

这套教材是该项目的重点建设成果之一。通过项目开展的“物流企业万里行”活动，项目参与院校与企业共同制定了《湖北省物流企业基础岗位任职要求及主要业务流程》，并以此为指导开发了“物流运输实务”、“仓储管理实务”、“配送实务”、“集装箱业务操作实务”、“国际物流”、“物流服务营销”、“物流设施设备”、“物流技能竞赛指导”等课程，制定了各门课程标准，开展了课程改革，并以企业真实业务流程为主线展开课程学习，采用“教、学、做、测”一体化形式组织教学、编写教材。在这套教材编写的同时，各门课程开发了涵盖课程标准、电子课件、教学设计、同步测试、实训、视频、动画、图片等在内的教学资源，建成了校级以上精品资源共享课平台。这些课程资源建设与教材编写同步进行，相携而成，是这套教材的最大特色。学生可以免费登录武汉交通职业学院官方网站精品资源共享课平台学习，实现了学习环境网络化、学习资源数字化、学习方式多样化。

在这套教材即将公开出版之际，项目委员会顾问梁世翔教授、主任姬中英教授和中国人民大学出版社邀我写序，我欣然应允。希望这套教材能够为湖北省高职物流管理专业的人才培养作出应有的贡献，希望教师们辛勤努力的成果能够为职业院校的物流管理专业建设起到一定的示范作用。

胡延华

2014 年 6 月于深圳职业技术学院

前 言

《教育部关于全面提高高等职业教育教学质量的若干意见》(教高〔2006〕16号)明确提出“以职业能力培养为重点，进行基于工作过程的课程开发与设计”的高职教育理念，并鼓励探索工学交替、任务驱动、项目导向、顶岗实习等有利于增强学生能力的高职教学模式。正是在这一教学设计理念的驱动下，本书的编者按照配送业务的工作过程重新序化教学内容，并把“任务驱动，项目导向”的高职教学模式融入其中。

1. 总体思路

本书按照“以职业能力培养为重点，进行基于工作过程的课程开发与设计”的高职教育理念来设计教材内容。全书以配送认知为起点，以配送中心的客户订单为引领，以配送中心的业务操作过程和岗位要求为主线，将完成一笔配送业务所应掌握的知识和技能融入各个项目的学习中。

2. 结构特点

本书按照“任务驱动，项目导向”的设计思路安排项目内容，每个项目包括项目引入、项目分析、项目实施、同步测试四个部分。在项目实施中，根据完成该项目所需的主要知识和技能要求，把该项目又分成若干任务，每个任务由任务结构图、相关知识、操作演练、技能训练四个环节构成。通过两个层次、四个环节的立体结构设计，真正体现了“教、学、做”一体化的课程设计理念。

3. 本书特色

(1) 教材内容的职业化。本书的内容由单纯的课堂理论教学向校企双向介入的共同教学转变，以真实企业的工作项目为导向来设计教材内容。

(2) 编写主体的多元化。教材的编写由学校专任教师和企业专业技术人员“双师”共同参与，保证教材内容的实用性和可行性。

（3）教材组织的多样化。教材组织的过程充分体现了校企合作的成果，通过任务结构图—相关知识—操作演练—技能训练环节来组织教材内容，真正实现工学交替、“教、学、做”一体化的具有高职特色的教学模式。

（4）教材设计的项目化。本书设计了六大项目和19个学习任务，通过完成这19个学习任务，让学生习得配送业务的相关理论知识与实践技能。

（5）教材资源的立体化。教材建设的同时，还配套完成教学课件、企业岗位职责与标准、岗位作业流程、案例、图片库、试题库、行业网站链接等动态、共享的教材资源库。

本书由武汉交通职业学院邓传红任主编，武汉交通职业学院任天舒、长江工程职业技术学院熊晓艳任副主编，湖北黄冈职业技术学院孙凯、武汉交通职业学院罗雅情以及新科安达武汉分公司的魏世林和胡红等参与编写。具体编写分工如下：项目三、项目五由邓传红编写，项目二由任天舒编写，项目一由熊晓艳、魏世林编写，项目四由孙凯编写，项目六由罗雅情、胡红编写。

本书在编写过程中，参考了大量学者的专著和文献，在此一并表示感谢！

由于编者的实践经验有限，本书难免有不妥之处，恳请各位专家学者、同行教师、业界人士及广大读者批评指正。

邓传红
2015年5月

目　录

项目一
配送作业认知

【项目引入】

2008年北京奥运会用到的物资按性质可分为32类：6类通用物资、19类专用物资、7类特殊物资。种类约达2万种，数量达几千万件。北京奥运物流中心共计配送137万多件，其中最大的物资是58.75立方米的船艇架，最长的物资是10.9米长的皮划艇，特殊尺寸的物资是8.8立方米的蹦床，最小的物资是奥运纪念徽章和U盘。配送中心设立研发、加工、制作、包装、配送等部门，并和北京市及全国各主要物资供应基地建立联系，需要哪种物资就直接从基地运到配送中心，在配送中心进行加工、制作、包装和配送。

假设你是北京奥运物资配送中心的经理，你打算如何在短短的半个月内对如此复杂的配送保障工作作出规划和部署呢？

【项目分析】

奥运保障工作是服务世界的窗口，要想在短短的半个月之内做好全盘规划，作为总设计师的配送经理，就必须了解配送的功能及作用，熟悉不同货物的配送特点，选择不同的配送方式。同时，设计好配送组织结构图及每一个配送岗位人员的工作关系图，并对每一个岗位的工作职责及流程制定详细的规范。为此，本项目的相关知识将分解为两个学习任务：

学习任务	学习目标
一、配送认知	（1）了解我国目前配送的现状和发展趋势 （2）掌握配送的含义 （3）能够区分配送的类型 （4）掌握配送中心的功能及作用
二、配送岗位认知	（1）了解配送企业组织结构设计的原则及方法 （2）熟悉配送中心人员工作关系图 （3）能够准确描述配送各岗位的工作职责 （4）根据工作职责，绘制出操作流程

【项目实施】

任务一　配送认知

任务二　配送岗位认知

任务一 配送认知

任务结构图

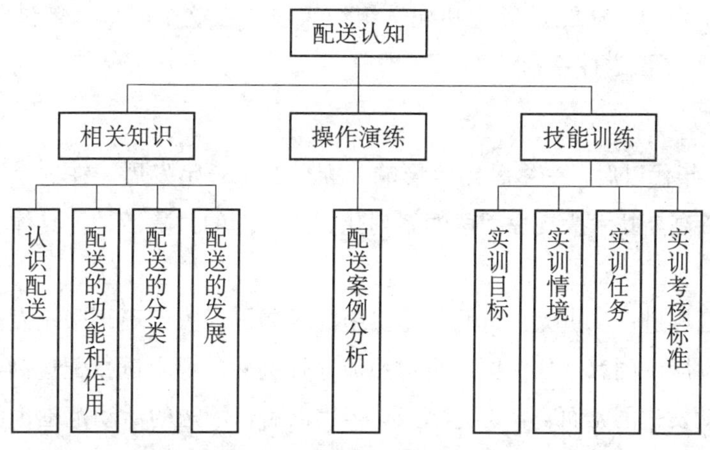

相关知识

一、认识配送

（一） 配送的产生和发展

配送的雏形出现于20世纪60年代初期。随着经济发展速度的逐步加快，商品市场的竞争日趋激烈以及由此带来的货物运输量的急剧增加，配送得到了进一步的发展。总体来讲，配送的发展大体上经历了三个阶段，即萌芽阶段、发育阶段和成熟阶段。

1. 萌芽阶段

20世纪60年代初期，物流活动中的一般性进货开始向备货、送货一体化方向转化。

从形态上看，初期的配送只是一种粗放型、单一性的活动，其活动范围很小，规模也不太大。在这个阶段，企业开展此活动的主要目的是促进产品销售和提高其市场占有率。因此，在发展初期，配送主要是以促销手段的职能来发挥其作用的。

2. 发育阶段

20世纪60年代中期，在一些发达国家，随着经济发展速度的逐步加快、货物运输量的急剧增加和商品市场竞争的日趋激烈，配送得到了进一步发展。在这个时期，欧美一些国家的实业界相继调整了仓库结构，组建或设立了配送组织（配送中心），普遍开展货物配装、配载及送货上门的活动。在这期间，不但配送货物的种类日渐增多（除了种类繁多的服装、食品、药品、旅游用品等日用工业品外，还包括不少生产资料产品），其活动范围也在不断扩大。例如，在美国，已经出现州际配送；在日本，配送的范围则由城市扩大到了乡镇。从配送形式和配送组织来看，在这个时期，曾试行过“共同配送”，并且建立起了配送体系。

3. 成熟阶段

20世纪80年代以后，受多种因素影响，配送有了长足发展。在这个阶段，配送已演变成广泛的以高新技术为支撑手段的系列化、多功能的供货活动，具体表现在以下四个方面。

（1）配送区域进一步扩大。近几年，实施配送制的国家已不再限于发达国家，许多次发达国家和发展中国家（如中国）也按照流通社会化的要求试行配送制，并且积极开展配送活动。就发达国家而言，20世纪80年代以后，配送的活动范围也已经扩大到省际和国际。例如，以商贸业立国的荷兰，货物配送的范围已扩大到欧盟诸国。

（2）配送技术日益先进。技术不断更新、配送手段日益先进是成熟阶段配送活动的一个重要特征。20世纪80年代以后，发达国家在开展配送活动的过程中，普遍采用了诸如自动分拣、光电识别、条形码等先进技术，并且建立了配套的体系，配备了先进的设备（如无人搬运车、分拣机等），极大地提高了配送作业的效率。据介绍，有的工序因采用先进技术和先进设备，工作效率提高了5～10倍。

（3）配送的集约化程度明显提高。20世纪80年代以后，随着市场竞争日趋激烈及企业兼并速度的明显加快，配送组织（企业）的数量逐步减少。但是，其总体实力和经营规模却与日俱增，配送的集约化程度也不断提高。

（4）配送模式日趋多样化。20世纪80年代以后，由于经济发展的外部环境发生了变化（亦即由于生产和市场需求的日趋多样化），不但配送规模和配送活动的范围明显扩大，而且配送作业方式（或形式）也逐渐多了起来。在配送实践中，除了存在独立配送、直达配送等一般性的配送形式以外，又出现了许多种新的配送方式，如共同配送、即时配送等。至此，配送模式明显多了起来。

（二）配送的含义

配送在中华人民共和国国家标准《物流术语》（GB/T 18354—2006）中被定义为：在经济合理区域范围内，根据客户要求，对物品进行拣选、加工、包装、分割、组配等作业，并按时送达指定地点的物流活动。

从物流角度来讲，配送几乎包括了所有的物流功能要素，是物流的一个缩影或是某个小范围中物流全部活动的体现。一般的配送集装卸、包装、保管、运输于一身，通过一系列活动将货物送达目的地。特殊的配送还要以加工活动为支撑，所以包括的范围更广。但是，配送的主体活动与一般物流还是有很大的不同的，如分拣配货是配送的独特要求，也是配送中有特点的活动。从商流角度来讲，配送和物流的不同之处还在于，物流是商物分离的产物，而配送则是商物合一的产物，配送本身就是一种商业形式。虽然配送具体实施时，也有以商物分离形式实现的，但从配送的发展趋势看，商流与物流越来越紧密的结合，是配送成功的重要保障。

具体来讲，配送包含以下五方面内容：

（1）“配送”的概念描述了接近客户资源配置的全过程。配送的资源配置作用是“最终配置”，因此是接近客户的配置。

（2）配送的实质是送货。配送是一种送货，但和一般送货有区别。一般送货可以是一种偶然的行为，而配送是一种有固定的场所和组织形态，有专业化的管理队伍、设施设备和技术力量的高水平送货形式。

（3）配送是一种“中转”形式。配送是中转型送货，而一般送货，尤其是从工厂至客户的送货往往属于直达型；一般送货是有什么送什么，配送则是客户需要什么送什么。所以，要做到需要什么送什么，就必须在一定的中转环节筹集这种需要，从而使配送必然以“中转”的形式出现。

（4）配送是“配”和“送”的有机结合。配送与一般送货的重要区别在于，配送利用有效的分拣、配货等作业，使送货达到一定的规模，并利用规模优势取得较低的送货成本。如果不进行分拣、配货，有一件运一件，需要一点送一点，就会大大增加资源的消耗，使送货并不优于取货。

（5）配送以客户需求为出发点。配送是从客户利益出发，按客户需求进行的一种活动。因此，在观念上必须明确“客户第一”、“质量第一”。配送企业的地位是服务地位而不是主导地位，因此不能从本企业利益出发而应从客户利益出发，在满足客户利益的基础上取得本企业的利益。更重要的是，不能利用配送损害客户利益或控制客户，不能利用配送作为部门分割、行业分割、市场割据的手段。当然，过分强调“按客户需求”是不妥的，客户需求受客户本身的局限，有时会损害其自身或双方的利益。配送必须以客户需求为依据，但是不能盲目，应该追求合理性，进而指导客户，实现共同利益。

（三） 配送的特点

配送是按客户需求进行的商品组配与送货活动，它作为物流系统的重要功能之一，具有以下特点：

1. 配送是一种末端物流活动

配送对象是零售商、加工点、消费者或终端客户，配送作业是与长距离、大批量运输相连接的为终端客户提供的短距离、小批量物流服务活动。因此，配送处于供应链的末端，是一种末端的物流活动。

2. 配送是“配”和“送”的有机结合

配送包含“配”与“送”，与一般的送货有区别。一般的送货主要体现为生产企业和商业企业的营销活动，通过送货实现销售或促进销售的目的；而配送是以合理集货为前提，利用有效的分拣、配货等理货工作，使送货达到一定的规模，利用规模优势取得较低的送货成本，满足客户需要，使客户满意。配送的优势体现在分拣、配货，这是配送与一般送货的重要区别。

3. 配送是以客户需求为出发点的物流活动

配送是以客户订单为核心，满足客户需求的服务活动，充分体现了客户的主导地位。配送的物品、时间、数量、品种、规格、地点都必须按客户需求进行，以客户满意为服务目标。

4. 配送是物流和商流有机结合的商业流通模式

配送融合了商流、物流，它是一种有效的商业模式。配送作业的起点是集货，必然包括订货、交货等商流活动。在消费者主导的买方市场形态下，商流的有效组织离不开物流的支持，同样，以技术和网络主导的电子商务也离不开有效的配送。因此，配送是一种商流和物流有机结合的商业模式。

5. 配送是一种小范围、综合性的物流活动

配送是综合性的、一体化的物流活动。配送过程包含采购、运输、储存、装卸、搬运、分拣、配货、配装、流通加工、进货、送达服务和物流信息处理等多项物流活动。

二、配送的功能和作用

（一） 配送的功能

配送是物流系统中一个涉及多个环节的物流活动，它有许多功能。

1. 集货

集货是将分散的或小批量的物品集中起来，以便进行运输和配送的作业。

集货是配送的重要环节，为了满足特定客户的配送要求，有时需要把从几家甚至数十家供应商处预订的物品集中，并将要求的物品分配到指定容器和场所。集货是配送的准备工作或基础工作，配送的优势之一就是可以将客户的物品进行一定规模的集货。

2. 分拣

分拣是将物品按品种、出入库先后顺序进行分门别类堆放的作业。

分拣是配送不同于其他物流形式的功能要素，也是成功配送的一项重要的支持性工作。它是完善送货、支持送货的准备性工作，是不同配送企业在送货时开展竞争和提高自身经济效益的必然延伸。所以，也可以说分拣是送货向高级形式发展的必然要求。有了分拣，就会大大提高送货服务水平。

3. 配货

配货是使用各种拣选设备和传输装置，将存放的物品按客户要求分拣出来，配备齐全，并送入指定发货地点的作业。

4. 配装

在单个客户配送数量不能达到车辆的有效运载负荷时，就存在如何集中不同客户的配送货物，进行搭配装载以充分利用运能、运力的问题，这时就需要配装。跟一般送货的不同之处在于，通过配装送货可以大大提高送货水平及降低送货成本，所以配装是配送系统中有现代特点的功能要素，也是现代配送不同于以往送货的重要区别之一。

5. 配送运输

配送中的末端运输、支线运输和一般干线运输形态的主要区别在于：配送运输是较短距离、较小规模、较高额度的运输形式，一般以汽车作为运输工具。与干线运输的另一个区别是，配送运输的路线选择问题是一般干线运输所没有的，干线运输的干线是唯一的运输线；而配送运输由于配送客户多，一般城市交通路线又较复杂，如何寻求最佳路线，如何使配装和路线有效搭配等，是配送运输的特点，也是难度较大的工作。

6. 送达服务

将配好的货运送给客户，配送工作还没有结束，这是因为送达货和客户接货往往还会出现不协调，甚至可能使配送前功尽弃。因此，要圆满地完成运货的移交，有效、方便地处理相关手续并完成结算，还应讲究卸货地点、卸货方式等。送达服务也是配送独具的特色。

7. 配送加工

配送加工是按照配送客户的要求所进行的流通加工。

在配送中，配送加工这一功能要素不具有普遍性，但往往是有重要作用的功能要素。这是因为通过配送加工，可以大大提高客户的满意度。配送加工是流通加工的一种，但配送加工有它不同于流通加工的特点，即配送加工一般只取决于客户要求，其加工的目的较为单一。

（二） 配送的作用

配送在物流系统中的作用，主要体现在以下方面。

1. 完善输送及整个物流系统

第二次世界大战之后，由于大吨位、高效率运输力量的出现，干线运输无论在铁路、海运还是公路方面都达到了较高水平，长距离、大批量的运输实现了低成本化。但是，在所有的干线运输之后，往往都要辅以支线转运或小搬运，这种支线转运或小搬运，成了物流过程中一个薄弱的环节。这个环节有许多和干线运输不同的特点，如要求灵活性、适应性、服务性。采用配送方式，从范围的角度来讲，有利于将支线运输及小搬运统一起来，加上上述的各种优点，输送过程得以优化和完善。

2. 提高末端物流的效益

配送中包含的那一部分运输活动，在整个运输过程中处于末端输送的位置，其起始点是物流节点或用户。它将各种用户需要集中在一起进行一次发货，可以代替过去的分散发货，并使用户以去一处订货代替过去的去多处订货，以一次接货代替过去的频繁接货等。配送以灵活性、适应性、服务性的特点，解决了过去末端物流的运力安排不合理、成本过高等问题，从而提高了末端物流的经济效益。

3. 通过集中库存使企业实现低库存或零库存

配送以较低的集中库存总量取代了较高的分散库存总量，并提高了供应保证程度，可以使企业实现低库存或零库存。配送多批次、少批量的货物，使用户的经常储备平均库存趋近于零；配送企业在流通领域中广泛的社会联系和集中调解功能较强的优势，使用户的保险储备库存趋近于零。配送企业通过自己强有力的供应保证，避免用户出现呆滞库存或超储备库存。配送企业通过自己的有效服务，采取即时配送、准时配送等多种服务形式，保证用户的临时性、偶然性及季节性需求，从而缓解用户的库存压力，实现零库存。同时，还应该看到配送的功能是将企业外和企业内的两次供应合二为一，即担负了企业外部和内部双重供应，直接将货物供应到车间或流水线，从而取代了原来由采购部门承担的工作，也减少了企业内部的供应库存。

4. 简化了手续、方便了用户

物流节点按照服务范围内用户的需要，批量购进各种物资，与用户建立比较稳定的供需关系。一般实行计划配送，而对少数用户的临时需要，也提供即时配送服务，用户通过一次购买活动就可以买到多种商品，简化了交易次数及相应的手续。由于配送的“送”的功能，用户不必考虑运输方式、路线及装卸货物等问题，就可在自己的工厂甚至流水线处接到所需的商品，极为方便。

5. 提高了供应保障程度

配送企业依靠自己联系面广、多方组织资源的优势，按用户的要求，及时供应。若组织到的货源不能满足用户的需要，配送企业还可利用自己的加工能力进行加工改制，以适应用户的需要并及时地将货物送到用户手中。如果用户自己去采购，由于精力或其他方面所限没有采购到或采购到的物品不适用，必将影响商品的供应，使生产受到影响。所以，配送的发展在某种程度上可以提高供应的保证程度，使整个企业的生产得以协调地发展。

三、配送的分类

（一）按配送主体分类

1. 配送中心配送

配送中心是从事配送业务的场所，它借助网络技术、配送管理信息系统、现代物流技术和现代物流设施，为客户提供专业的配送服务。

配送中心的专业性强，和客户有固定的配送关系，通常有较大规模的存储、分拣及输送系统和设施，配送品种多，配送数量大，可以承担企业主要物资的配送及实行补充配送等，是配送的主要形式。

2. 商店配送

商店配送是由商业或其他流通企业的门市网点，根据客户的要求，将商店经营的品种配齐并运送给客户，或者代客户外购一部分本商店不经营的商品，然后与本商店经营的品种一起配齐并运送给客户。

商店配送的组织者一般实力有限，往往是针对零售商品的少量配送，配送的商品种类繁多，客户的需求量并不大，很难与大型配送中心建立计划配送关系，因此常常利用小零售网点从事此项工作。但是，由于商店及物资零售网点数量较多，配送半径较小，商店配送比较机动、灵活，可承担生产企业非主要物资的配送以及针对消费者个人的配送。可以说，商店配送是配送中心配送的辅助及补充形式。

3. 仓库配送

仓库配送是以库房、货场作为物流据点组织的配送。它可以把仓库完全改造成配送中心，也可以在保持仓库原功能的前提下，增加一部分配送职能。由于原仓库并不是按配送中心专门设计和建立的，因此仓库配送的规模较小，配送的专业性较差。仓库配送是开展中等规模的配送可以选择的形式，也是较容易利用现有条件而不需大量投资的形式。

4. 生产企业配送

生产企业配送的组织者是生产企业，尤其是进行多品种生产的生产企业，可以直接由企业配送，而不需要将产品发送到配送中心。由于减少了一次物流中转，所以具有一定的优势。

生产企业配送需要有较完善的配送网络和较高的配送管理水平，适用于生产地方性较强产品的生产企业，如食品、饮料、百货等。某些不适合中转的化工产品及建材也常常采用这种方式。

（二） 按配送物资种类及数量分类

1. 单（少）品种、大批量配送

企业需要量较大的商品，如A类商品，单独一个品种或几个品种就可达到较大运输量，实行整车运输，这样的商品往往不需要再与其他商品搭配，可由专业性很强的配送中心实施配送。由于配送量大，可使车辆满载并使用大吨位车辆，配送中心内部设置、组织、计划等工作也比较简单，因而配送成本较低。

2. 多品种、小批量配送

现代企业生产除了需要少数几种主要物资外，处于B、C类的物资品种数远高于A类主要物资，B、C类的品种数多，但单品种需要量不大，多品种、小批量配送有助于生产企业降低B、C类物资的库存资金占用。类似的情况也存在于向零售店补充一般生活消费品的配送。

3. 成套配送

按企业生产需要，尤其是装配型企业生产需要，将生产每一台件所需的全部零部件配齐，按生产节奏定时送达生产企业，生产企业随即可将此成套零部件送入生产线装配产品。在这种配送方式下，配送企业承担了生产企业大部分的供应工作，可以使生产企业专心致力于生产，与多品种、小批量配送的效果相同。

（三） 按配送时间及数量分类

1. 定时配送

定时配送即按用户规定的时间间隔进行配送，每次配送的品种及数量可按计划执行，也可在配送之前以约定的联络方式确定配送品种及数量，但如果配送数量变化较大，则会使配送运力安排出现困难。

2. 定量配送

定量配送即按用户规定的批量在一个指定的时间范围内进行配送。由于时间不严

格限定，配送中心可以将不同用户所需物品凑整车后配送，提高车辆满载率，节省运力。

3. 定时、定量配送

定时、定量配送即按用户规定的配送时间和配送数量进行配送，配送计划不容易制定，特殊性较强。

4. 定时、定路线配送

定时、定路线配送即在规定的运行路线上制定到达时间表，按运行时间表进行配送，用户可按规定路线及规定时间提出配送要求。采用这种方式有利于计划和安排车辆及驾驶人员。在配送用户较多的地区，也可免去过分复杂的配送要求所造成的配送组织工作及车辆安排的困难。

5. 即时配送

即时配送即完全按用户要求的时间和数量进行配送。这种方式是以某天的任务为目标，在充分掌握了这一天的需要量及需要种类的前提下，及时安排最优的配送路线并安排相应的配送车辆，实行配送，也是一种水平较高的配送方式。

（四） 按配送组织形式分类

1. 集中配送

集中配送是由专门从事配送业务的配送中心对多个客户提供的配送。配送中心规模大、专业性强，可与客户确定固定的配送关系，实行计划配送。集中配送的品种多、数量大，一次可同时对同一路线上的几个客户进行配送。

2. 分散配送

小量、零星货物或临时需要的配送业务一般由销售网点进行，这就是分散配送。销售网点具有分布广、数量多、服务面宽等特点，比较适合开展距离近、品种繁多且用量小的物资配送。

（五） 按经营形式分类

1. 销售配送

销售配送是以销售经营为目的、以配送为手段的配送，是销售型企业作为战略环节所进行的促销型配送。销售配送的对象往往是不固定的，配送的经营情况取决于市场状况，配送的随机性较强、计划性较差。许多商店或连锁超市的配送一般属于销售配送。

2. 供应配送

供应配送是企业出于自己的供应需要所采取的配送方式，由企业、企业集团组建配送据点，集中大批量进货以求取得采购价格优惠，然后向本企业、本企业集团内若干企业配送。这种配送方式在大型企业、企业集团、联合公司中采用较多。

3. 销售供应一体化配送

销售企业对于基本固定的客户和基本确定的配送商品，可以在自己销售的同时承担向客户有计划供应的职能，起到既是销售者又是客户的供应代理人的双重作用。销售—供应一体化配送是配送经营的重要形式，它有利于形成稳定的供需关系，有利于采取先进的计划方式和技术方式，有利于保持流通渠道畅通稳定，因而受到人们的关注。

4. 代存、代供配送

客户将属于自己的商品委托配送企业代存、代供，然后组织对自身的配送。这种配送在实施时不发生商品所有权的转移，配送中心只是客户委托的代理人，商品在配送前后都为客户所有，所发生的只是商品位置的转移。配送中心只从代存、代供中取得效益，而不能取得商品销售的经营性收益。

5. 代理配送

代理配送一般情况下与销售配送一致，只是在配送业务开展时组织货源，不用配送企业提供货款。配送企业只是受生产者委托代销商品，对配送商品不拥有所有权，不能取得商品销售的经营性收益，只能取得按销售额的一定比例获取的佣金。这种配送方式对配送企业比较有利，同时是发展现代化流通的一项重要内容。

四、配送的发展

（一） 加工配送

加工配送是和流通加工结合，通过流通加工进行的配送。一方面，加工配送可以使流通加工更有针对性，减少盲目性；另一方面，配送企业也可以通过流通加工增值取得收益。对于用户而言，按用户要求，通过流通加工进行配送，使得配送更贴近用户的实际需求，这种配送方式大大提高了配送的服务水平，且更好地满足了用户的需要。

（二） 及时、应急配送

及时、应急配送是指完全按用户突然提出的要求随即进行配送的配送方式。

这是对各种配送服务进行补充和完善的一种配送方式，这种配送方式主要应对用户由于事故、灾害、生产计划的突然变化等因素所产生的突发性需求，也应对一般消费者经常出现的突发性需求。这是灵活性很高的一种应急方式，也是大型配送企业应当具备的应急能力。有了这种应急能力，配送企业就能够支持和保障自身的经营活动。需要指出的是，这种配送服务的实际成本很高，难以经常性采用。

（三） 共同配送

共同配送是由多个企业为了实现运输规模经济而联合组织实施的配送活动。

共同配送的主要目标是使配送合理化。其优势主要有：降低配送成本；使车辆满载，减少上路车辆，改善交通及环境；取得就近的优势，减少车辆的行驶里程；减少配送网点及设施，节约社会财富。共同配送有以下几种具体形式：

（1）配送企业综合若干用户的要求，对各个用户统筹安排，在配送时间、数量、次数、路线等诸方面作出系统的、最优的安排，在用户可以接受的前提下，全面规划，合理地进行配送。这种配送服务方式适合于在用户比较多的情况下，用户的配送需求有一定的共同性，这样就可以采用集中进货、集中库存，有效地分货、配货、配载、选择运输方式、选择运输路线、合理安排送达数量和送达时间，使配送具有很强的科学性和计划性。当然，这种配送方式实行起来较为复杂，需要有比较高的管理水平。

（2）由若干用户联合组织配送系统对这些用户进行配送。这种形式将分散的配送需求和分散的资源集中，达到一定的规模，就可以提高配送效率并且降低成本。

（3）多个配送企业联合，共同划分配送区域，共同利用配送设施（如配送中心），进行一定程度的配送分工。采用这种配送方式，配送企业可选择离用户最近的配送中心对用户实行配送，这个配送中心可能并非隶属于本配送企业，而是隶属于另一配送企业，只因为其离用户近，可以降低配送成本。同样，另一配送企业的某些用户，也可由这一企业的配送中心实行近距离配送。这样可以使实现共同配送的若干配送企业实现“双赢”或者“多赢”，形成一种共同协作的配送方式。

（四） 越库配送

由于传统流通渠道的变革，零售终端的能力显得越来越重要，消费者对于产品时效性的要求也越来越高，这些均需要物流企业根据货物的特性来选择恰当的组织方式，以便满足缩短渠道、提高反应速度的要求。越库方式的产生就是以上因素促成的。这种作业方式已经日益受到人们的关注并得到广泛运用。越库配送包括任何一种避免在将货物送去零售商之前将其放入仓库的运输方法。其基本含义是：货物在运输过程中不落地或进入仓储设施后不在仓库仓储，而是立刻进行进出货作业，从生产工厂、车站、码头、仓库、车船直接进入指定客户的运输（配送）车辆的组织方式。通过这种组织方式，避免了落地作业所导致的二次装卸搬运，减少了由于仓储所导致的时间及成本增加，减少了物流中转环节。

一般说来，越库作业有两种形式：一种作业形式是供应商必须事先对发送货物的去向有清楚的了解，并做好相应的流通加工作业以便货物到达直拨中心后能直接发货；而另一种作业形式是供应商货物到达直拨中心后才确定货物的去向并进行相应的流通加工作业。前一种适用于供应商及直拨中心有功能强大的信息系统，而且直拨中心的作业面积有限的情形；而后者则正好相反。越库作业对供应链上企业的信息系统、协调组织能力的要求较高。越库作业方需要在越库商品到达处理场之前，对客户订单、客户位置、货物的品种等相关资料进行及时了解和处理，协调各方以保证越库货物能够及时到达处理中心，并运往指定客户或商家。

操作演练

操作任务

阅读案例，通过本任务相关知识的学习，回答以下问题。

(1) 该配送中心的主要功能。

(2) 该配送类型的作用。

一、案例情景

京西果菜批发市场位于河北省怀来县沙城镇，是由京西果菜批发市场有限责任公司开发的大型农副产品综合批发市场，已完成投资 1.06 亿元，占地面积为 22 万平方米，建筑面积为 6 万平方米，场地硬化面积为 4 万平方米，是农业部定点批发市场，也是全国农产品流通加工大型企业。

市场建有 2 万平方米的副食、粮油、百货交易大棚，8 000 平方米的果蔬配送中心，12 万平方米的露天交易市场；仓储保鲜设施较为完善，建有保鲜库、低温冷藏库、速冻库、果蔬气调库和仓库；还建有果品加工车间和鲜食玉米加工车间。

目前，市场日均交易量达到 270 万千克，交易额日均达 300 万元，交易范围辐射京、津、晋、蒙、鲁、粤等省、市、自治区。该配送中心通过对刚刚采摘的蔬菜进行进一步深加工，如对蔬菜进行切削、清洗等，每年可为北京加工配送 1 000 万千克的洁净菜，为丰富首都菜篮子、增加怀来县当地农民的收入和提高农业产业化水平起到了积极的促进作用。

二、结果分析

(1) 该配送中心的主要功能是加工配送。

(2) 加工配送的作用：加工配送是和流通加工结合，通过流通加工进行的配送。一方面可以使流通加工更有针对性，减少盲目性；另一方面配送企业也可以通过流通加工增值取得收益。对于用户而言，按用户要求，通过流通加工进行配送，使得配送更贴近用户的实际需求，这种配送方式大大提高了配送的服务水平，且更好地满足了用户的需要。

技能训练

实训目标

（1）能够区分配送的类型。

（2）理解配送中心的功能及其在物流活动中所起的作用。

（3）提高学生调查研究和分析问题的能力。

实训情境

（1）走访2～3家配送中心，了解它们的类型、规模及发展状况。

（2）记录所调研配送中心具有的功能和特点。

（3）调查以小组为单位，根据班级情况，每组5～10人，设1名组长。

（4）调查时带上调查工具（如笔记本、笔），情况允许的话可以带上照相机和录音笔。

（5）调查之前，进行相关资料的收集并做好知识准备。

实训任务

（1）确定调研的内容。主要围绕配送中心的类型、现状和发展趋势、功能及其在物流活动中所起的作用以及调研信息采集的常用方法，也可以根据具体情况进行选择或者自定。

（2）制订调研计划。围绕调研目标，明确调研主题，确定调研的对象、地点、时间及方式，并确定要收集哪些相关资料。

（3）进行具体的调研。上网收集材料为2～4课时；企业现场调研根据实际情况自行安排，一般为6～12课时。

（4）撰写调研报告。

实训考核标准

对学生的实训结果给予考核，有利于激发学生的积极性。同时，通过考核找出实训过程中的不足并提出改进办法，有利于知识的总结和掌握。具体考核标准如表1—1所示。

表 1—1 配送中心功能及类型调研实训考评表

考核内容	考核标准	分值	实际得分
配送中心功能及类型调研	调研内容的真实性、准确性、全面性	25	
	调研过程中是否遵守纪律，礼仪是否符合要求	20	
	调研报告是否能真实地反映调研结果	15	
	调研报告是否能正确地分析配送中心的功能及类型	25	
	是否能提出合理化建议并能对未来趋势进行预测	15	
合　计		100	

任务二 配送岗位认知

任务结构图

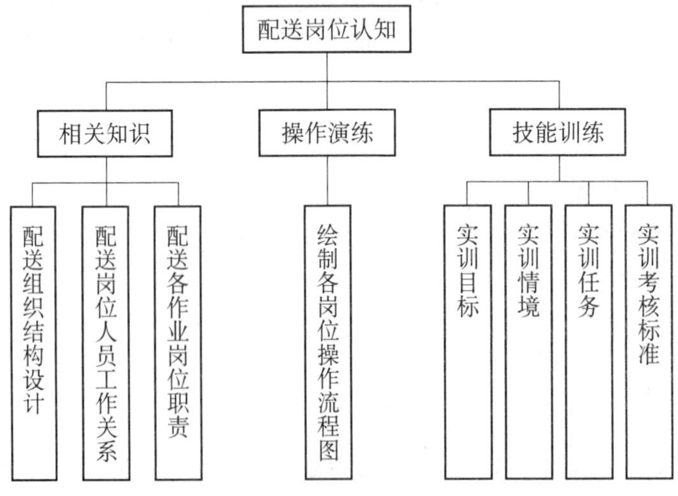

相关知识

一、配送组织结构设计

组织结构的设计是有效组合和协调组织内的任务、权力和责任的活动，基本功能是协调组织中人员与任务之间的关系。配送中心为了能更好、更有效地进行经营和管理活动，实现企业目标，必须建立科学而合理的组织结构。

（一）组织结构的概念

1. 组织结构的定义

组织结构是表现组织各部分排列顺序、空间位置、聚集状态、联系方式以及各要素之间相互关系的一种模式，是执行管理和经营任务的体制。

2. 组织结构的特征

组织结构是描述组织的框架体系，即对一个组织内各要素的排列顺序、空间位置、聚集状态、联系方式以及各要素之间相互关系进行描述。它包含三个特征：组织结构的复杂性、组织结构的规范性和组织结构的集权与分权。

（1）组织结构的复杂性。组织结构的复杂性是指组织结构内各要素之间的差异性，它包括组织内的专业分工程度、垂直领导的层级数及组织内人员在各部门、各地区的分布情况等。

（2）组织结构的规范性。组织结构的规范性是指一个组织内的纪律、规章制度、工作程序、生产过程及产品的标准化程度等。

（3）组织结构的集权与分权。组织结构的集权与分权是指一个组织内的决策权的集中与分散程度。集权是指决策权高度集中在组织的最高管理层中；分权则是指将决策权分散到组织的各个管理层中，乃至最底层的每个职务中。

（二）组织结构的设计原则、方法及步骤

1. 组织结构的设计原则

设计组织结构时应遵循如下原则：

（1）任务目标原则。组织结构的设计要服从每一项工作的任务和目标，尤其是价值链上的目标，体现一切设计为目标服务的宗旨。

（2）分工协作原则。现代企业无论设置多少个部门，每一个部门都不可能承担企业所有的工作。企业各部门之间应该是分工协作的关系，把握好分工协作原则对于现代企

业来说至关重要。

(3) 统一指挥原则。无论公司怎么设计，都要服从统一指挥原则，要在公司的总体发展战略指导下工作。公司所有部门要按照董事会的方针，在总裁和总经理的统一指挥下工作。

(4) 合理管理幅度原则。每个部门、每位管理者都要有合理的管理幅度。管理幅度太大，会无暇顾及；管理幅度太小，则可能无法完全发挥作用。因此，在设计组织结构时，要制定合理而恰当的管理幅度。

(5) 责权对等原则。要想让设置的部门或单位承担责任，就应该让其拥有相应的权力。如果没有对等的权力，根本无法完成相应的职责。因此，责和权应该对等。

(6) 集权和分权原则。权力的集中与分散应该适度，集权和分权应控制在合适的水平上，既不影响工作效率，又不影响积极性。

(7) 执行部门与监督部门分设原则。例如，财务部负责日常财务管理、成本核算，审计部专门监督财务部。执行部门和监督部门分设，也就是通常所说的不能既当运动员，又当裁判员。

(8) 协调有效原则。组织结构的设计应遵循协调有效原则，不应在执行组织结构设计方案之后，部门之间无法相互监督控制。一旦出现运营机制效率低下的现象，就说明组织结构的设计没有遵循协调有效原则。

2. 组织结构的设计方法

(1) 按照人数设计。这种方法曾是种族、部落、军队设计组织结构的重要方法，虽然这种方法已逐步被淘汰，但是在现代社会专业技能要求不高的领域仍旧适用。

(2) 按照时间设计。轮班作业就是典型的按照时间设计组织结构的方法。这种设计的优点是全天候工作，设备利用率高。缺点是对 8 小时以外的工作缺乏监督，易产生班组间配合及沟通上的障碍。

(3) 按照地域设计。这种设计的优点是把责任放在较低层次，鼓励地区参与决策，有利于培养地区内全方位的通才，减少区域间运输与奔波的物质、时间成本。缺点是容易导致总部对各地区的监督失控。

(4) 按照企业职能设计。这是制造企业典型的职能型组织结构设计。这种设计的优点是符合专业化原则，合理反映企业职能分布，有利于简化企业培训。缺点是会降低企业总的目标，易使眼界狭隘。

(5) 按照客户设计。按照客户设计是指根据客户需要来对企业的组织结构进行设计的方法。这种设计的优点是能够集中客户需要，发挥客户领域的特长。缺点是难以完全而明确地对客户群体进行分类。

(6) 按照工艺流程设计。按照工艺流程设计是指根据企业实际运作过程中的工艺流程来设计企业组织结构的方式。它主要适用于制造企业。

（7）按照产品设计。按照产品设计是指根据企业生产或经营的产品种类来设计企业组织结构的方式。它主要适用于拥有多条生产线或经营产品种类较多的大企业。

（8）按照项目设计。按照项目设计是指将按照职能设计与按照产品设计结合起来进行组织结构设计。

3. 组织结构的设计步骤

组织结构的设计是指对一个组织的结构进行规划、构造、创新或再构造，使组织的目标得以有效地实现的过程。在构造组织结构时，首先要按照系统的目标，考虑组织内工作部门的设置、等级以及管理层次和管理幅度等。在设计组织结构时，通常要经过如下步骤：

（1）工作划分根据。根据目标一致、效率优先原则，把达成组织目标的总任务划分为一系列各不相同又互相联系的具体工作任务。

（2）建立部门。为了完成组织认为有价值的任务，实现组织目标，把相近的工作归为一类，在每一类工作之上建立相应的部门。

（3）决定管理跨度。所谓管理跨度，就是一个上级直接指挥的下级的数目。应该根据人员素质、工作复杂程度合理地决定管理跨度，相应地也就决定了管理层次和职权、职责的范围。

（4）确定职权关系。通过确定纵向职权关系（上下级间的职权关系）和横向职权关系（直线部门与参谋部门之间的职权关系），把组织的上下左右联系起来。

（5）组织结构的形成。在完成上述步骤的基础上，根据组织目标与组织现有人力资源等情况，对初步设计出来的部门、职务、人员配置和职权关系进行总体的调整与平衡，从而形成一个科学、合理而又严密的组织结构。

（6）组织结构的修改和调整。任何组织结构，经过合理的设计并且实施后，都不是一成不变的。对实际运行过程中所出现的具体问题及外部环境和内部条件的变化，要及时进行修改和调整，以保证组织结构的有效运转。

（三）配送部门的组织结构类型

配送部门作为一个流通型组织，组织结构的设计需视企业本身的战略目标、经营特性、企业文化及配送中心的具体流程而定。

配送部门是一个专门从事物流活动的组织，随着配送规模的不断扩大，以及业务关系的日益复杂，组织结构在工作中的作用越来越显著，地位也越来越重要。目前，不论是连锁商业企业自建的配送中心，还是完全属于第三方物流企业的配送中心，常见的组织结构类型包括直线职能型组织结构、产品型组织结构和区域型组织结构。

1. 直线职能型组织结构

直线职能型组织结构是指企业按职能来划分部门，并按所划分的职能部门来组织经营活动的模式。它能充分地体现企业活动的特点。此类配送中心利用其高效、快速的配送能力来保证商品顺畅流通，其基本职能是货物进货、储存、分拣、包装、配货装货和配送运输。此类配送中心还包括一些为保证配送活动顺利进行的辅助职能部门，如人事、保卫、客户服务、维修、财务等。而某些大的职能部门还可根据具体的业务需要进一步细分为一些子部门，以适应管理工作的需要。直线职能型组织结构如图 1—1 所示。

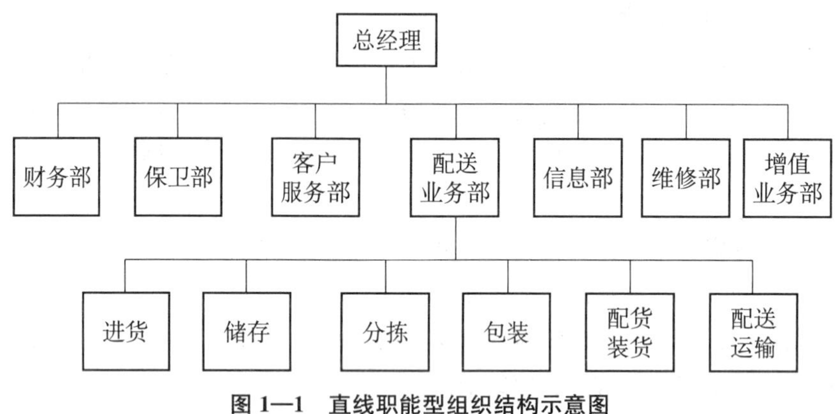

图 1—1 直线职能型组织结构示意图

2. 产品型组织结构

随着配送部门配送产品的多样化，将所有配送产品全部集中在同一职能部门，将给企业的运行带来很多困难，而管理跨度又限制了增加下级人员的可能。在这种情况下，就需要按所配送的产品或者产品系列来进行组织结构的设计，建立产品型组织结构。该结构要求高层管理者的主要职能为规划整个企业的发展方向、控制财务、管理人事等方面，而将具体配送产品的权力广泛授予产品部门经理，并要求产品部门经理承担一部分利润指标责任。产品型组织结构如图 1—2 所示。

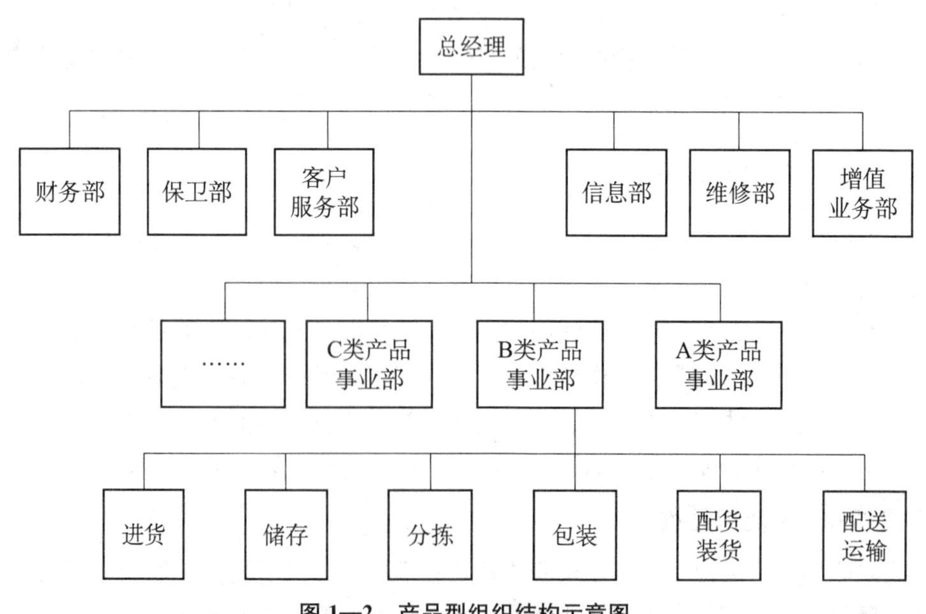

图 1—2 产品型组织结构示意图

配送部门采用产品型组织结构，可减少市场风险，提高劳动效率，降低经营成本；有利于企业加强对外部环境的适应性，以市场为导向，及时调整经营方向；有利于促进企业内部的竞争。但按产品划分部门也有一些不足之处，比如：必须有较多的全面管理人员；由于总部和产品事业部中的职能部门可能存在重叠现象而导致管理费用增加；各产品部门的负责人具有较大的决策权，可能过分强调本部门的利益，而影响企业的统一指挥。为了避免失控，企业总部应把足够的决策权和控制权掌握在手中。

3. 区域型组织结构

对于经营范围分布很广的配送中心，应按区域划分部门，建立区域型组织结构，即将某一特定地区内的配送活动集中在一起，委托给一个管理者去管理。区域型组织结构如图1—3所示。

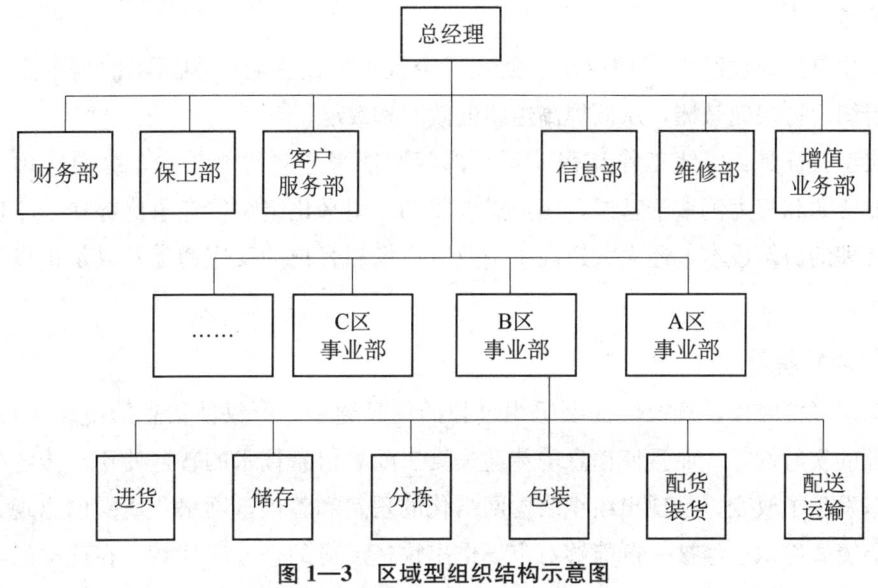

图1—3　区域型组织结构示意图

按区域划分部门可以调动各地区管理者的积极性，加强地区内各种活动的协调，还可以减少运输费用和时间，降低配送成本。但也存在需要较多管理人员、机构重复设置、高层管理者难以控制各地区的管理工作等问题。

(四) 现代企业组织结构的发展趋势

1. 分立化趋势

分立一般可分为两种形式：横向分立和纵向分立。横向分立是指企业将一些有发展前途的产品分离出来，成立独立的子公司，选派有技术、懂管理的人去经营；纵向分立是指企业不仅从事多品种经营，而且对同一种产品进行上下游分离。实行分立化组织结构具有明显的优越性：增加了各公司的自主权，增强了各自的进取精神；减少了企业管理层次，精简了机构，信息传递快，具有较强的应变能力和较大的灵活性；各部门间平等，无上下级关系，有利于相互配合、协调，提高效率。

2. 柔性化趋势

“柔性”泛指适应变化的能力和特性，组织的柔性化是指企业具有参与国际竞争，对意外的变化不断反应以及适时根据可预期变化的意外结果迅速进行调整的能力。新型的柔性组织系统一般以多级组织的形式出现。在这种多级组织中，各业务单元都是相对独立的单位，它们组成联盟，相互依赖，在关键技术和难题的解决上相互帮助。各业务单元与核心机构处于一种平等的地位。核心机构的职能是针对竞争环境的变化适时调整组织战略，发展组织和管理的基础结构，通过组织文化建设来创造凝聚力，使各个业务单元相互合作，确保统一任务和目标的完成。组织中的各项具体业务由各业务单元来完成，核心机构为各业务单元顺利完成各项工作提供支持。

3. 扁平化趋势

扁平化是指通过减少管理层次、裁减冗余人员，建立起一种紧凑的扁平型组织结构，使组织变得快速敏捷，从而提高组织的效率和效能。

其典型特征是：围绕工作流程而不是部门职能来建立组织结构，纵向管理层次简化，企业资源和权力侧重于基层，用户需求驱动。扁平化组织的竞争优势在于不但降低了企业管理的协调成本，还大大提高了企业对市场和客户的反应速度及满足市场与客户需求的能力。

4. 网络化趋势

在知识经济时代，直线职能型组织过长的信息通道，不仅使信息的传递耗费时间，信息处理的实时性差，而且使信息的传递失真。随着信息技术的普遍使用，传统的组织运作形态发生了改变，呈现出组织结构网络化的现实和趋势。网络化组织的出现，代表传统的层级式组织已经被一群能够对市场作出快速反应的企业所代替。在这样的组织形态中，企业组织变成一个由许多知识节点所组成的动态网络，这些知识节点可能是许多个员工个体，也可能是一个个专业团队，或是一个为解决特定问题而存在的组织。信息化为组织结构的网络化提供了物资和知识的保障，网络化组织减少了中间层次，是一种保证组织成员不断与外界保持接触，以使工作能够顺利完成的组织结构。这样的直接结果是：缩短了信息和知识的传递路径，减少了它们的在途时间，有助于人们之间更密切和更频繁的联系，增进了信息和知识的横向交流。

5. 竞争扩大化趋势

世界各国管理专家和企业人士达成这样一种共识：知识经济时代的竞争是集团化的竞争、综合实力的竞争。这不仅意味着经济全球化促成了区域经济集团，而且说明竞争已由单个企业的“单兵作战”转向各国企业集团的战略对抗。集团型企业之间的激烈对抗程度远非单个企业间的竞争所能相比。

二、配送岗位人员工作关系

在进行配送作业时，需建立一个合理而有效的组织结构，然后针对相应的岗位进行设置并配备相应的人力资源，明确各个岗位的任务、权力、责任和其相互间的关系以及信息沟通渠道，确定部门以及岗位的职责。

（一）配送部门岗位设置的基本原则

因事设岗是配送部门岗位设置的基本原则。在具体设置岗位时，还应该考虑以下原则：

（1）岗位设置的数目符合最低数量的原则；

（2）所有岗位有效配合，保证组织的总目标、总任务实现的原则；

（3）每个岗位发挥积极效应，与其他相关岗位相互协调的原则；

（4）所有岗位充分体现经济、科学、合理、系统化的原则。

（二）配送人员的工作关系

配送人员的工作关系如图 1—4 所示。

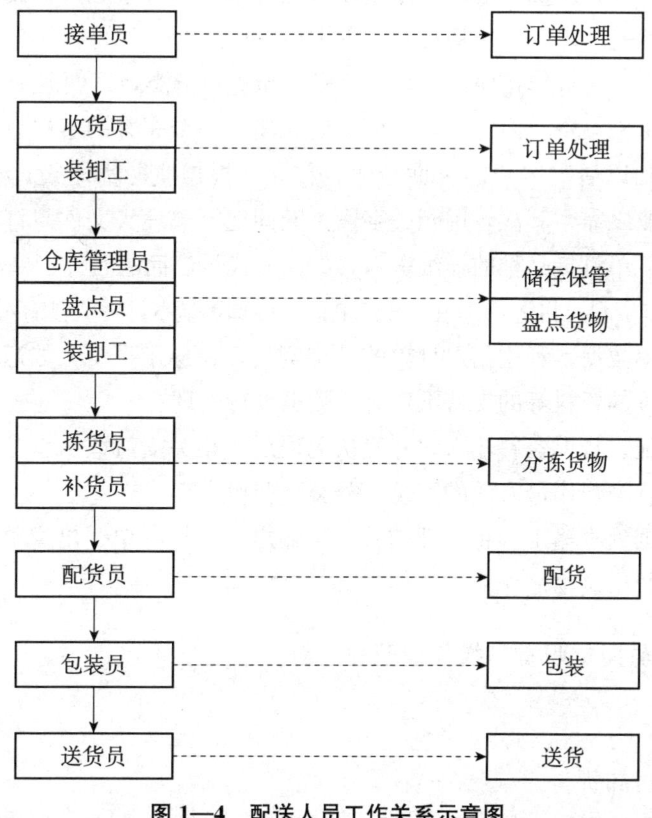

图 1—4　配送人员工作关系示意图

三、配送各作业岗位职责

（一） 接单员岗位职责与操作规范

1. 职责范围

（1）接收订单资料。

（2）在规定的时间内，将客户的订单进行确认和分类，并由此判断与确定所要配送货物的种类、规格、数量及送达时间。

（3）建立客户订单档案。

（4）对订货进行存货查询，并根据查询结果进行库存分配。

（5）将处理结果打印输出，如拣货单、出货单等。

（6）根据输出单据进行出货物流作业。

2. 操作规范

（1）接收订单。通过电话、传真或电子数据传递等方式接收客户的订货资料。

（2）确认订单。接收到客户订单后，首先对客户的信用进行确认，看其应收账款是否已经超过信用额度，以确定继续或停止输入该订单。当订单通过信用检查后，便要继续确认订单的其他基本内容，包括订货的种类、数量、配送时间、价格、包装等。

（3）订单分类。将订单按照确认后的交易类型进行分类，以便区别处理。

（4）设计订单档案资料内容。订单分类后，建立一个完整的客户订单档案，以便于本次交易的进行和以后与客户的长期合作。首先，根据实际需求设计订单档案资料内容，以备后续作业之需。其次，用相关字段关键词把订单表头文件与订单明细文件分别归档，记录每笔订单订货品种的详细资料，如商品代号、商品名称、单价等。

（5）输入订单资料。将客户订单、客户电话、传真等基本订货资料输入订单处理系统。

（6）处理订单数据。利用用户订单的基础资料，在各子系统，如运输配送系统、存货系统、补货系统的资料等的支持下对订单数据进行处理。

（7）库存分配。订单资料输入，并确认无误后，相关支持数据也准备好后，下一步就是对大量的订货资料作最有效的汇总、分类，调拨库存。

（8）订单数据处理输出。将处理结果打印输出，如拣货单、出货单等，然后再根据这些输出单据进行出货物流作业。

（二） 收货员岗位职责与操作规范

1. 职责范围

（1）组织人员卸货。

（2）检验商品条形码、核对商品件数以及商品包装上的品名、规格等，对于件数不符的商品，查明原因，按照实际情况纠正差错。

（3）签盖回单。

2. 操作规范

（1）组织卸货。当供应商的送货卡车到达收货站台时，组织装卸工将货物卸到指定地点，并检验送货员递交的抽样商品、送货凭证、增值税发票等。

（2）货品核对验收。选择合适的验收方法，核对商品条形码、商品的总件数、商品包装上的品名、规格等。

（3）签盖回单。在核对单据相符的基础上签盖回单，并在收货的基础上盖章并签注日期。

（4）标明件数。货物堆齐后，标明每一托盘货物的件数，并标明此批商品的总件数，以便与仓库管理员核对交接。

3. 商品验收的方法

商品验收有助于交接双方划分责任界限，要想把完好的商品收进来，通过配送再把完好的商品配送给门店（客户），必须经过商品条形码、数量、质量、包装四个方面的验收。

（1）商品条形码验收。在作业时要抓住两个关键点：一是检验该商品是否为有送货预报的商品，二是验收该商品的条形码与商品数据库内已登录的资料是否相符。

（2）数量验收。由于配送中心的收货工作非常繁忙，通常是几辆卡车接连到达，逐车验收很费时间，而送货卡车又不愿久等，所以一般采取“先卸后验”的办法，即由卡车送货人员按不同的商品分别码放托盘，收货员接过随货同行的单据，并用移动式计算机终端查阅并核对实送数量与预报数量是否相符。几辆卡车同时卸车，先卸毕的先验收，交叉进行，既可节省人力，又可加快验收速度；既便于点验，又有利于防止出现差错。

（3）质量验收。由于交接时间短促和现场码盘等条件的限制，在收货点验收时，一般只能用“看”、“闻”、“听”、“摇”、“拍”、“摸”等感官检验方法，检查范围也只能是包装外表。在验收有有效期的商品时，必须严格注意商品的出厂日期，并按照连锁超市公司的规定把关，防止商品失效和变质。

（4）包装验收。包装验收的目的是保证商品在运行途中的安全。在正常的保管、装卸和运送中，物流包装要经得起颠簸、挤轧、摩擦、叠压、污染等影响。在包装验收时，应检查纸箱封条是否破裂、箱盖（底）摇板是否粘牢、纸箱内包装或商品是否外露、纸箱是否潮湿。

（三）仓库管理员岗位职责与操作规范

1. 职责范围

（1）熟悉物料品种、规格、型号、产地及性能，对物料做好标记，分类排列。

（2）按规定做好出库验收、记账、发放手续，及时搞好清仓工作，做到账账相符、账物相符。

（3）随时掌握库存动态，保持材料及时供应，充分发挥周转效率。

（4）搞好安全管理工作，检查防火、防窃、防爆设施，及时纠正不安全因素。

2. 操作规范

（1）接单。接收总部的接货通知单。

（2）落实货位。接到通知单后，按照通知单上的货物种类、体积大小等安排货位。

（3）验货点收。指挥装卸工卸货，并检验欲入库货物外包装的完好性、品名、规格、数量是否与入库凭证相符。

（4）库内堆码。在货物运入仓库后，指挥装卸工进行堆码作业。堆码过程中特别要注意“五距”（墙距、垛距、柱距、顶距、灯距）、种类和批次。

（5）复核签收。对货物进行复核，在随货同行的入库单上签字，有问题的货物要在入库单上注明。

（6）残损处理。如果在收货过程中发现货物有残损问题，则应认真调查，分清责任。对于卸货过程中，由于卸货员不慎而导致包装残损的货物应重新进行包装。而对于由于厂商不慎而引起的货物残损，应将其退还厂商。

（7）财务处理。建立台账、货卡，并保存入库单。

（8）保管。货物入库后，负责货物在库保养和库区卫生工作，按规定每天如实记录温、湿度状况，参加每天的货物巡查工作，及时上报并参与处理各类仓储事故和各类突发事件。

（9）接单。接收总部的进货通知单。

（10）备车检查。联系运输员备车并对车进行检查，可随需要发车，并看其是否清洁，有无防雨措施。

（11）单货核对。核对送货通知单所列的内容是否与货物一致。如发现问题，则应及时纠正。

（12）发货装车。指挥装卸工装车并清点数目，在装车时，应注意不同品种、不同批次分开堆放。

（13）复核余数。把货垛剩下的货物进行清点，核对余数与账目是否相符。

（14）销账。在货车上销账，注明货物去向，在库存台账上销账。

（15）签字放行。复核无误后，开出门证，要求司机在出库单上签收，并记下司机的身份证号码或工号、车牌号。如果货物是分批出库的，应在台账、提货单上逐批做记录。

3. 储存作业的策略与方法

储存作业要充分考虑最大限度地利用空间，最有效地利用劳动力和设备，最安全和经济地搬运货物，最良好地保护和管理货物。

良好的储存策略可以减少出入库移动距离，缩短作业时间，充分利用储存空间。一般常见的储存方法有以下几种：

(1) 定位储存。定位储存是指每一项货物都有固定的储位，货物在储存时只存放于固定的储位。定位储存的适用条件包括以下几点：不同物理、化学性质的货物须控制不同的保管储存条件，或防止不同性质的货物互相影响；重要物品须重点保管；根据物品尺寸及重量安排储位；库房空间较大；多品种、小批量货物的存储。

定位储存的优点是：储位能被记录、固定和记忆，便于提高作业效率。储位按周转率的高低来安排。通常周转率高的货物的储位安排在出入口附近，这样可以缩短出入库搬运距离；根据货物特性安排储位，可以将货物之间的不良影响降到最低。定位储存的缺点是：需要较大的储存空间，影响库房及设施的使用效率。

定位储存应注意：每项货物的储位容量必须大于其可能的最大在库量。

(2) 随机储存。随机储存是指根据库存货物及储位使用情况，随机安排和使用储位，每种商品的储位可随机改变。随机储存的适用条件包括：库房空间有限，需尽量利用储存空间；储存商品品种类别少，储存批量或体积较大的货物。

随机储存的优点是：由于储位可共用，储区空间的利用率高。随机储存的缺点是：增加货物出入库管理及盘点工作的难度；周转率高的货物有可能被储存在离出入口较远的位置，从而增加出入库搬运的工作量；有些可能发生物理、化学反应的货物相邻存放，从而造成货物的损坏或发生危险。

(3) 分类储存。分类储存是指所有货物按一定特性加以分类。每一类货物固定其储存位置，同类货物的不同品种又按一定的法则来安排储位。

1) 分类的因素。分类储存通常按以下因素分类：商品相关性大小，商品周转率高低，商品体积、重量，商品的物理或化学、机械性能。

2) 分类储存的适用条件。分类储存主要适用于以下情况：商品相关性大，进出货比较集中；货物周转率差别大；商品体积相差大。

分类储存的优点是：便于按周转率的高低来安排存取，具有定位储存的各项优点；分类后各储存区域再根据货物的特性选择储存方式，有助于货物的储存管理。分类储存的缺点是：储位必须按各类货物的最大在库量设计，因此储区空间的平均使用效率仍然低于随机储存。

(4) 分类随机储存。分类随机储存是指每一类货物均有固定储位，但各储区内，每个储位的安排是随机的。分类随机储存的优点是：兼有分类储存和随机储存的部分优点。分类随机储存的缺点是：货物出入库管理特别是盘点工作较困难。

(5) 共同储存。共同储存是指在确定各货物进出仓库确切时间的前提下，不同货物共用相同的储位。共同储存在储存空间及搬运时间上较为经济，但在管理上相对复杂。

（四）盘点员岗位职责与操作规范

1. 职责范围

（1）通过点数计数查明商品在库的实际数量，核对库存账面资料与实际库存数量是否一致。

（2）检查在库商品质量有无变化，有无超过有效期和保质期，有无长期积压等现象，必要时还需对商品进行技术检验。

（3）检查保管条件是否与各种商品的保管要求相符台，如堆码是否合理稳固，库内温、湿度是否符合要求，各类计量器具是否准确等。

（4）检查各种安全措施和消防设备、器材是否符合安全要求，建筑物和设备是否处于安全状态。

2. 操作规范

（1）盘点前准备。盘点前的准备工作是否充分，直接关系到盘点作业能否顺利进行，甚至关系到盘点作业能否成功。盘点的基本要求是快速、准确，为了达到这一基本要求，盘点前的充分准备十分必要，其准备工作主要包括以下内容：确定盘点的程序方法，配合财务会计做好准备；设计和印制盘点用表单；结清库存资料。

（2）确定盘点时间。确定盘点时间时，既要防止过久盘点对企业造成的损失，又要考虑配送仓库或配送中心资源有限的情况，最好能根据货品的性质确定不同的盘点时间，如A类主要货品每天或每周盘点一次，B类货品每两周或三周盘点一次，C类较不重要货品每月盘点一次即可。盘点日期一般选择在财务结算前夕和营业淡季。

（3）确定盘点方法。为得到尽可能准确的库存资料，盘点分为账面盘点及现货盘点。账面盘点又称永续盘点，就是把每天出入库货品的数量及单价记录在计算机或账簿的存货账卡上，连续计算并汇总账面上的库存结余数量及库存金额。现货盘点又称实地盘点或实盘，也就是实际去库内清点数量，再按商品单价计算出实际库存金额。

目前，国内大多数配送中心都已使用计算机来处理库存账务，当账面数与实存数发生差异时，有时很难断定是账面数有误还是实盘数出现错误，所以可以采取账面盘点与现货盘点并行的方法，以查清误差出现的实际原因。

（4）清理盘点现场。这项工作具体包括：对厂商在盘点前送来的货物必须明确其数目；储存区在关闭前应通知各有关部门；整理储存场地，预先鉴定呆品、废品、不良品；整理并结清账卡、单据、资料，进行自行预盘，以便提早发现问题并预防。

（5）盘点作业。在盘点前，应加强指导与监督。

（6）盘点结果差异分析。盘点结束后，应对盘点结果进行分析，分析的思路是：

1）通过盘点，明确实际库存量与账面库存量的差异，盘点数量误差（实际库存量－账目库存数）。

2）这些差异主要集中在哪些品种。

3）这些差异对公司的损益有多大影响。

4）平均每个品种的商品发生误差的次数情况。

5）当发现所得数据与账簿资料不符时，还应追查产生差异的原因。可能出现的原因有：

a. 记账员素质不高，导致货品数目记录不准确。

b. 料账处理制度有缺陷，导致货品数目不准确。

c. 盘点制度有缺陷，导致货账不符。

d. 盘点所得的数据与账簿的资料所产生的差异不在容许误差范围内。

e. 盘点人员不尽责。

f. 漏盘、重盘、错盘等。

通过对上述问题的分析和总结，找出在管理流程、管理方式、作业程序、人员素质等方面需要改进的地方，进而改善商品管理的现状、降低商品损耗、提高经营管理水平。

（7）盘盈、盘亏处理。货品除了盘点时产生数量的盈亏外，有些货品在价格上会产生增减，所以在经主管审核后，应该用更正表进行更正。

（五）拣货员岗位职责与操作规范

1. 职责范围

（1）根据客户的订单要求，从储存的商品中将客户所需的商品分拣出来，放到发货场的指定位置，以备发货。

（2）熟练操作拣货作业，认真完成每日的拣货作业任务。

（3）完成拣货出库总结和报告。

（4）做好拣货设备的定期检查。当发现设备出现不良状况时，及时向保养人员报告。

2. 操作规范

（1）生成拣货资料。拣选作业开始之前，必须先行处理指示拣选作业的单据或信息。虽然有些配送中心直接利用客户的订单或公司的交货单作为人工拣选指示，但由于此类传票容易在拣选作业中受到污损导致错误发生，同时无法标示产品的货位，故必须将原始的传票转换成拣选单或电子信号，以便进行效率更高的拣选作业。

（2）行走或搬运。进行拣选时，可以采用以下三种方式来拣取货品：

1）人至物方式。通过步行或搭乘拣选车辆到达货品储存位置，该方式的特点是货品采取一般的静态储存方式，如托盘货架、轻型货架等，主要移动的一方为拣取者。

2）物至人方式。与上述方式相反，主要移动的一方为被拣取物，也就是货品。拣取者在固定位置内作业，无须去寻找货品的储存位置。该方式的特点主要是货品采用动态方式储存，如负载自动仓储系统、旋转自动仓储系统等。

3）无人拣取方式。拣取的动作由自动的机械负责，电子信息输入后，系统自动完成拣选作业，无须人手介入。这是目前拣选设备发展的方向。

（3）拣取。当货品出现在面前时，接下来的动作便是抓取与确认。确认的目的是确定抓取的物品、数量是否与指示拣选的信息相同。实际作业中都是读取品名的同时与拣选单作对比。比较先进的方法是利用无线传输终端机读取条形码，由计算机进行对比，或采用货品重量检测的方式。准确的确认动作可以大幅度降低拣选的错误率，也比出库验货作业发现错误并处理来得更直接而有效。

（4）分类与集中。由于拣取方式不同，拣取出来的货品可能还需按订单类别进行分类与集中，拣选作业至此告一段落。分类完成的每一批订单的类别和货品经过检验、包装等作业后出货。

3. 操作方法

拣货策略是影响拣货效率的重要因素，因此在决定拣货作业方式前应对所运用的基本策略有所了解。

（1）单一拣取。单一拣取是指针对每一张订单，拣货员巡回于仓库内将客户订购的商品逐一挑出并集中的方式，这是较传统的拣货方式。

一般来说，单一拣取具有以下优点：作业方法单纯；前置时间短；导入容易且弹性大；作业人员责任明确，派工容易、公平；拣货后不用再进行分类作业，适用于大量订单的处理。其主要缺点有：商品品项多时，拣货行走路径加长，拣取效率降低；拣货区域大时，搬运系统设计困难。

（2）批量拣取。批量拣取是将多张订单集合成一批，再按商品类别将数量加总起来进行拣取，之后按客户订单分别作分类处理。

此种方法的优点如下：适合订单数量庞大的系统；可以缩短拣取时行走和搬运的距离，增加单位时间的拣货量。批量拣取有如下缺点：对订单的到来无法作出及时的反应，必须等订单累积到一定数量时才作一次处理，因此会有停滞的时间产生。只有根据订单到达的状况作等候分析，决定适当的批量大小，才能将停滞时间减到最少。

单一拣取和批量拣取是两种最基本也是最主要的拣货方法，除这两项基本的拣货策略外，由这两种策略引申出的拣货策略还包括下述五项：

（1）复合拣取。复合拣取为订单单一拣取和批量拣取的组合，可按订单品项数量决定哪些订单适用单一拣取，哪些适用批量拣取。

（2）分类式拣取。分类式拣取是指一次处理多张订单，且在拣取各种商品的同时，把商品按照客户订单分类放置。如此可减轻事后分类的麻烦，对提升拣货效率更有益处，较适合每张订单量不大的情况。

（3）分区或不分区拣取。不论是采用单一拣取还是批量拣取，从效率上考虑皆可配合采用分区或不分区的作业策略。所谓分区作业就是将拣取作业场地作区域划分，每一个作业人员负责拣取固定区域内的商品。而其分区方式又可分为拣货单位分区、拣货方式分区及工作分区。事实上在作拣货分区时亦要考虑储存分区的部分，必须先对储存分区进行了解、规划，才能使系统整体的配合趋于完善。

（4）接力拣取。接力拣取与分区拣取类似，先决定拣货员各自分担的产品项目或料架的责任范围后，各拣货员只拣取拣货单中自己所负责的部分，然后以接力的方式交给下一位拣货员。

（5）订单分割拣取。当一张订单所订购的商品项目较多，或想要设计一个讲求及时快速处理的拣货系统时，为了使其能在短时间内完成拣货处理，遂将订单切分成若干子订单，交由不同的拣货员同时进行拣货作业以加速拣货的完成。订单分割策略必须与分区策略联合运用才能有效发挥其长处。

（六）补货员岗位职责与操作规范

1. 职责范围

根据以往的经验，或者相关的统计技术方法，或者计算机系统的帮助，确定最优库存水平和最优订购量，并根据所确定的最优库存水平和最优订购量，在库存低于最优库存水平时发出存货再订购指令，以确保存货中的每一种产品都在目标服务水平下达到最优库存水平。

2. 操作规范

（1）确定现有存货水平。对现有存货水平的检测是配送中心补货系统工作的起点。只有准确地知道现有存货水平，才能确定需要补充多少存货。具体来讲，对现有存货的检测主要有两种方法：定期检测和连续检测。定期检测是按照一定的周期对存货进行检查的方法，周期的具体确定可以依据实际情况而定，可以是几天、一周或一个月检测一次。连续检测要求存货管理者连续记录存货的进出库情况，在每次存货处理后都要检测各产品的数量。现有存货水平是从某产品的现货库存总数与在选订货量之和中减去为客户保留的存货以及内部分支机构的转移订购量，这个值的确定是存货补充计算的基本元素之一。

（2）确定订货点。订货点是补货系统的启动机制。在订货点补货系统中，只要现有库存水平低于指定的订货点，就立即发出补货指令。而在定期检测补货系统中，则根据事先制定的目标存货水平，在固定的检测时点将现有存货水平与目标存货水平进行比较，如果现有存货水平低于目标存货水平，则需要补货。

订货点的确定要考虑前置期库存需求和安全库存的需要。订货点存货水平一般根据前置期内预计需求加上安全库存来确定。也就是说，订货点存货由两部分相加组成：一是在等待存货补充订购到达（前置期）期间满足预计客户需求（耗用量）所需的足够存货，二是应对供需变化的保守存货（安全库存）。

（3）确定订货数量。订货点确定下来以后，补货系统还要确定订货数量。订货数量既可以根据以往的经验来确定，也可以按经济订货批量（EOQ）模型得出。经济订货批量模型的原理是通过数学方法，对各种存货成本进行全面均衡，得出存货总成本最小时的订货批量，并将这个数量作为补货数量。

在不同的补货系统中，订货数量可以是固定的，也可以是变动的。一般来讲，在固定周期订货条件下，订货周期是不变的，但订货点的现有存货水平可能是变动的，每次订货的数量也可能是变化的；固定批量订货则正好相反，订货点的现有存货水平是固定的，即都处于订货点存货水平，每次的订货量是固定的，订货周期却是变化的。

另外，固定周期订货法由于按期订货，所以在订货间隔期和前置期内可能出现缺货现象；固定批量订货由于随时监控库存水平，库存水平一旦达到订货点即发出订单，所以一般不会出现缺货现象。

（4）发出补货的采购订单并进行补货作业。订货点和订货数量确定下来以后，补货系统的最后一个程序就是对需要补充库存的存货种类发出采购订单，进行补充库存的订货。

另外，还要根据拣货作业的要求，对拣货区需要补充的存货进行补充，也就是将存放在储存区的存货转移到拣货区。

操作演练

操作任务

根据上述岗位操作规范，绘制出各岗位操作流程图。

1. 接单员岗位操作流程图

接单员岗位操作流程如图1—5所示。

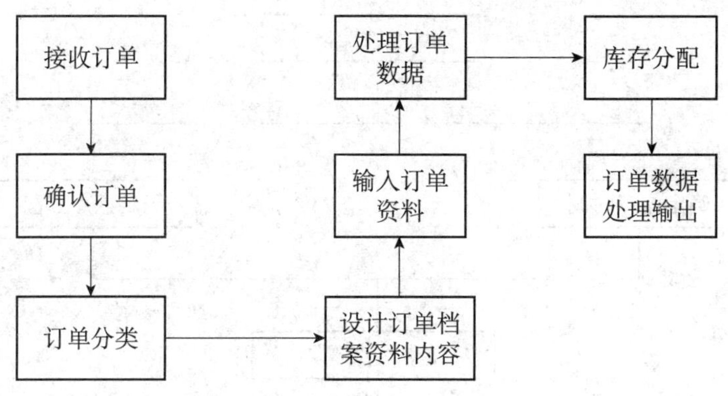

图 1—5　接单员岗位操作流程图

2. 收货员岗位操作流程图

收货员岗位操作流程如图 1—6 所示。

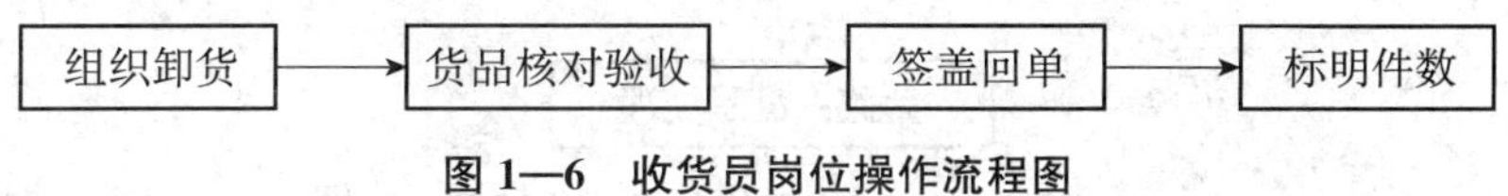

图 1—6　收货员岗位操作流程图

3. 仓库管理员岗位操作流程图

仓库管理员岗位操作流程如图 1—7 所示。

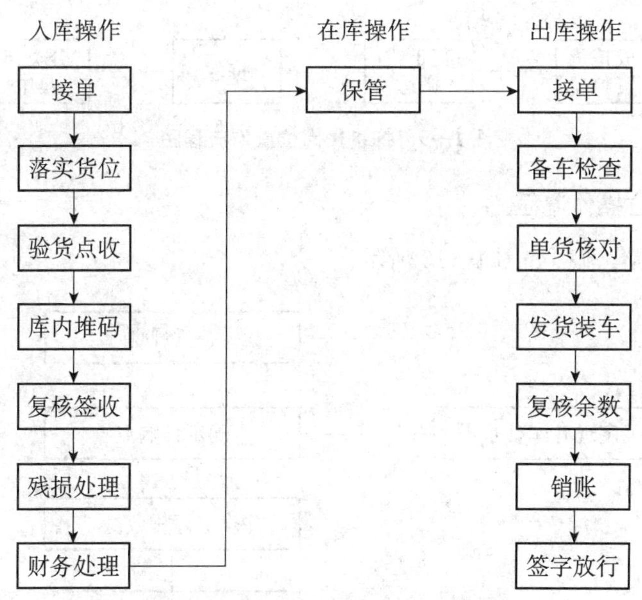

图 1—7　仓库管理员岗位操作流程图

4. 盘点员岗位操作流程图

盘点员岗位操作流程如图 1—8 所示。

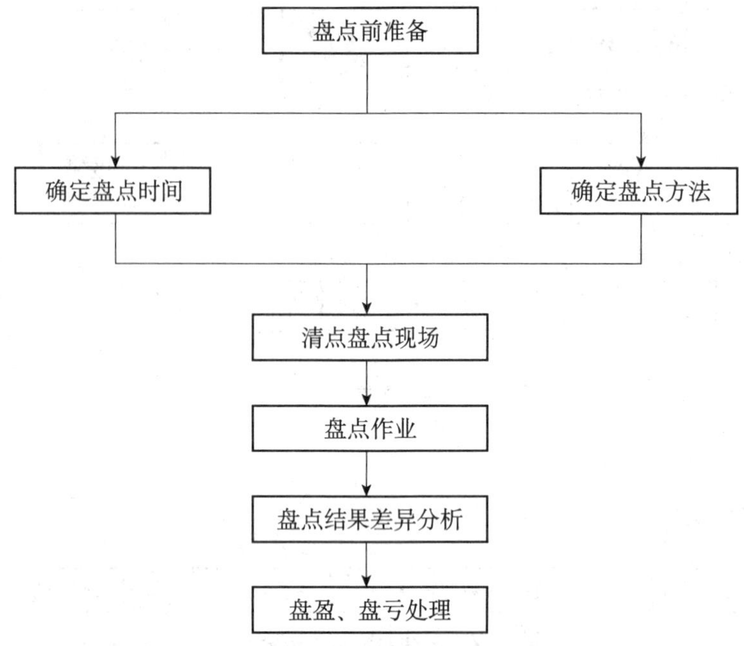

图 1—8　盘点员岗位操作流程图

5. 拣货员岗位操作流程图

拣货员岗位操作流程如图 1—9 所示。

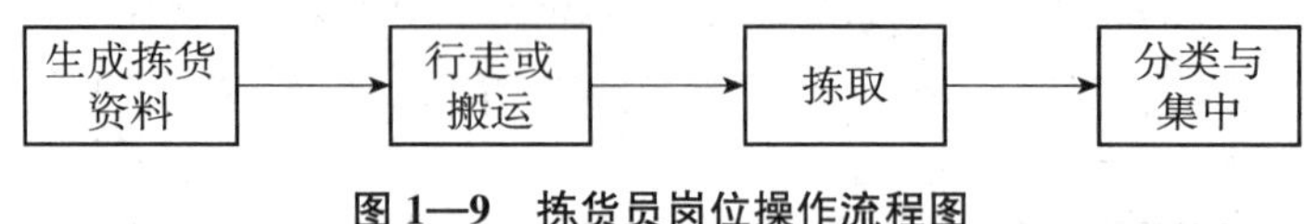

图 1—9　拣货员岗位操作流程图

6. 补货员岗位操作流程图

补货员岗位操作流程如图 1—10 所示。

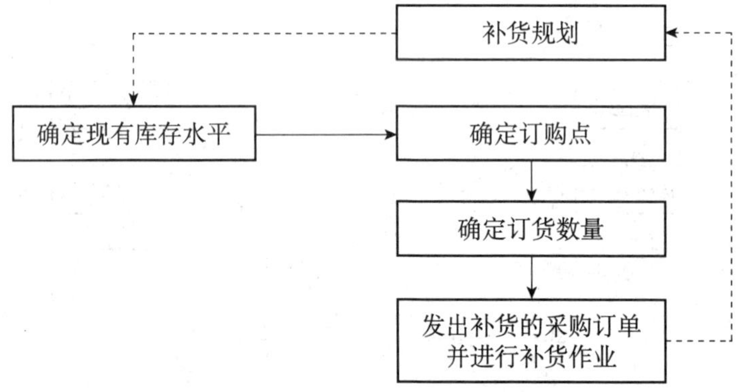

图 1—10　补货员岗位操作流程图

技能训练

实训目标

（1）了解配送企业组织结构设计的原则及方法。

（2）绘制配送中心人员工作关系图。

（3）能够准确描述配送各岗位的工作职责。

（4）根据工作职责，绘制出操作流程图。

（5）提高学生调查研究和分析问题的能力。

实训情境

（1）走访2～3家配送中心，了解这些企业的组织结构、配送人员工作关系。

（2）绘制所调研配送企业的配送人员工作关系图，并简要描述他们的工作职责。

（3）调查以小组为单位，根据班级情况，每组5～10人，设1名组长。

（4）调查时带上调查工具（如笔记本、笔），情况允许的话可以带上照相机和录音笔。

（5）调查之前，进行相关资料的收集并做好知识准备。

实训任务

（1）确定调研的内容。主要围绕配送中心的组织结构、工作人员关系、配送各岗位的工作职责来开展调研，也可以根据具体情况进行选择或者自定。

（2）制订调研计划。围绕调研目标，明确调研主题，确定调研的对象、地点、时间及方式，并确定要收集哪些相关资料。

（3）进行具体的调研。网络调研为2～4课时；企业现场调研根据实际情况自行安排，一般为6～12课时。

（4）绘制出配送中心岗位工作关系图。

（5）准确描述该配送中心各岗位的工作职责。

实训考核标准

对学生的实训结果给予考核评价，有利于激发学生的积极性。同时，通过评价找出实训过程中的不足并提出改进办法，有利于知识的总结和掌握。具体考核标准如表1—2所示。

表 1—2 配送中心岗位工作关系及职责调研考评表

考核内容	考核标准	分值	实际得分
配送中心岗位工作关系及职责描述调研	调研内容的真实性、准确性、全面性	25	
	调研过程中是否遵守纪律，礼仪是否符合要求	20	
	调研报告是否能真实地反映调研结果	15	
	是否能正确地绘制配送中心岗位工作关系并能准确描述其工作职责	25	
	是否能对现有岗位及工作中的问题提出合理化建议	15	
合　计		100	

同步测试

一、单选题

1. 对配送的描述不正确的是（　　）。

A. 配送的资源配置是接近客户的配置　　B. 配送和一般送货没有区别

C. 配送是一种"中转"形式　　D. 配送是"配"与"送"的有机结合

2. 将分散的或小批量的物品集中起来，以便进行运输、配送的作业是（　　）。

A. 集货　　B. 配装　　C. 配货　　D. 分拣

3. 在配送中，不具有普遍性的功能要素是（　　）。

A. 配货　　B. 配送运输　　C. 送达服务　　D. 流通加工

4. 按配送物资种类及数量分类，向零售店补充一般生活消费品的配送属于（　　）。

A. 单品种、大批量配送　　B. 多品种、大批量配送

C. 多品种、小批量配送　　D. 成套配送

5. 采用下列哪种方式有利于计划和安排车辆及驾驶人员？（　　）

A. 定时配送　　B. 定量配送

C. 定时、定量配送　　D. 定时、定路线配送

6. 按经营形式分类，商店或连锁超市的配送一般属于（　　）。

A. 销售配送　　B. 供应配送

C. 代存、代供配送　　D. 代理配送

7. （　　）方式在大型企业、企业集团、联合公司中采用较多。

A. 销售配送　　B. 供应配送

C. 销售—供应一体化配送　　D. 代理配送

8.（　　）是指企业按职能来划分部门，并按所划分的职能部门来组织经营活动的模式。

A. 直线职能型组织结构　　B. 集权型组织结构

C. 产品型组织结构　　D. 区域型组织结构

9. 储位能被记录、固定和记忆，便于提高作业效率的储存方式是（　　）。

A. 定位储存　　B. 随机储存　　C. 分类储存　　D. 共同储存

10. 对于相关性大、进出比较集中、周转率差别大、体积相差大的货物一般选用（　　）。

A. 定位储存　　B. 随机储存　　C. 分类储存　　D. 共同储存

二、多选题

1. 配送的定义包含下列哪些内容？（　　）

A. 配送的资源配置是接近客户的配置　　B. 配送的实质是送货

C. 配送是一种“中转”形式　　D. 配送是“配”与“送”的有机结合

2. 配送的特点包括（　　）。

A. 配送是一种末端物流活动

B. 配送是“配”和“送”的有机结合

C. 配送是以客户需求为出发点的物流活动

D. 配送是一种小范围、综合性的物流活动

3. 配送的作用主要表现在以下哪几个方面？（　　）

A. 完善输送及整个物流系统　　B. 提高末端物流的效益

C. 简化手续、方便用户　　D. 提高供应保障程度

4. 按配送主体，配送可以分为哪几类？（　　）

A. 配送中心配送　　B. 商店配送

C. 仓库配送　　D. 生产企业配送

5. 按配送组织形式，配送可以分为哪几类？（　　）

A. 集中配送　　B. 分散配送　　C. 商店配送　　D. 代理配送

6. 组织结构包含哪些特征？（　　）

A. 组织结构的简单性　　B. 组织结构的复杂性

C. 组织结构的规范性　　D. 组织结构的集权与分权

7. 目前，不论是连锁商业企业自建的配送中心，还是完全属于第三方物流企业的配送中心，常见的组织结构类型有（　　）。

A. 直线职能型组织结构　　B. 集权型组织结构

C. 产品型组织结构　　　　　　　　D. 区域型组织结构

8. 良好的储存策略可以减少出入库移动距离，缩短作业时间，充分利用储存空间。常见的储存方法有（　　）。

A. 定位储存　　B. 随机储存　　C. 分类储存　　D. 共同储存

9. 为得到尽可能准确的库存资料，一般采用哪些方法进行盘点？（　　）

A. 估算盘点　　B. 现货盘点　　C. 抽查盘点　　D. 账面盘点

10. 拣货策略是影响拣货效率的重要因素，最基本也是最主要的拣货方法有（　　）。

A. 单一拣取　　B. 自由拣取　　C. 批量拣取　　D. 手工拣取

三、判断题

1. 配送必须以“要求”为依据，因而应完全遵循用户的要求。（　　）

2. 配送加工等同于流通加工。（　　）

3. 配送以较低的集中库存总量取代了较高的分散库存总量，并提高了供应保障程度，可以使企业实现低库存或零库存。（　　）

4. 配送中包含的那一部分运输活动，在整个运输过程中处于末端输送的位置，其起始点是物流节点或用户。（　　）

5. 即时配送即完全按用户要求的时间和数量进行配送。（　　）

6. 定时、定量配送即按用户规定的配送时间和配送数量配送，配送计划容易制订。（　　）

7. 代理配送与销售配送的经营形式完全相同。（　　）

8. 分权是指决策权高度集中在组织的最高管理层中；集权则是指将决策权分散到组织的各个管理层中，乃至最底层的每个职务中。（　　）

9. 组织结构的扁平化，就是通过减少管理层次、裁减冗余人员建立起的一种紧凑、快速、敏捷和高效的组织结构。（　　）

10. “因人设岗”是配送部门岗位设置的基本原则。（　　）

四、简答题

1. 配送的含义和特点是什么？

2. 配送和运输有哪些异同点？

3. 配送的功能有哪些？

4. 配送的作用有哪些？

5. 根据不同的划分标准，配送可以分为哪些类型？

6. 什么是组织结构？配送部门的组织结构类型有哪几类？

7. 配送中心组织结构的设计应考虑哪些因素？

8. 简述储存作业的策略和方法。

9. 简述配送部门岗位设置的基本原则。

10. 结合一个配送中心（或部门）说明配送人员的岗位应如何设置，并确定相应的岗位职责。

五、案例分析

案例一　成功的物流配送

在日本，尽管“物流”是20世纪50年代后期才从美国引进的流通经济新概念，但是到了70年代，日本已经成为世界上物流业最发达的国家之一。发达的“物流”是日本在第二次世界大战后迅速崛起的重要因素。国外有学者称，在21世纪，谁掌握了物流（或配送），谁就掌握了市场。日本的物流配送企业的经验主要有以下几点。

（1）重视现代物流业的发展、实行统筹规划。日本是一个国土面积较小的国家，其资源和市场有限，商品进出口量大，各级政府对商品物流发展都很重视，在大中型城市、港口和主要公路枢纽都对物流设施用地进行了规划，形成了大大小小、比较集中的物流园区，集中了多个物流企业，如日本横滨港货物中心就集中了42家物流配送企业。这样便于对物流园区的发展进行统一规划、合理布局，有利于物流配送业的发展。

（2）注意物流设施的投资建设，物流配送基础设施良好。日本的物流配送业很发达，物流配送设施现代化水平较高。如日本横滨港货物中心，其仓储面积约为32万平万米，具有商品储存保管、分拣、包装、流通加工、商品展示洽谈、销售、配送等多种功能，并有保税区、办公区、信息系统、食堂等配套服务系统。其优良的物流设施、完善的功能为物流配送的发展提供了良好的条件。在日本的物流配送企业的物流作业中，铲车、叉车、货物升降机、传送带等机械的应用程度较高，计算机管理系统的应用比较普遍。许多物流企业已经开始应用数码分拣系统，大大提高了工作效率和准确性。物流配送科技的应用与发展为物流配送上水平、上台阶提供了重要手段和途径。物流配送的社会化、组织化、网络化程度比较高，主要表现在：生产企业、商业流通企业不是“大而全”、“小而全”地设置自己的仓库等流通设施，而是通常将物流业务交给专业物流企业去做，以达到减少非生产性投资、降低成本的目的。如日本菱食公司的配送中心面向12万个连锁店、中小型超市、便利店配送食品，这些连锁店、超市的食品自己都不设配送中心，而全部交由菱食公司的配送中心实行社会化配送。日本的大型物流企业比较注重网络的发展，在日本物流配送行业排名第五的株式会社日立物流在本土设有124个网点，在海外15个国家设有62个网点，在中国的上海和香港都设有合资公司或办事处。

由于拥有比较完善的物流配送网络，其在发展和承担业务、满足客户需要、降低物流成本等方面就具有较大优势。

(3) 注意研究应用物流配送实用技术和方法，以降低物流成本，提高物流质量。日本的物流配送企业十分注重不断提高物流服务质量，降低物流成本，增强在市场上的竞争力，因此相当注意研究、探索物流配送的新技术、新方法，并注意学习、引进美国等国家的物流新技术和先进方法，如引进美国的物流管理软件等。

(4) 重视商品流通中的增值加工服务，做好物流配送过程中的加工、分装、拼装业务。日本的流通企业比较注重商品流通中的增值加工服务，按照消费者和客户的需要，对商品进行分拣、包装、拼装，使生产企业或进口的商品更能适合本国客户和消费者的要求。这些流通领域中的加工作业一般都是在物流配送过程中、在物流企业的仓库中进行的。

(5) 注重提高劳动效率。日本物流配送企业都比较注重降低人工成本，提高劳动效率。如菱光仓库株式会社只有 90 人，但每月收发并进行装箱、检验、包装等物流作业的 20 英尺的集装箱达 200 个，人员少、劳动效率高。

问题：

(1) 日本的物流配送企业有哪些成功经验?

(2) 日本菱食公司的配送属于哪种类型? 有何特点?

(3) 与日本相比，我国的物流配送还存在哪些差距?

案例二 规范管理的宏城配送中心

连锁零售业态中，配送中心担负着公司内部的物流任务，是商品采购和卖场销售的中间环节，对公司的日常运营起着提高物流效率、控制商品库存的重要作用。广州市宏城超市的配送中心，不仅大幅度降低了成本和各种与商品流通相关的费用，还为超市把好了销售商品质量的第一关。

1. 配送规模较大

宏城超市的配送中心的面积大约为 4 500 平方米，相关的配套运输车辆为 5 辆，储存商品达 6 000 余个单品，主要品种有家用食品、休闲食品、保健食品、洗涤用品、个人用品等。配送中心现有职工 50 人，设置收货/退货组、仓务组、运输组和单据组四个相对独立的作业部门，实行从经理—主管—组长—员工的层级管理结构，以班组为工作重点开展日常工作。

配送中心的商品周转天数约为 35 天，按照分店销售需要，定时、定量配送商品，平均每天配送 10 个分店，平均配送商品品种为 450～500 个，运输辐射半径平均为 115 公里。随着公司开店规模的不断扩大，配送中心正在尝试夜间配送和部分运输外包等新的作业形式。

2. 收货质检严格

宏城超市的配送中心现阶段实物操作主要分为收货和出货两个环节。尤其在收货环节，配送中心对商品质量的检验相当严格。

宏城配送中心在收货之前，采购部必须按规定将订货单传送到配送中心，配送中心凭有效电子订货单收货。收货时，配送中心要认真核实订货单与厂商进货单是否一致，对商品名称、规格、数量等仔细核对。其中，质检验收以抽检开箱的方式进行，开箱率应低于20%。质检按订单时效、品名规格、包装规格、单件数量、质量的顺序进行，即先核查来货的品名规格、包装规格，然后核查来货的数量，再对商品的外观品质、保质期、商品标签进行检查，有关数据记录在相应的订货单上。对于毛巾、笔、本子等极易混淆的商品则会在外包装上注明相应的管理码和品名规格。

如果来货包装规格改变，会做好登记，并通知采购部修改计算机信息或采取其他处理措施予以更正。若供货方更改品名规格，采购部应及时修改订货单并通知配送中心收货组，否则不予收货。原则上，来货数量不多于订货数量，否则超过部分不予接收。

收货组对无订货单的货品，来货的品名规格与订货单不符的商品，无法准确辨认保质期的商品，保质期与规定不符的商品，通过外观已看出来货变质，有异味或存在明显质量问题的商品，进口商品未附激光标签或中文标识不全的，以及国产商品无中文标识、来货时间超过订货单有效期的商品等，都会拒绝接受，在保证进货商品无误的同时，把好质量第一关。在配货方面，配送中心将根据店铺的销售单据进行配货，并发货运输到各店铺。

3. 实行单据报表信息化管理

商品信息是配送中心管理的重要内容，要及时反映商品库存，而单据报表等则反映实物、数据的状态和流向，达到商品和数据的一一对应关系。因此，单据流程、交接、审核必须准确、及时。宏城超市的配送中心使用的单据分为购进单、溢耗单、批发单、拣货单、订货单、出货单。每种单据的输入、打印、交接、保存等都有操作程序要求，同时计算机系统又把数据分为仓储货架、验货/收货、出货作业、退厂/退库、商品异动、盘点作业、存量管理、配送中心报表、资料查询、权限控制等，有利于进行合理分类和快速分析。在此基础上，实物准确和单据明确的有力结合，保证了配送中心信息管理的科学和高效运作。

问题：

1. 配送中心组织结构的设计应考虑哪些因素？
2. 根据本案例，画出其组织结构图。
3. 根据本案例，分析该配送中心设有哪些岗位并简要阐述其工作职责。

项目二
配送中心的规划与设计

【项目引入】

沃尔玛诞生于1945年的美国。在它创立之初，由于地处偏僻小镇，几乎没有哪个分销商愿意为它送货，于是沃尔玛不得不自己向制造商订货，然后再联系货车送货，效率非常低。在这种情况下，沃尔玛的创始人山姆·沃尔顿决定建立自己的配送组织。1970年，沃尔玛的第一家配送中心在美国阿肯色州的一个小城市本顿维尔建立，这个配送中心供货给4个州的32个门店，集中处理公司所销商品的40%。

沃尔玛配送中心的运作流程是：供应商将商品的价格标签和UPC条形码（统一产品码）贴好，运到沃尔玛的配送中心；配送中心根据每个商店的需要，对商品就地筛选，重新打包，从“配区”运到“送区”。

由于沃尔玛的门店众多，每个门店的需求各不相同，这个门店也许需要这些种类的商品，那个门店则有可能需要其他种类的商品，沃尔玛的配送中心根据商店的需要，把产品分类放入不同的箱子当中。这样，员工就可以在传送带上取到自己所负责的门店所需的商品。那么在传送的时候，他们怎么知道应该取哪个箱子呢？传送带上有一些信号灯，有红的、绿的，还有黄的，员工可以根据信号灯的提示来确定箱子应被送往的门店，从而拿取这些箱子。这样，所有的门店都可以在各自所属的箱子中拿到需要的商品。

如果你是配送中心的经理，如何进行配送中心的规划与设计？如何设计配送作业流程、模式以及功能呢？

【项目分析】

作为总设计师的配送中心经理，必须了解配送的流程、模式、功能和类型，然后了解配送中心如何进行规划和设计，为此，本项目的相关知识将分解为三个学习任务：

学习任务	学习目标
一、配送的流程与模式	（1）了解配送的环节 （2）掌握配送的流程 （3）掌握配送的模式
二、配送中心的功能	（1）了解配送中心的作用 （2）熟悉配送中心的功能 （3）熟悉配送中心的分类 （4）能够准确区分不同的配送中心
三、配送中心的设计	（1）掌握配送中心设计的目标 （2）掌握配送中心设计的原则 （3）能够进行配送中心的设计

【项目实施】

任务一
配送的流程与模式

任务结构图

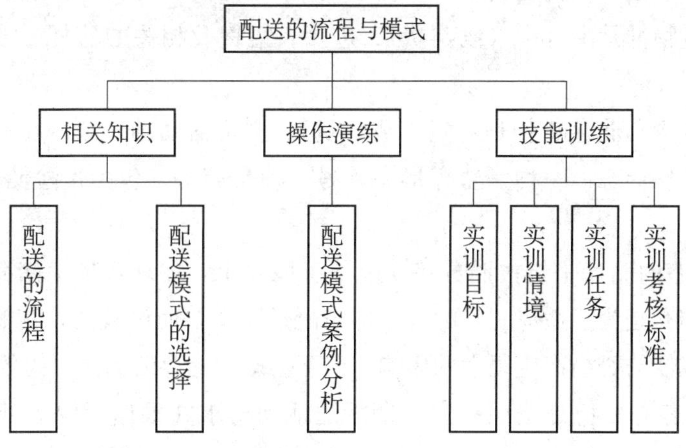

相关知识

一、配送的流程

（一） 配送的基本环节

配送作业是按照用户的要求，将货物分拣出来，按时按量发送到指定地点的过程。配送作业是配送中心运作的核心内容，因此配送作业流程的合理性以及配送作业效率的高低都会直接影响整个物流系统的正常运行。从总体上看，配送是由备货、理货和送货三个基本环节组成的，其中每个环节又包含若干项具体的枝节性的活动。

1. 备货

备货是指准备货物的系列活动。严格说来，备货应当包括两项具体活动：筹集货物和储存货物。

（1）筹集货物。在不同的经济体制下，筹集货物（即组织货源）是由不同的行为主体去完成的。若生产企业直接进行配送，那么筹集货物的工作则会出现两种情况：其一，由提供配送服务的配送企业直接承担，一般通过向生产企业订货或购货来完成此项工作；其二，选择商流、物流分开的模式进行配送，订货、购货等筹集货物的工作通常是由货主（如生产企业）自己去做，配送组织只负责进货和集货（集中货物）等工作，货物所有权属于事主（接受配送服务的需求者）。然而，不管具体做法怎样，就总体活动而言，筹集货物都是由订货（或购货）、进货、集货及相关的验货、结算等一系列活动组成的。

（2）储存货物。储存货物是订货（或购货）、进货活动的延续。在配送活动中，储存货物有两种表现形态：一种是暂存形态，另一种是储备（包括保险储备和周转储备）形态。

1）暂存形态的储存是指按照分拣、配货工序要求，在理货场地储存少量货物。这种形态的货物储存是为了适应“日配”、“即时配送”需要而设置的，其数量多少对下一个环节工作的方便与否会产生很大的影响，但不会影响储存活动的总体效益。

2）储备形态的货物是按照一定时期配送活动要求并根据货源的到货情况（到货周期）有计划地确定的，它是配送持续运作的资源保证。如上所述，用于支持配送的货物储备有两种具体形态：保险储备和周转储备。然而不管是哪一种形态的储备，相对来说，数量都比较多。据此，货物储备合理与否，会直接影响配送的整体效益。

综上，备货是决定配送成败与否、规模大小的最基础的环节。同时，它也是决定配送效率高低的关键环节。如果备货不及时或不合理，成本高，那么就会大大降低配送的整体效益。

2. 理货

理货是配送作业的一项重要内容，也是配送区别于一般送货的重要标志。理货包括货物分拣、配货和包装等活动。货物分拣采用适当的方式和手段，从储存的货物中分拣出（或拣选）客户所需要的货物。分拣货物一般采用两种方式来操作：其一是摘取式，其二是播种式。

（1）摘取式分拣就像在果园中摘果子那样去拣货物。具体做法是：作业人员拉着集货箱（或分箱）在排列整齐的仓库货架间巡回走动，按照配送单上所列的品种、规格、数量等拣出货物并装入集货箱内。在一般情况下，每次拣选只为一个客户装配；在特殊情况下，也可以为两个以上的客户装配。目前，自动化分拣技术的推广和应用，大大提高了分拣作业的劳动效率。

（2）播种式分拣类似于田野中的播种操作。具体做法是：将数量多的同种货物集中运送到发货场，然后根据每个货位货物的发送量分别取出货物，并分别投放到每个代表客户的货位上，直至配货完毕。为了完好无损地运送货物和便于识别装配好的货物，有些已经经过分拣且装配好的货物尚需重新包装，并且要在包装上贴上标签，记载货物的品种、数量，收货人的姓名、地址，运抵时间等。

3. 送货

送货是配送活动的核心，也是备货和理货工序的延伸。在物流活动中，送货的现象形态实际上就是货物的运输（或运送），因此，常常以运输代表送货。但是，组成配送活动的运输（有人称之为“配送运输”）与通常所讲的“干线运输”有很大的区别。由于配送中的送货（或运输）需要面对众多的客户，并且要多方向运动，因此在送货过程中，常常要在全面计划的基础上，制定科学的、距离较短的货运路线，选择就近、迅速、安全的运输方式作为主要的运输工具。

（二）配送的基本流程

1. 配送的一般流程

配送的功能最终必须通过具体的配送流程来实现，配送的一般流程如下：进货→储存→分拣→配货→配装→送货。

2. 配送的特殊流程

不同类型、不同功能的配送中心，其配送流程不完全一致，而且不同商品由于其特性、用途和需求状况不同，其配送流程也有所不同。例如，食品由于其种类多、形状特性各异，又有保质期的限制，可以采取以下流程：进货→加工→储存→分拣→配货→配装→送货。

对于保质期较短和保鲜要求较高的食品，通常在分拣后就出货，不经过储存这一环节；而对于保质期较长的食品，则可以在大量进货后，先进行存储，在接到客户订单后即按单拣货配送；还有一部分食品，进货后必须先分装，经过拣货分级、去杂、配制半成品等初加工，然后再进行配送。常见的特殊流程如下：

（1）进货→储存→分拣→送货。

（2）进货→储存→送货。

（3）进货→加工→储存→分拣→配货→配装→送货。

（4）进货→储存→加工→储存→装配→送货。

二、配送模式的选择

（一）自营配送模式

自营配送是指企业物流配送的各个环节由企业自身筹建并组织管理，实现对企业内部及外部货物配送的模式。这是国内目前生产、流通或综合性企业所广泛采用的一种物流模式。通过独立组建物流中心，实现对内部各部门、场、店的物品供应。

1. 自营配送模式的优点

（1）企业对供应链各个环节有较强的控制能力，易于与生产和其他业务环节密切配合，全力服务于本企业的经营管理，确保企业能够获得长期而稳定的利润。对于竞争激烈的产业，企业自营物流配送模式有利于企业对供应和分销渠道的控制。

（2）可以合理地规划管理流程，提高物流作业效率，减少流通费用。对于规模较大、产品单一的企业而言，自营物流可以使物流与资金流、信息流、商流的结合更加紧密，从而大大提高物流作业乃至全方位的工作效率。

（3）可以使原材料和零配件采购、配送以及生产支持从战略上一体化，实现准时采购，增加批次，减少批量，调控库存，减少资金占用，降低成本，从而实现零库存、零距离和零营运资本。

（4）反应快速、灵活。由于整个物流体系属于企业内部的一个组成部分，企业自营物流配送模式与企业经营部门关系密切，以服务于本企业的生产经营为主要目标，能够更好地满足企业在物流业务上的时间、空间要求，特别是要求物流配送较频繁的企业，自建物流系统能更快速、灵活地满足企业要求。

2. 自营配送模式的缺点

（1）一次性投资大，成本较高。虽然企业自营配送模式具有自身的优势，但由于物流体系涉及运输、仓储、包装等多个环节，建立物流系统的一次性投资较大，占用资金较多，对于资金有限的企业来说，物流系统建设投资是一个很大的负担。企业自营配送模式一般只服务于自身，依据企业自身物流量的大小而建立。而单个企业的物流量一般较小，企业物流系统的规模也较小，这就导致物流成本较高。

（2）规模较小的企业所开展的自营配送模式规模有限，物流配送的专业化程度较低。对于规模不大的企业而言，其产品数量有限，采用自营配送模式无法形成规模效应，一方面会导致物流成本过高，产品在市场上的竞争能力下降；另一方面，由于规模有限，物流配送的专业化程度低，无法满足企业的需要。

（3）企业配送效率低下，管理上难于控制。对于绝大多数企业而言，物流部门只是企业的一个后勤部门，物流活动也并非企业所擅长。在这种情况下，企业自营配送模式就等于迫使企业从事不擅长的业务活动，企业的管理人员往往需要花费过多的时间、精力和资源去从事辅助性工作，结果是辅助性工作没有抓起来，关键性业务也无法发挥出其核心作用。

3. 自营配送模式的适用范围

（1）规模较大的集团公司。

（2）物流活动对企业成功的重要性很高且企业处理物流作业的能力也很高，企业对物流的控制力强，产品线单一的企业。

（二）第三方配送模式

第三方是指为交易双方提供部分或全部配送的一方。第三方配送模式是指交易双方把自己需要完成的配送业务委托给第三方来完成的一种配送运作模式。随着物流产业的不断发展以及第三方物流配送体系的不断完善，第三方配送模式应成为工商企业和电子商务网站进行货物配送的首选模式和方向。第三方配送模式的运作方式如图 2—1 所示。

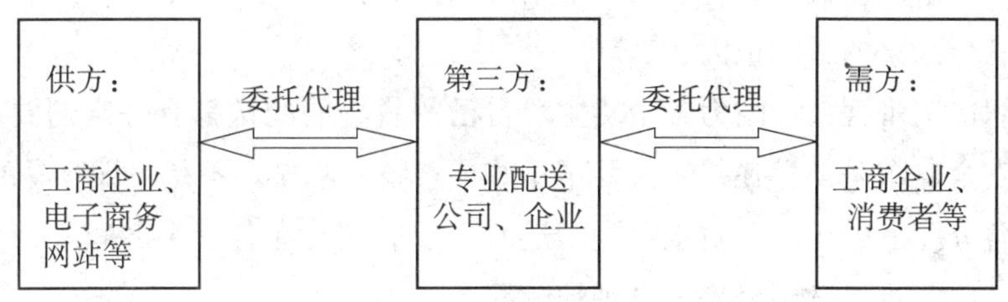

图 2—1　第三方配送模式的运作方式

（三）共同配送模式

1. 共同配送模式的含义

共同配送是物流配送企业之间为了提高配送效率和实现配送合理化所建立的一种

功能互补的配送联合体。进行共同配送的核心在于充实和强化配送的功能，共同配送的优势是有利于实现配送资源的有效配置，弥补配送企业功能的不足，促使企业配送能力的提高和配送规模的扩大，更好地满足客户需求，提高配送效率，降低配送成本。

2. 共同配送的形式

（1）由一个配送企业对多家用户进行配送。即由一个配送企业综合某一地区内多个用户的要求，统筹安排配送时间、次数、路线和货物数量，全面配送。

（2）仅在送货环节上将多家用户待运送的货物混载于同一辆车上，然后按照用户的要求分别将货物运送到各个接货点，或者运到多家用户联合设立的配送货物接收点上。这种配送有利于节省运力和提高运输车辆的货物满载率。

3. 共同配送的优点

（1）节省零售企业资本投入。配送中心属于资金密集型投资，需要大面积的土地资源，软、硬件设施以及人力资源。对于一般连锁企业特别是中小型连锁企业来说，共同配送使各连锁企业的资源得到充分利用和高度共享，减轻了投资负担。

（2）提高客户服务水平。共同配送可以实现多品种、小批量、高频率的及时配送，从而使零售企业降低缺货率，增加商品的品种，提高商品的新鲜度，减少商品因过期而产生的损失。这些都提高了连锁企业的客户服务水平。

（3）实现社会效益。共同配送是绿色物流的体现，共同配送的实施可以减少社会车流总量，缓解交通拥挤，减少环境污染；共同配送可以整合生产商、批发商和零售商，有利于健全商业渠道，有利于全国商品大生产、大流通。

4. 共同配送的缺点

在我国发展共同配送涉及许多细节问题，如产品、规模、商圈、客户、经营理念等差异问题，以及组织协调、费用分摊、商业机密等问题。特别是组织协调、费用分摊、商业机密这三个因素的影响很大。

（1）组织协调难度大，因为各个货主对自己的货物的配送都有一定的要求，包括时间、地点、安全、数量都存在差异，要把这些要素统一起来，不是一件容易的事情。

（2）利益分配上的矛盾，由于共同配送所实现的利益在各货主之间进行分配时缺乏客观的标准，因此难以做到公平、合理地分配。

（3）各经营主体的商业秘密由于共同配送不易保密，有些货主不愿参加即出于对自己商业秘密的保护。

5. 共同配送的实施步骤

（1）选择联合对象。

（2）组建谈判小组，做好谈判准备。

（3）签订合同意向书及合同，并进行公证。

（4）组建领导班子，拟定管理模式。

（5）正式运作。

6. 共同配送的运作方式

共同配送的运作方式如图 2—2 所示。

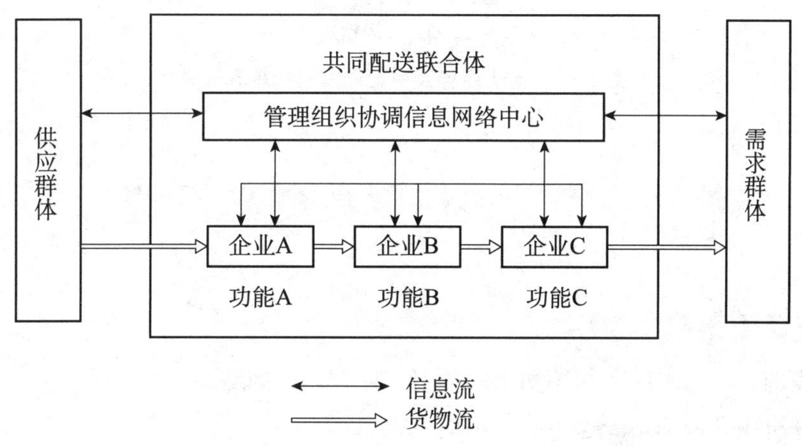

图 2—2　共同配送的一般运作方式

（四）互用配送模式

互用配送模式是指几个企业为了各自的利益，以契约的方式达成某种协议，互用对方的配送系统。

1. 互用配送模式的特点

与共同配送模式相比，互用配送模式的特点主要有：

（1）共同配送模式旨在建立配送联合体，以强化配送功能为核心，为社会服务；而互用配送模式旨在提高自己的配送功能，以企业自身服务为核心。

（2）共同配送模式旨在强调配送联合体的共同作用，而互用配送模式旨在强调企业自身的作用。

（3）共同配送模式的稳定性较强，而互用配送模式的稳定性较差。

（4）共同配送模式的合作对象需是经营配送业务的企业，而互用配送模式的合作对象既可以是经营配送业务的企业，也可以是非经营配送业务的企业。

2. 互用配送模式的基本形式

电子商务互用配送模式的基本形式如图 2—3 所示。

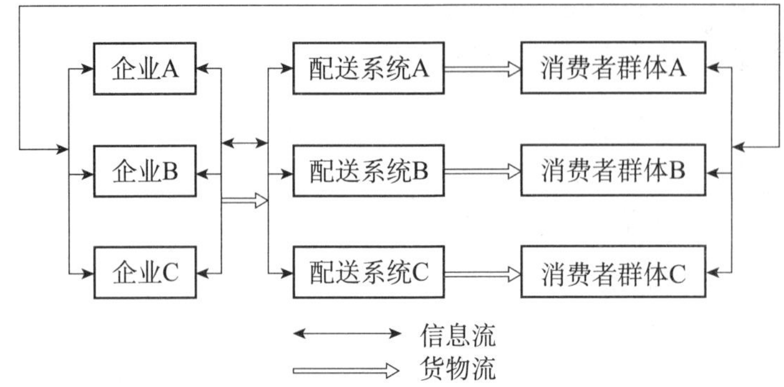

图 2—3 电子商务互用配送模式的基本形式

操作演练

操作任务

阅读案例，通过本任务相关知识的学习，回答以下问题。

（1）分析亚马逊网站配送中心采用的模式。

（2）分析自营配送中心的使用范围。

一、案例情境

亚马逊是全球最大的网上商城，其网上销售的方式有网上直销和网上拍卖，它的配送中心在实现其经营业绩的过程中功不可没。亚马逊有以全资子公司的形式经营和管理的配送中心，拥有完整的物流、配送网络。到 2014 年它在美国、欧洲和亚洲共建立了 80 多个配送中心。

亚马逊提供了多种送货方式和送货期限供消费者选择，对应的送货费用也不相同。送货方式有两种：一是以陆运和海运为基本运输工具的标准送货，二是空运。

二、结果分析

（1）亚马逊网站配送中心采用的是自营配送模式。

（2）自营配送中心的适用范围如下：

1）规模较大的集团公司。

2）物流活动对企业成功的重要性很高且企业处理物流作业的能力也很高，企业对物流的控制力强，产品线单一的企业。

技能训练

实训目标

（1）能够根据配送企业的实际需要选择合适的配送流程。

（2）能够根据配送企业的实际需要选择合适的配送模式。

实训情境

（1）调研 2～3 家配送中心，了解它们的流程和模式。

（2）完成调研报告。

（3）调研以小组为单位，根据班级情况，每组 5～10 人，设 1 名组长。

（4）调研时带上调查工具（如笔记本、笔），情况允许的话可以带上照相机和录音笔。

（5）调研之前，进行相关资料的收集并做好知识准备。

实训任务

（1）确定调研的内容。主要围绕配送中心的流程和模式。

（2）制订调研计划。围绕调研目标，明确调研主题。确定调研的对象、地点、时间及方式，并确定要收集哪些相关资料。

（3）进行具体的调研。上网收集材料为 2～4 课时；企业现场调研根据实际情况自行安排，一般为 6～12 课时。

（4）撰写调研报告。

实训考核标准

对学生的实训结果给予考核评价，有利于激发学生的积极性。同时，通过评价找出实训过程中的不足并提出改进办法，有利于知识的总结和掌握。具体考核标准如表 2—1 所示。

表 2—1　　配送中心的流程与模式的选择考评表

考核内容	考核标准	分值	实际得分
配送中心流程与模式的选择	调研内容的真实性、准确性、全面性	25	
	调研过程中是否遵守纪律，礼仪是否符合要求	20	
	调研报告是否能真实地反映调研结果	15	
	是否能正确分析所调研配送中心的流程和模式	15	
	案例分析结果是否正确	25	
合　计		100	

任务二
配送中心的功能

任务结构图

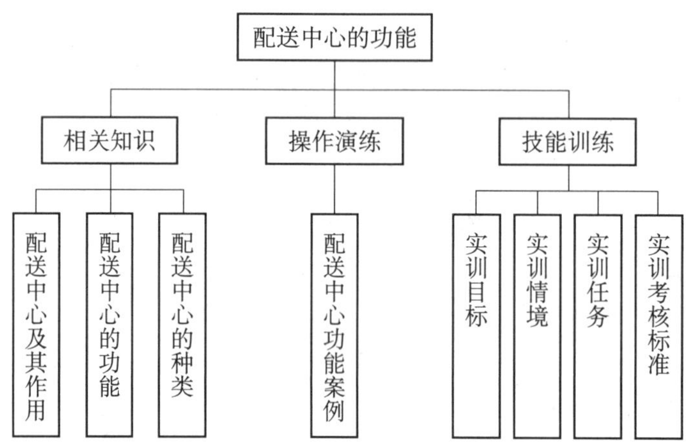

相关知识

一、配送中心及其作用

（一） 配送中心的定义

配送中心是指接受并处理末端客户的订货信息，对上游运来的多品种货物进行分拣，根据客户的订货要求进行拣选、加工、组配等作业，并进行送货的设施和机构。《物流企业操作指南》在对此进行科学完善的基础上，指出了配送中心的设计、流程、模式等，具有权威性。

(1) 日本日通综合研究所编著的《物流手册》对配送中心的定义："配送中心是从供应者手中接受多种大量的货物，进行倒装、分类、保管、流通加工和情报处理等作业，然后按照众多需要者的订货要求备齐货物，以令人满意的服务水平进行配送的设施。"配送中心的示意图如图 2—4 所示。

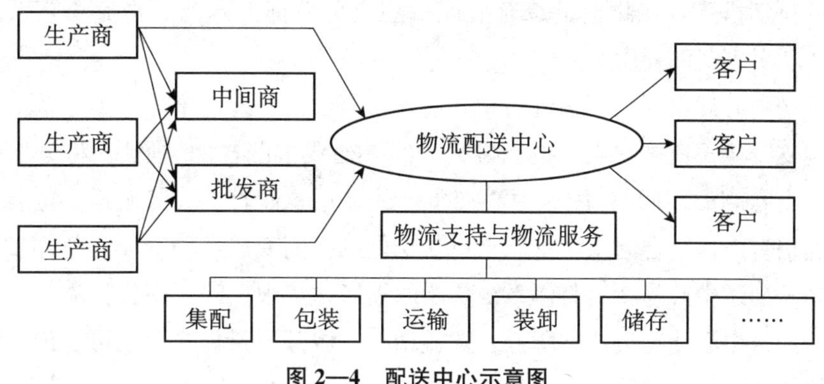

图 2—4　配送中心示意图

(2)《现代物流学》对配送中心的定义："配送中心是从事货物配备（集货、加工、分货、拣选、配货）和组织对客户的送货，以高水平实现销售或供应的现代流通设施。"

(3) 日本《市场用语词典》对配送中心的解释："配送中心是一种物流节点，它不以贮藏仓库的这种单一的形式出现，而是发挥配送职能的流通仓库，也称基地、据点或流通中心。配送中心的目的是降低运输成本、减少销售机会的损失，为此建立设施、设备并开展经营、管理工作。"

(4)《货运物流实用手册》对配送中心的解释：配送中心是实现配送业务的现代化流通设施。配送中的"货物配备"是配送中心的主要业务；而送货既可以完全由它承担，也可以利用社会货运企业来完成。

(5) 中华人民共和国国家标准《物流术语》(GB/T 18354—2006) 规定，从事配送业务的物流场所和组织，应符合下列条件：

1) 主要为特定的用户服务。

2) 配送功能健全。

3) 完善的信息网络。

4) 辐射范围小。

5) 多品种、小批量。

6) 以配送为主、储存为辅。

(二)　配送中心的地位和作用

1. 配送中心的地位

(1) 配送中心是物流功能系统化的体现。在配送中心，有配送、保管、装卸搬运、包装、流通加工以及信息处理等作业，这正是物流各环节功能的集成与组合，是完整的物流功能系统化的过程。配送中心通过现代信息技术，有效地将物流的各种功能整合在一起，使各种功能协调运作、均衡运行，形成了一个十分精细而科学的运行系统。配送中心里硬件与软件的配合，人与机械的合理分工，保管、分类、拣选、传送、包装、加工等环节的科学搭配，使物流的综合效能得到充分发挥，体现了物流功能系统化的特点，达到了相对完美的程度。

(2) 配送中心的出现表明物流的发展进入了新阶段。配送中心作为运输的节点，把干线运输与支线运输衔接起来，把运输的“线”变成了配送的“面”，将分散的物流节点编织成密密麻麻的“网”；配送中心把单一的运输、保管、装卸搬运、包装、流通加工和信息通信有效地结合起来，由原来单一功能的提高变成各项功能的整体发挥，使系统得到升华。配送中心是物流整体系统功能的缩影，集中反映了现代物流的综合效应和发展水平。配送中心使物流成本降低、效益增加、服务质量提高。也可以说，配送中心的出现是物流产业的一大跨越，是物流发展进入新阶段的具体表现。

(3) 配送中心是现代物流技术的集成。配送中心的配送业务计划性强、路线稳定、流向合理，大大减少了交叉运输、空车往返和迂回、倒流等现象，节约了运输成本，提高了运输效率。进入配送中心的货物，在一般情况下，大部分经过分类后，按不同的运输方向和不同的客户直接运走，小部分在配送中心的立体自动化仓库中短暂保管。配送中心的货物周转快、保管质量好、差错率低。配送中心货物的装卸搬运、传送、包装、分类、拣选、流通加工等自动化作业，效率高、速度快、精确度高。自动分类、分拣、条形码识别、计算机控制等技术，把电力学、机械学、物理学、动力学、光学等多种科学技术有机地结合在一起，这种现代科学的有效利用和高度集成，把物流提升到了一个崭新的高度。

(4) 配送中心是企业销售竞争的重要手段。尽管建设配送中心需要投入较多的资金，但企业投资配送中心的热情始终不减，配送中心的数量仍在不断增加，究其原因主要在于配送中心是企业销售竞争的重要手段之一。在日益激烈的竞争环境中，企业为了赢得客户，满足客户日益强烈的多样化、个性化需求，维持市场份额，不得不提高对客户服务的质量和水平。而客户在市场竞争中为了节约物流费用，要求供货企业加大送货频度、减少送货数量，更快速、更及时、更精确地送货。因此，生产企业和流通企业只有通过建设更多的配送中心，才能解决这一矛盾。配送中心虽然投入大，但可以减少人工成本，降低配货和送货差错率，避免运输环节的浪费，同时，利用配送中心又能够实现高速度、小批量、多批次送货，因此配送中心作为企业之间销售竞争的一种手段，越来越受到重视。

2. 配送中心的作用

(1) 促进业务的发展和扩展。传统的批发仓库通常是零售商上门采购，但通常商店营业时间长，商品周转也快，人力有限，亲自赴仓库提货的零售商很少。物流配送中心解决了客户的后顾之忧，使其专心于销售额和利润的增长。

(2) 产生规模效益。配送中心可以实现大批量的采购，形成对供应商强大的讨价还价的能力，迫使供应商最大限度地降低价格，这是连锁营销规模优势的根本所在。

（3）减少客户库存，提高库存保证程度。配送中心减少了各分店的库存水平，也相应减少了其仓库面积，提高了经营的灵活性和工作效率。连锁分店只需根据销售情况向配送中心提出订货计划，所需商品即可马上送达。

（4）与多家厂商建立业务合作关系，能有效而迅速地反馈信息，控制商品质量。由配送中心统一批量进货，保证了商品统一的价格以及品种和质量，集中送货，选择经济合理的运输方式和运输路线，从而促进物流成本的降低。

（5）配送中心是现代电子商务活动中开展配送活动的物质技术基础。对一个电子商务体系而言，物流配送是其中最为重要的一个环节。只有借助完善的配送中心的支持，才能保证商流、物流、信息流、资金流的正常运转。要想既低成本又高水平地为客户服务，必须提高配送效率，优化配送路线，并确保配送准确、及时。

二、配送中心的功能

1. 采购功能

配送中心只有采购所要供应配送的商品，才能及时准确无误地为其用户即生产企业或商业企业供应物资。配送中心应根据市场的供求变化情况，制定并及时调整统一的、周全的采购计划，并由专门的人员与部门组织实施。

2. 存储保管功能

存储，一是为了解决季节性货物生产计划与销售季节性的时间差问题，二是为了解决生产与消费之间的平衡问题。为保证正常配送的需要，满足用户的随机需求，配送中心不仅应保持一定量的商品储备，而且要做好商品保管保养工作，以保证储备商品的数量，确保质量完好。

配送中心的服务对象是为数众多的生产企业和商业网点（比如连锁店和超级市场），配送中心需要按照用户的要求及时将各种配装好的货物送交到用户手中，满足生产和消费需要。为了顺利有序地完成向用户配送商品的任务，能够更好地发挥保障生产和消费需要的作用，配送中心通常要兴建现代化的仓库并配备一定数量的仓储设备，存储一定数量的商品。某些区域性的大型配送中心和开展“代理交货”配送业务的配送中心，不但要在配送货物的过程中存储货物，而且它所存储的货物数量更大，品种更多。配送中心所拥有的存储货物的能力使得存储功能成为配送中心里仅次于组配功能和分拣功能的一项重要功能。

3. 组配功能

由于每个用户企业对商品的品种、规格、型号、数量、质量以及送达时间和地点等的要求不同，配送中心必须按用户的要求对商品进行分拣和组配。配送中心的这一功能是其与传统的仓储企业的明显区别之一，也是配送中心最重要的特征之一。可以说，没有组配功能，就称不上配送中心。

4. 分拣功能

作为物流节点的配送中心，其为数众多的用户，不仅各自的性质不同，而且经营规模的差异也很大。因此，在订货或进货时，不同的用户对于货物的种类、规格、数量会提出不同的要求。针对这种情况，为了有效地进行配送，即为了同时向不同的用户配送多种货物，配送中心必须采取适当的方式对组配后的货物进行拣选，并且在此基础上，按照配送计划分装和配装货物。这样，在商品流通实践中，配送中心就又增加了分拣货物的功能，发挥分拣中心的作用。

5. 分装功能

从配送中心的角度来看，它往往希望采用大批量的进货来降低进货价格和进货费用，但是用户企业为了降低库存、加快资金周转、减少资金占用，则往往采用小批量进货的方法。为了满足用户的要求，即用户的小批量、多批次进货，配送中心就必须进行分装。

6. 集散功能

货物由几个公司集中到配送中心里，再进行发运。凭借其特殊的地位以及拥有的各种先进的设施和设备，配送中心能够将分散在各个生产企业的产品集中到一起，然后经过分拣、配装向多个用户发运。集散功能也可以将其他公司的货物放入该配送中心来处理、发运，以提高卡车的满载率，降低费用和成本。

7. 流通加工功能

配送过程中，为解决生产中大批量、小规格和消费中小批量、多样化要求的矛盾，按照用户对货物的不同要求对商品进行分装、配装等加工活动，也是配送中心的功能之一。

8. 送货功能

送货功能即表现为将配好的货物按到达地点或到达路线进行送货。运输车辆可以租用社会运输力量或自己的专业运输车队。

9. 物流信息、汇总及传递功能

它为管理者提出更加准确、及时的配送信息，也是用户与配送中心联系的渠道。

10. 衔接功能

在生产过程中，半成品和原材料等需要从各地运来，需要仓库储存，并对生产过程中的各道工序的物资进行配送。

11. 服务功能

以客户需要为导向，为满足客户需要而开展配送服务。

此外，配送中心还有如加工功能、运输功能、信息功能、管理功能等功能。每个配送中心一般都具有这些功能，根据对其中某一功能重视程度的不同，决定该配送中心的性质，并且它的选址、房室构造、规模和设施等也随之变化。

三、配送中心的种类

（一）按配送中心的内部特性分类

1. 储存型配送中心

一般来讲，在买方市场下，企业成品销售需要有较大库存的支持，其配送中心可能有较强的储存功能；在卖方市场下，企业原材料、零部件供应需要有较大库存的支持，这种供应配送中心也有较强的储存功能。大范围配送的配送中心，需要有较大库存，也可能是储存型配送中心。

我国目前拟建的一些配送中心都采用集中库存形式，库存量较大，多为储存型。

瑞士 Giba-Geigy 公司的配送中心拥有世界上规模居于前列的储存库，可储存 4 万个托盘；美国赫马克配送中心拥有一个有 16.3 万个货位的储存区，可见其存储能力之强。

2. 流通型配送中心

这种配送中心基本上没有长期储存功能，仅以暂存或随进随出方式进行配货、送货。这种配送中心的典型方式是，大量货物整进并按一定批量零出，采用大型分货机，进货时直接进入分货机传送带，分送到各用户货位或直接分送到配送汽车上，货物在配送中心里仅稍作停滞。日本阪神配送中心内就只有暂存，大量储存则依靠一个大型补给仓库。

3. 加工型配送中心

配送中心具有加工职能，根据用户的需要或者市场竞争的需要，对配送物进行加工之后进行配送。在这种配送中心内，有分装、包装、初级加工、集中下料、组装产品等加工活动。许多资料都指出配送中心的加工职能，但是加工配送中心的实例，目前见到的不多。在我国一些城市开展的配煤配送、水泥配送就属于这一类型的中心。

世界著名连锁服务店肯德基和麦当劳的配送中心，就属于这种类型。在工业、建筑领域，生混凝土搅拌的配送中心也属于这种类型。

（二）按配送中心承担的流通职能分类

1. 供应型配送中心

这种配送中心执行供应的职能，专门为某个或某些用户（如连锁店、联合公司）组织供应。例如，为大型连锁超级市场组织供应的配送中心；代替零件加工厂送货的零件配送中心，使零件加工厂对装配厂的供应合理化。供应型配送中心的主要特点是，配送的用户有限并且稳定，用户的配送要求范围也比较确定，属于企业型用户。因此，配送中心集中库存的品种比较固定，配送中心的进货渠道也比较稳固，同时，可以采用效率比较高的分货式工艺。

2. 销售型配送中心

这种配送中心执行销售的职能，以销售经营为目的，以配送为手段。这种销售型配送中心大致有三种类型：第一种是生产企业自己建立的配送中心，负责将自身的产品直接销售给消费者，在国外，这种类型的配送中心很多；第二种是流通企业作为本身经营的一种方式，建立配送中心以扩大销售，我国目前拟建的配送中心大多属于这种类型，国外的例子也很多；第三种是流通企业和生产企业配送中心流程联合的协作性配送中心。目前，国内外的配送中心都向着以销售型配送中心为主的方向发展。

销售型配送中心的用户一般是不确定的，而且用户的数量很大，每一个用户购买的数量又较少，属于消费者型用户。这种配送中心很难像供应型配送中心一样实行计划配送，其计划性较差。

销售型配送中心集中库存的库存结构也比较复杂，一般采用拣选式配送工艺，其往往需要采用共同配送的方法才能够取得比较好的经营效果。

（三） 按配送区域的范围分类

1. 城市配送中心

以城市范围为配送范围的配送中心，由于城市范围一般处于汽车运输的经济里程范围内，这种配送中心可直接配送到最终用户，且采用汽车进行配送。这种配送中心往往和零售经营相结合，由于运距短、反应能力强，因此在多品种、小批量、多用户的配送方面较有优势。我国已建的北京食品配送中心就属于这种类型。

2. 区域配送中心

区域配送中心是指以较强的辐射能力和库存准备，向省（州）际、全国乃至国际范围的用户配送的配送中心。这种配送中心的配送规模较大，一般而言，用户也较大，配送批量也较大，而且往往是配送给下一级的城市配送中心，也配送给营业所、商店、批发商和企业用户，虽然也从事零星的配送，但不是主体形式。这种类型的配送中心在国外十分普遍，如日本阪神配送中心、美国凯马特公司的配送中心、蒙克斯帕配送中心等。

（四） 按配送货物种类分类

根据配送货物的属性，可以分为食品配送中心、日用品配送中心、医药品配送中心、化妆品配送中心、家用电器配送中心、电子（3C）产品配送中心、书籍产品配送中心、服饰产品配送中心、汽车零件配送中心以及生鲜处理中心等。

1. 经营散装货物的配送中心

这种配送中心主要为加工厂提供原料、食油、石油、汽油等，大多建造在铁路沿线或港口。

2. 经营原材料的配送中心

这里指的原材料，多是以集装箱为装载单元的货物。

3. 经营件货的配送中心

这些货物通常是指用集装箱和托盘来运输的商品，其中主要是制成品，如食品。

4. 经营冷冻食品的配送中心

这种配送中心具有冷冻功能。

5. 经营特种商品的配送中心

这类配送中心主要经营特种商品，如有毒货物、易燃易爆货物、药品等。

（五）按配送的专业程度分类

1. 专业型配送中心

专业型配送中心大体上有两层含义。第一层含义是，配送对象、配送技术属于某一专业范畴，在某一专业范畴内有一定的综合性，可以综合这一专业的多种物资进行配送，例如多数制造业的销售配送中心，我国目前在石家庄、上海等地建立的配送中心大多采用这一形式。第二层含义是，以配送为专业化职能，这种配送中心是基本不从事经营的服务型配送中心，如蒙克斯帕配送中心。

2. 柔性配送中心

这种配送中心在某种程度上是和上述第二种专业配送中心对立的配送中心，它不向固定化、专业化方向发展，而向能随时变化、对用户要求有很强的适应性、不固定供需关系、不断向发展配送用户和改变配送用户的方向发展。

3. 综合配送中心

综合配送中心是指配送中心的商品种类较多，不同专业领域的产品在一个配送中心内组织对客户的配送。由于产品的性能、形状差别很大，综合配送中心在组织配送时的技术难度较大。因此，综合配送中心一般适合组织性状相同或相似的不同类产品的配送，差别过大的产品难以综合化。

（六）按运营主体分类

1. 以生产厂为主的配送中心

这里所说的“生产厂”以生产家用电器、汽车、化妆品、食品等的国有工厂为主。

流通管理能力强的厂商在建立零售制度的同时，通过配送中心使物流距离缩短，并迅速向客户配送。这种配送中心的特点是环节少、成本低。但对零售商来说，因为从这里配送的商品只局限于一个生产厂的产品，难以满足销售的需要，所以这是一种社会化程度较低的配送中心。

2. 以批发商为主的配送中心

以批发商为主的配送中心是指专职流通业的批发商把多个生产厂的商品集中起来，作为批发商的主体商品。这些产品可以单一品种或者搭配后向零售商进行配送。这种形式虽然多了一道环节，但是一次送货品种多样，对于不能确定独立销售路线的工厂或本身不能备齐各种商品的零售店而言，是一种有效的方法。

3. 以零售商为主的配送中心

以零售商为主的配送中心一般是指大型零售店或集团联合性企业所属的配送中心。从批发部购进或从工厂直接购进的商品，经过零售店自有的配送中心，再向自己的网点和柜台直接送货。为保证商品不脱销，零售店必须有一定的“内仓”存放商品，配送中心可以及时且不断地向商店各部门送货，这样不仅有利于减轻商店内仓的压力，节约内仓占用的面积，而且有利于将库存集中在配送中心，从而减少商店的库存总量。

4. 以商业企业集团为主的配送中心

以商业企业集团为主的配送中心是由商业企业集团组建的完成本企业集团商品供应或销售的配送中心。它是为适应企业集团的产品销售而组建的。

5. 以物流企业为主的配送中心

以物流企业为主的配送中心是为批发企业服务的综合性物流中心。各地批发企业都有相当一部分的商品存储在当地的储运公司的仓库里。在储运公司仓库实现由储存型向流通型转变的基础上建立起来的配送中心，可以越过批发企业自己的仓库或配送中心，直接向零售店配送商品。与批发企业各自建立的配送中心相比，它的特点是物流设施的利用率高、成本低、服务好。

操作演练

操作任务

分析以下配送中心所采用的类型及其优点。

一、案例情境

7-ELEVEN 的物流系统模式先后经历了三个阶段三种方式的变革。起初，7-ELEVEN

并没有自己的配送中心，它的货物配送是靠批发商来完成的，而且每个批发商一般都只代理一家生产商，这个批发商就是联系物流、信息流和资金流的通道。供应商把自己的产品交给批发商以后，对产品的销售就不再过问，所有的配送和销售都由批发商来完成。对于7-ELEVEN而言，批发商就相当于自己的配送中心，它所要做的就是把供应商生产的产品迅速有效地运送到7-ELEVEN手中。为了自身的发展，批发商需要最大限度地扩大自己的经营规模，尽力向更多的便利店送货，并且要对整个配送和订货系统作出规划，以满足7-ELEVEN的需要。

随着7-ELEVEN便利店规模的不断扩大，这种分散化的由各个批发商分别送货的方式无法再满足7-ELEVEN便利店的需要，7-ELEVEN开始和批发商及合作生产商构建统一的集约化的配送和进货系统，在这种系统下，7-ELEVEN改变了以往由多家批发商分别向各个便利店送货的方式，改由一家在一定区域内的特定批发商统一管理该区域内的同类供应商，然后向7-ELEVEN统一配货，这种方式称为集约化配送。集约化配送有效地降低了批发商的数量，减少了配送环节，为7-ELEVEN节约了物流费用。

配送中心的好处提醒了7-ELEVEN，与其让别人掌握自己的命脉，不如自己握住自己的命脉。7-ELEVEN的物流共同配送系统就这样浮出水面。共同配送中心代替了特定的批发商，分别在不同的区域统一进货、集货和统一配送。配送中心有一个电脑网络配送系统，分别与供应商及7-ELEVEN店铺相连。为了保证不断货，配送中心一般会根据以往的经验保留4天左右的库存，同时，配送中心的电脑系统每天都会定时收到各个店铺发来的库存报告和要货报告，配送中心把这些报告集中分析，最后形成一张张向不同供应商发出的订单，由电脑网络传递给供应商，而供应商则会在规定的时间内向配送中心派送货物。7-ELEVEN配送中心在收到所有货物后，对各个店铺所需的货物分别打包，等待发送。第二天一早，派送车就会从配送中心鱼贯而出，择路向自己配送区域内的7-ELEVEN连锁店送货，整个过程就这样循环往复。

配送中心的优点还在于7-ELEVEN从批发商手上夺回了配送的主动权，7-ELEVEN能随时掌握在途商品、库存货物等数据，对财物信息和供应商的其他信息也能握于股掌之中，对于一个零售企业来讲，这些数据是至关重要的。

二、结果分析

7-ELEVEN采用的是区域配送中心。按照不同的地区和商品群划分，组成共同配送中心，由该中心统一集货，再向各店铺配送。

其优点如下：

（1）实现了高频度、多品种、小单位配送。

（2）共同配送中心充分反映了商品销售、在途和库存的信息，7-ELEVEN 逐渐掌握了整个产业链的主导权，通过降低成本费用，提高了整体利润。

（3）7-ELEVEN 公司配送中心分别与供应商及 7-ELEVEN 店铺相连，每天都会定时收到各个店铺发来的库存报告和要货报告，这为 7-ELEVEN 连锁店的顺利运行提供了保证。

（4）有助于随时掌握在途商品、库存货物等数据，对财务信息和供应商的其他信息也能握于股掌之中。

（5）解决了车辆装载率低下等问题。

技能训练

实训目标

通过对配送中心的实际调研，具备指出其种类的能力。

实训情境

（1）调研 2～3 家配送中心，了解它们的功能。

（2）完成调研报告。

（3）调研以小组为单位，根据班级情况，每组 5～10 人，设 1 名组长。

（4）调研时带上调查工具（如笔记本、笔），情况允许的话可以带上照相机和录音笔。

（5）调研之前，进行相关资料的收集并做好知识准备。

实训任务

（1）确定调研的内容。主要围绕配送中心的功能。

（2）制订调研计划。围绕调研目标，明确调研主题，确定调研的对象、地点、时间及方式，并确定要收集哪些相关资料。

（3）进行具体的调研。上网收集材料为 2～4 课时；企业现场调研可根据实际情况自行安排，一般为 6～12 课时。

（4）撰写调研报告。

实训考核标准

对学生的实训结果给予考核评价，有利于激发学生的积极性。同时，通过评价找出实训过程中的不足并提出改进办法，有利于知识的总结和掌握。具体考核标准如表 2—2

所示。

表 2—2　　配送中心的功能考评表

考核内容	考核标准	分值	实际得分
配送中心的功能	调研内容的真实性、准确性、全面性	25	
	调研过程中是否遵守纪律，礼仪是否符合要求	20	
	调研报告是否能真实地反映调研结果	15	
	是否能正确分析出所调研配送中心的功能	15	
	是否能提出合理化的建议	25	
合　计		100	

任务三
配送中心的设计

任务结构图

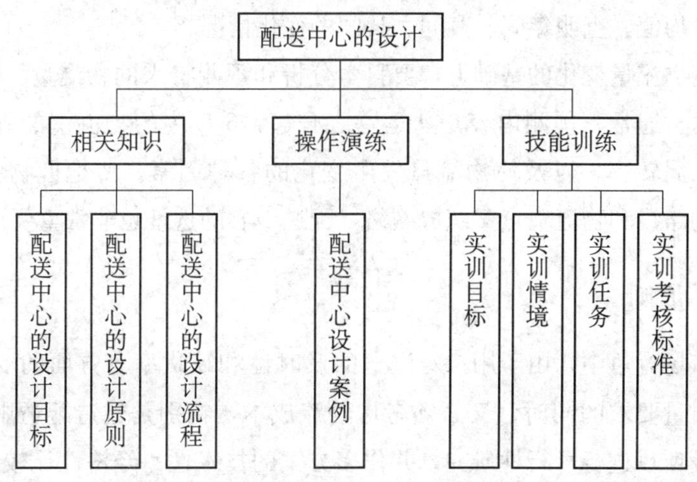

相关知识

一、配送中心的设计目标

(1) 降低库存水平。

(2) 降低物流成本。

(3) 缩短物流作业周期。

(4) 降低物流作业的差错率。

(5) 提高客户服务水平。

(6) 提升物流服务的竞争力。

二、配送中心的设计原则

由于配送中心是集约化、多功能的物流节点，系统极为复杂，各子系统间的协调尤为重要。此外，配送中心的建设是一项规模大、投资额高、涉及面广的系统工程。要建设一个高效率、高服务水平的现代化配送中心，物流系统的设计乃是成败的关键。配送中心一旦建成就很难再改变，所以在规划设计时必须切实掌握以下四项原则。

(一) 系统原则

配送中心的工作包括验货、搬运、储存、装卸、分拣、配货、送货、信息处理以及与供应商、连锁商店的衔接，使它们之间十分均衡、协调地运转，是极为重要的。配送中心规模的确定取决于物理量的大小，故调研必须抓住这个重点，包括物流量的最大值、最小值和平均值，查明年间、月间、日间的变化情况。

在调查清楚物流量变化的基础上，要科学分析和预测将来的物流量，它是配送中心设计的重要依据。通常，预测内容是从运营之日起，6 年内的物流量的逐年变化情况，如品种、数量、周转率，以及使物流量发生变化的各种因素。要把握物流的最合理流程，由于运输的路线和物流节点交织成网络，配送中心的选址也非常重要。

(二) 价值原则

在激烈的市场竞争中，由于用户对配送的及时性和缺货率等方面的要求越来越高，在满足服务高质量要求的同时，又必须考虑物流成本，特别是建造配送中心耗资巨大，因此必须对建设项目进行可行性研究，并作多方案的技术性、经济性比较，以求实现最大的企业效益和社会效益。

（三） 发展的原则

规划配送中心时，无论是建筑物、信息系统的设计，还是机械设备的选择，都要考虑有较强的应变能力，以适应物理量的扩大、经营范围的拓展。在规划设计第一期工程时，应将第二期工程纳入总体规划，并充分考虑扩建时的业务需要。因此，单凭一个人进行规划是非常困难的，必须把物流、信息、建筑设计及其他各方面的专家聚集起来，形成一个开发班子，研究大量的实质性问题，只有这样才能为企业领导的决策提供依据。

（四） 工艺、设备、管理科学化的原则

近年来，配送中心均广泛采用计算机进行物流管理和信息管理，大大加速了商品的流转，提高了经济效益和现代化管理水平。同时，规划者要合理地选择、组织、使用各种先进机械化、自动化物流设备，以充分发挥配送中心多功能、高效益的特点。

三、配送中心的设计流程

配送中心设计大致包括以下内容：配送中心的定位、配送中心的物流分析、配送中心的规模设计、配送中心的结构设计、配送中心选址、配送中心的设施与技术、配送中心标准规范体系。

（一） 配送中心的定位

1. 功能定位

一般来说，配送中心的功能定位是以其开展的配送服务的内容和相应的配送作业环节为基础来进行的，根据配送作业的基本环节和作业流程，配送中心一般具有采购、储存、加工、分拣、配货、配送运输等多项功能。但不同类型的配送中心的核心功能有所不同，因此，在配送中心的建设和规划中，从设施建设到平面布局，再到组织管理等方面也会产生差异。

对于储存型配送中心来说，其功能以储存为主，以尽可能降低其服务对象的库存为主要目标，须具有较强的库存调节能力，因此，在建设中应规划较大规模的仓储空间和设施；流通型配送中心则以快速转运为核心，要求大批进货、快速分装或组配，并及时地分发到各客户指定的地点，所以在建设中应配备适应货物高速流转的设施；加工型配送中心以对商品进行如拆包、分解、整理、再包装等流通加工为主，在规划建设中应适应加工的需要，配备必要的加工设施、场地，引进相应的加工技术；而专业型配送中心主要针对商品特性，体现处理专项商品的技术与特色，因此在建设中必须配置特定商品的处理设施，开发适用于特定商品的物流技术。

综上，在进行配送中心系统规划前，应根据市场物流服务的不同需求，科学决策配送中心的类型，做好配送中心建设前的功能定位工作，以便未来配送业务的正常开展。可以说，配送中心的功能定位基本上确定了配送中心的业务市场范围。

2. 商品定位

配送中心能处理的商品种类是有一定限度的，试图建立一个能满足所有商品的配送中心是不切实际的，因为配送中心在处理不同的商品时需要有一些专用的设施，一个配送中心没有必要也不可能拥有处理所有商品的物流设施和设备。因此，配送中心确定所经营的商品主要从两个方面考虑：一是配送中心的功能定位，二是市场的需求。

对于一般的连锁体系来说，通常配备经营一般消费品的配送中心，负责连锁体系内大部分商品的配送，以形成规模效应，获得规模经济效益；一些由传统批发企业改组而成的专业型配送中心，通常以其批发经营的传统商品为主，开展配送业务，其品种较为单一，批量较大。例如，英国的香蕉流通主要由三大公司控制，其不仅积累了丰富的香蕉养护与流通技术及经验，而且通过几十年的配送实践，能高效地进行香蕉配送，满足不同用户的需要。

此外，根据需求而产生的诸如提供配送服务的服装配送中心、电器配送中心、食品配送中心等，都有明确的经营商品选择。因此，配送中心的经营商品选择必须在市场有需求的前提下，通过对市场形式的调查和分析，明确自身的经营目标，确定在市场竞争中适合本企业的经营商品。配送区域是指配送中心辐射的范围，配送区域的大小不仅关系到配送中心的投资规模，也影响到配送中心的运作方式。

3. 区域定位

对于连锁企业来说，配送中心的辐射范围主要由两个因素决定：一是连锁企业或店铺的辐射范围，二是每个配送中心想要辐射的范围。店铺布局决定了配送中心的辐射范围，配送中心必须保证每一家店铺能及时、准确地收到商品。店铺遍布的区域越大，配送中心辐射的区域越大，配送中心的辐射范围必须与连锁店铺的分布相一致。同时，对于大型连锁企业来说，店铺数量大，分布相当分散，需要建立的配送中心不止一家，还需要确定每一个配送中心承担的配送任务，以此确定配送中心的位置、规模和数量。例如全家便利商店，其配送中心的配送半径为 30 公里，在此范围内平均设有 70 家店铺，由一个配送中心负责配送。

不论何种形式的配送中心，其配送区域的确定，都是以其服务对象所形成的区域为基本前提的，在一定的商圈范围内进行选址。建设规模越大，经营能力越强，其辐射范围也越大。

（二） 配送中心的物流分析

设计配送中心时，应作如下物流分析：

1. 物流需求分析

在规划和设计配送中心时，最重要的一项分析就是物流需求分析。对物流需求进行分析时，通常采用的分析方法是 EIQ 分析法。其中，E（Entry）是指订单件数、订购次数，I（Item）是指货品的种类、品项、单品，Q（Quantity）是指配送货品的数量或库存数量。日本的铃木震先生积极倡导以订单品项数量分析方法来进行配送中心的系统规划，即从客户订单的品项、数量与订购次数出发，分析出货特性，研究配送中心的特性，以进行配送中心的基本规划。分析的内容包括：

（1）订单量分析（EQ）。即对单张订单出货数量的分析。主要可了解单张订单订购量的分布情况，可用于决定订单处理的原则、拣货系统的规划，并将影响出货方式及出货区的规划。

（2）品种数量分析（IQ）。即对单张订单出货品种数量的分析。主要为了了解各类货物出货量的分布状况，分析货物的重要程度与运量规模。可用于仓储系统的规划、储位空间的估算，并将影响拣货方式及拣货区的规划。

（3）订货品种数分析（EN）。即对单张订单出货品项数的分析。主要为了了解订单订购品项数的分布，对于订单处理的原则及拣货系统的规划有很大的影响，并将影响出货方式及出货区的规划。通常需配合总出货品项数、订单出货品项累计数及总品项数三项指标综合考虑。

（4）品项受订次数分析（IK）。即对单一品项出货次数的分析。主要分析各类货物出货次数的分布，对于了解货物的出货频率有很大的帮助，可配合品种数量分析决定仓储与拣货系统的选择。

经过 EIQ 分析以后，明确订单内容、订货特性、接单特性、配送中心特性和 EIQ 特性，明确配送中心各子系统如自动仓库、高速自动分拣机、拣货系统、流利货架、输送机、搬运车、叉车等要素设计的条件，据此得出所需的物流设备。

2. 物品特性与储运单位分析

进行订单、品项与数量分析时，仅针对订单出货资料，如配合相关物品特性、包装规格与特性、储运单位等因素，进行关联及交叉分析，更易于对仓储及拣货区域进行规划。PCB 就是考察配送中心各个主要作业（进货、拣货、出货）环节的基本储运单位，包括：P（托盘）、C（箱子）、B（单品）。企业的订单资料中同时含有各类出货形态，包括整箱与零散两种类型同时出货，以及仅有整箱出货或仅有零星出货。为使仓储区与拣货区得到合理规划，必须将订单资料按出货单位类型加以区分，以正确计算各区的实际需求。

3. 物流与信息流分析

配送中心作业流程伴随着商流、物流、资金流等信息流动的输入、整理、分类、加工处理和输出等内容，这些信息的流动主要依靠传输网络、传输方式、传输效果等呈现。

4. 配送中心作业分析

配送中心作业分析包括以下方面：

(1) 订单作业。包括订单获取、订单确认、订单登录。

(2) 进货作业。包括进货、卸货、理货、验货。

(3) 包装作业。包括包装材料、包装方式与种类的选择。

(4) 堆码作业。包括托盘堆码及堆码方式的选择。

(5) 拣货作业。包括拣货方式、拣货策略的选择。

(6) 配货作业。包括配货方法、配货量、作业表。

(7) 储存保管作业。包括入库、保管、盘点。

(8) 送货作业。包括车辆调度、配送路线、运送、交付。

(9) 退货作业。包括退货业务、退货品处理、退货责任认定。

5. 配送中心进出货量分析

包括供货商、供货方式、单位时间进货数量和品种数、商品形态、收货店铺数、配送车辆安排、配送量、配送要求等。

6. 配送中心商品保管形态分析

配送中心采用高层货架和自动化立体仓库存取货物时，应确定托盘商品的堆垛尺寸、货架的空间利用率、搬动次数、运输手段。

7. 配送中心总物流量分析

配送中心总物流量流程图如图 2—5 所示。

(三) 配送中心的规模设计

1. 配送中心规模的含义

配送中心规模包括三层含义：

(1) 与店铺规模相适应的总规模，即需要总量为多少平方米的配送中心。

(2) 建立几个配送中心，即配送中心的布局。

(3) 每个配送中心的规模。

从“成本—效益”的角度分析，配送中心规模、服务功能、投资成本三者的关系是：在一定的配送范围内，随着投资规模的不断扩大，单位配送成本随之不断下降，而当规模扩大到一定程度时，单位配送成本则会开始随规模的扩大而上升，规模不经济性开始发生作用。随着配送规模的扩大，配送中心的服务能力不断增强，但当规模扩大到一定程度时，其服务能力受规模的影响不断减小。也就是说，配送中心的建设和经营规模并不是越大越好。从理论上说，其规模最好在“服务能力曲线”与“单位配送成本曲

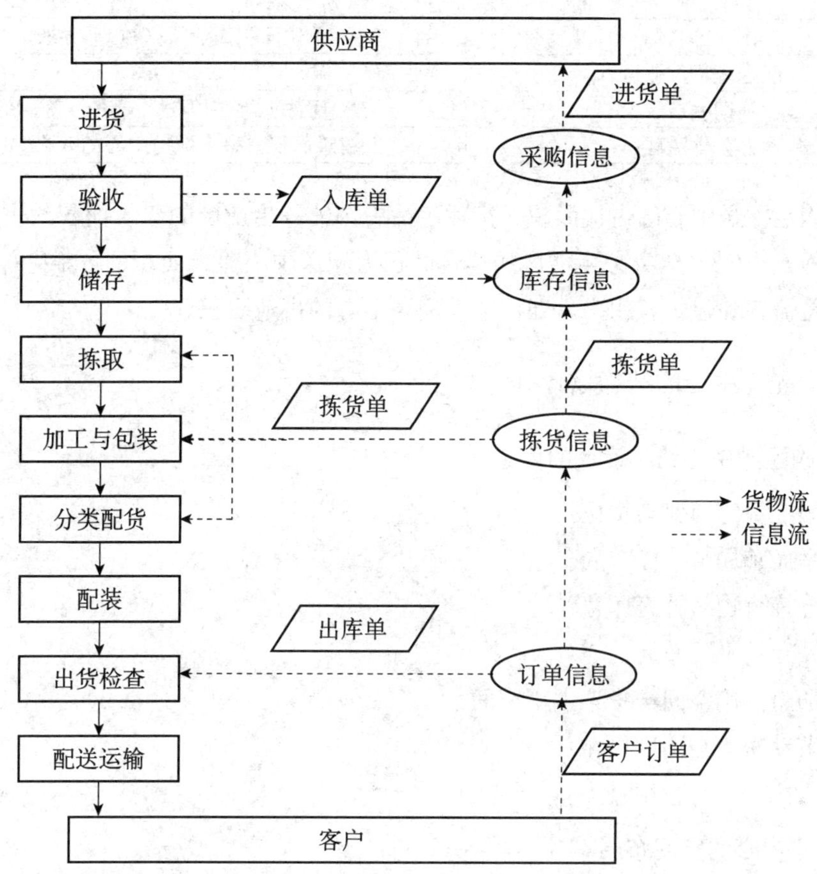

图 2—5 配送中心总物流量流程图

线”的两个交点内，这样才能在最佳规模范围内获得较低的配送成本和较高的服务能力及服务水平。

2. 配送中心规模的确定

在进行配送中心规模设计时，应该根据业务量、业务种类和业务要求确定其总体规模。

(1) 预测物流量。用近 3 年的统计数据结合企业目标和规划预测物流量。

(2) 确定单位面积的作业量定额。表 2—3 为实际经营中，配送中心各类作业区的单位面积作业量定额。

表 2—3 配送中心各类作业区作业量定额分布

作业区名称	单位面积作业量（吨/平方米）
收货验货作业区	0.2～0.3
分拣作业区	0.2～0.3
储存保管作业区	0.7～0.9

续前表

作业区名称	单位面积作业量（吨/平方米）
配送理货作业区	0.2～0.3
辅助生产区	建筑面积占整个配送中心的5%～8%
办公生活区	建筑面积占整个配送中心的5%左右

（3）确定配送中心的占地面积。实际生活中，辅助生产区的建筑面积约占配送中心建筑面积的5%～8%，办公生活区的建筑面积为配送中心建筑面积的5%左右。根据规划的建筑覆盖率和建筑容积率，即可估算配送中心的占地面积。

（四）配送中心的结构设计

1. 影响配送中心结构设计的因素

（1）固定货位与变动货位。

（2）平面布局与立体布局。

（3）分拣货物与补充库存作业。

（4）站台的平面布局。

（5）通道占用空间与货架占用空间。

（6）劳动密集与高度机械化。

（7）自用仓库与租用仓库。

2. 配送中心的空间布局

（1）车辆为等待装货或卸货的停车场和工人休息室。

（2）仓库利用各种运输方式接收和装货所需的设备场地。

（3）入库和出库货物的暂时存放场地。

（4）办公区（包括计算机等设备在内）所需用场地。

（5）托盘的存放和修理场地。

（6）保管损坏货物的场地，等待承运商检查确认。

（7）修旧利废或修理损坏货物的场地以及收集和打包回收废料、切屑等的工作间。

（8）进行重新包装、贴标签和标价等业务所需用场地。

（9）设备的保管和维护场地。

（10）危险品、贵重物品、仓库用品以及其他需要冷冻或进行特殊保管的专用储存区。

3. 配送中心的内部结构

（1）进货区：收货、验货、卸货、搬运货物暂停的场所。

（2）理货区：进货简单处理的场所。在理货区，物品被分为直接分拣配送、待加工、入库暂存和不合格需清退等，分别送往不同的功能区。

（3）储存区：作为安全储存或不配送的货物的保管场所，配有多层货架和集装单元的托盘。

（4）分拣配货区：拣选、配货的场所。

（5）发货区：检验、配装、发货、待运的场所。

（6）加工区：根据客户需求或经营需要进行流通加工的场所。

（7）退货处理区：存放进货残损、不合格需重新确认和等待处理货物的场所。

（8）废弃物处理区：对废弃包装物（纸袋、纸箱、塑料袋）、破碎货物、变质货物、加工废料进行清理、回收利用的场所。

（9）管理区：行政管理、信息处理、业务洽谈、订单处理及指令发布的场所。

（五）配送中心选址

在物流系统中，配送中心居于重要的枢纽地位。物流配送中心的选址，是指在一个具有若干供应点及若干需求点的经济区域内，选一个或多个地址设置配送中心的规划过程。较佳的物流配送中心选址方案可以有效地节约费用，促进生产和消费的协调与配合，保证物流系统的平衡发展。因此，物流配送中心的合理选址就显得十分重要。

1. 物流配送中心选址的影响因素

（1）货物分布和数量。这是配送中心选址时所要考虑的因素之一，如货物来源和去向的分布情况、历史和现在以及将来的预测与发展等。配送中心应该尽可能地与生产地和配送区域形成短距离优化。货物数量是随配送规模的增长而不断增长的。货物增长率越高，越要求配送中心选址合理，从而减少运输过程中不必要的浪费。

（2）运输条件。物流配送中心的选址应接近交通运输枢纽，使配送中心形成物流过程中的一个恰当的节点。在有条件的情况下，配送中心应尽可能靠近铁路货运站、港口及公路。

（3）用地条件。物流配送中心的占地问题在土地日益昂贵的今天显得越来越重要。是利用现有的土地，还是重新征地？地价如何？是否符合政府规划要求？这些在建设配送中心时都要进行综合考虑。

（4）商品流动。企业生产的消费品随着人口的转移而变化，应据此更好地为企业的配送系统定位。同时，工业产品市场也会转移变化，为了确定原材料和半成品等商品的流动变化情况，在进行物流配送中心选址时，应考虑有关商品流动的具体情况。

（5）其他因素。如劳动力、运输与服务的方便程度、投资额的限制等。

2. 物流配送中心选址的方法

（1）定性分析法。定性分析法主要是根据选址影响因素和选址原则，依靠专家或管理人员丰富的经验、知识及其综合分析能力，确定配送中心的具体选址。主要有集合意见法、德尔菲法。定性方法的优点是注重历史经验，简单易行。其缺点是容易犯经验主义和主观主义的错误，并且当可选地点较多时，不易作出理想的决策，从而导致决策的可靠性不高。

(2) 定量分析法。定量分析法选址的优点是能求出比较准确可信的解。重心法是研究单个物流配送中心选址的常用方法，这种方法将物流系统中的需求点和资源点视为分布在某一平面范围内的物流系统，将各点的需求量和资源量分别视为物体的重量，并将物体系统的重心作为物流网点的最佳设置点。

(六) 配送中心的设施与技术

1. 配送中心设施合理布置的目的

(1) 有效地利用空间、设备、人员和能源。

(2) 最大限度地减少物料搬运。

(3) 简化作业流程。

(4) 缩短生产周期。

(5) 力求投资最低。

(6) 为员工提供舒适、安全和卫生的工作环境。

2. 配送中心设备选用应考虑的因素

(1) 设备的形状、尺寸、重量。

(2) 设备的功能。

(3) 设备的操作方法。

(4) 设备的作业能力。

(5) 设备的占地面积。

(6) 价格及设备选用费用。

3. 配送中心主要设备的分类

(1) 运输设备：包括送货车辆（普通、厢式）、集装箱（通用、专用）、冷冻冷藏集装箱等。

(2) 装卸设备：包括叉车、托盘（平托盘、箱式托盘）、无人搬运车、自动卸货设备等。

(3) 保管设备：包括货架（层格式、托盘式、重力式）、立体自动仓库（托盘单位式、包装箱式）。

(4) 分拣（拣货）设备：包括分拣设备（辊式、皮带式、保管分拣一体式）、拣货设备（摘取式系统、播种式系统、台车式系统、自动拣货系统）、检验设备等。

(5) 包装机械设备：包括包装机、捆包机、计量机等。

(6) 流通加工设备：包括自动粘贴价签机、自动粘贴符号机、自动简易包装机、自动封口机。

（7）信息设备及软件系统：包括条形码设备、识别设备、显示设备、打印机、POS系统、EDI系统、订货系统、运行管理系统、控制设备等。

（8）其他关联设备。

4. 配送中心的技术

计算机技术在物流中的应用超出了日常数据处理和事务管理的范畴，进入了智能化管理的领域。配送中心的配车计划和车辆调度软件，已被广泛使用；配送中心的自动分拣系统、自动化立体仓库、自动拣货系统的计算机控制和无线移动电脑在入库、出库、拣货、盘点、储位管理等方面的应用，实现了配送作业的无纸化。由于各种现代信息技术、物流技术和计算机技术的广泛应用，配送中心已把商流、物流、信息流、资金流、技术流融为一体。

（七）配送中心标准规范体系

1. 配送中心统一性标准

具体包括：专业计量单位标准、物流基础模数尺寸标准、物流建筑基础模数尺寸标准、集装模数尺寸标准、物流配送术语标准规范、物流配送系统核算与统计标准规范。

2. 配送中心技术标准规范

具体包括：固定设备标准，仓库技术标准，线路技术标准，站台技术标准，港口技术标准，机场技术标准，管道技术标准，活动设备标准，货运车、船、飞机标准，搬运车辆标准，传输机具标准，包装、托盘、集装箱标准，货架、储罐标准。

3. 配送中心工作标准规范

具体包括：订货工作标准、采购工作标准、储存与保管工作标准、装卸搬运工作标准、流通加工工作标准、分拣工作标准、配货工作标准、运输工作标准。

4. 配送中心质量管理标准规范

具体包括：物流配送工作质量标准、订货工作质量标准、储存与保管工作质量标准、采购工作质量标准、装卸搬运工作质量标准、流通加工工作质量标准、分拣工作质量标准、配货工作质量标准、运输工作质量标准、物流配送服务质量标准、商品使用价值的保持程度衡量标准、流通加工对商品质量的提高程度衡量标准、客户需求满足程度衡量标准、物流配送工作质量标准。

5. 配送中心绩效评价标准规范

具体包括：成本评价标准、客户服务评价标准、资产评价标准、生产率评价标准、综合评价标准。

6. 配送中心软件标准规范

具体包括：软件基本功能标准、软件性能标准、数据输入标准、数据输出标准、数据接口标准。

操作演练

操作任务

阅读案例，通过本任务相关知识的学习，回答以下问题。

（1）明确案例中的配送中心设计了哪些类型货物的储存区域。

（2）分析各个储存区域的作用。

一、案例情境

凯蒂服饰配送中心由于货物规格多样，货物摆放没有使用托盘，且货物堆放时更是直接将货物码垛在货架上，没严格按照货位摆放。这些不合理的作业方式不能做到货物“先进先出”，直接导致的后果就是服装因过季而遭退货。而且仓库已经不能通过扩充面积来使存储量成倍增长，这时，利用储位管理技术来对仓库货架及货物进行管理就显得非常重要。

在配送中心，拟储放的每一种货物都必须有明确的存放位置，货物存储区是经过详细规划区分的，储位要编码、编号。当货物放入储位后，要对货物的品种、规格、数量、存放位置等变化情况进行详细的登记，并将信息录入信息系统，便于自动化管理。

为了方便管理，配送中心按照作业性质，将存储区分为预备储区、保管储区、动管储区。

预备储区是进货作业和发货作业所使用的暂存区，主要工作是对货物进行标示、分类，并将其排放整齐地存放在储位上，管理时采用目视和颜色管理相结合的方法。进货时，货物在进入暂存区前应先分类，根据划分的暂存区域，配合看板标识，将爱妮莎、多利亚、戴娜这三个品种的产品分开放置在直接的暂存区储位；发货时，将每辆车或每一区域路线的待配送货物排放整齐并区分隔离，安置在划分好的储位上，配合看板标识，按照发货单指示，依序进行点、收货上车。

保管储区是配送中心最大且最主要的储区，用于存放和保管货物。在一定的储放容量的条件下，对储区货物的摆放方式、摆放位置等进行合理、有效的管理，可以充分利用仓库空间，提高库容利用率。保管区通道以及储区要以不同颜色标示，以确定某品种货物在储区的摆放位置，并在显眼位置设置消防设施。爱妮莎、多利亚、戴娜这三个品种的产品在储区布置时应按照数量及销售量的大小依次放置于接近拣货区和发货区的位置。

动管储区是用来进行拣货作业的区域。其特点是货物大多数在短期内将被拣取，货物在储位上的流动率很高。常采用货物标识（条形码技术）位置指示及拣货设备（自动分拣系统）相结合的管理方法，以达到缩短时间、距离以及降低拣错率的目的。

二、结果分析

（1）配送中心设计了预备储区、保管储区、动管储区三个储存区域。

（2）预备储区是进行进货作业和发货作业所使用的暂存区，主要工作是对货物进行标示、分类，排放整齐地存放在储位上，管理时采用目视和颜色管理相结合的方法。

保管储区是配送中心最大且最主要的储区，用于存放和保管货物。在一定的储放容量的条件下，对储区货物的摆放方式、摆放位置等进行合理、有效的管理，可以充分利用仓库空间，提高库容利用率。

动管储区是用来进行拣货作业的区域。

技能训练

实训目标

（1）具有进行配送中心功能定位的能力。

（2）具有进行配送中心物流分析的能力。

（3）具有进行配送中心规模设计的能力。

（4）具有进行配送中心结构设计的能力。

实训情境

（1）调研 1 家超市，了解其物流量，分析其配送中心的定位、规模、结构设计。

（2）分析该超市的物流量，分析其配送中心。

实训任务

（1）确定调研的内容。主要围绕配送中心的设计。

（2）制订调研计划。围绕调研目标，明确调研主题。确定调研的对象、地点、时间及方式，并确定要收集哪些相关资料。

（3）调研以小组为单位，根据班级情况，每组 5～10 人，设 1 名组长。调研时带上调查工具（如笔记本、笔），情况允许的话可以带上照相机和录音笔。

（4）调查之前，进行相关资料的收集并做好知识准备。

（5）时间安排：上网收集材料为 2～4 课时；企业现场调查可以根据实际情况自行安排，一般为 6～12 课时。

（6）分析超市的物流量，分析其配送中心的定位、规模、结构设计。

实训考核标准

对学生的实训结果给予考核评价，有利于激发学生的积极性。同时，通过评价找出实训过程中的不足并提出改进办法，有利于知识的总结和掌握。具体考核标准如表 2—4 所示。

表 2—4　　配送中心的设计考评表

考核内容	考核标准	分值	实际得分
配送中心的设计	调研内容的真实性、准确性、全面性	25	
	调研过程中是否遵守纪律，礼仪是否符合要求	20	
	调研报告是否能真实地反映调研结果	15	
	分析结果是否正确	40	
合　计		100	

同步测试

一、单选题

1. 下列哪项不属于配送中心的主要功能？（　　）

A. 储存功能　　B. 分拣功能　　C. 配送功能　　D. 计划功能

2. 下列哪项是按配送中心功能划分的配送中心？（　　）

A. 城市配送中心　　B. 流通加工型配送中心

C. 共同型配送中心　　D. 第三方配送中心

3. 下列哪项是按配送区域划分的配送中心？（　　）

A. 城市配送中心　　B. 流通加工型配送中心

C. 家电商品配送中心　　D. 第三方配送中心

4. 下列哪项是按社会化程度划分的配送中心？（　　）

A. 城市配送中心　　B. 保管型配送中心

C. 第三方配送中心　　D. 公共配送中心

5. 下列哪项属于以时间为核心的增值服务？（　　）

A. 金属剪裁服务　　B. 宅急便　　C. 零库存配送　　D. 为配送商品贴标

6. 下列哪种配送形式有明显的第三方配送的意味？（　　）

A. 仓库配送　　B. 专业配送　　C. 代存代供配送　　D. 共同配送

7. 基本上没有长期储存功能，仅以暂存或随进随出方式进行配送的配送中心是指（　　）。

A. 流通型配送中心　　B. 加工型配送中心

C. 供应配送中心　　D. 销售配送中心

8. 定时配送的典型形式是（　　）。

A. 准时配送　　B. 即时配送　　C. 日配　　D. 定时、定路线配送

9. 配送中心有多项基本作业，下列哪项作业不是所有配送中心都有的作业？（　　）。

A. 存储　　B. 分拣　　C. 进货　　D. 送货

10. 配送中心设计的第一个阶段是（　　）。

A. 定位　　B. 物流分析　　C. 规模设计　　D. 结构设计

二、多选题

1. 下列哪几项是按经营主体划分的配送中心？（　　）

A. 商业货物配送中心　　B. 共同配送中心

C. 公共配送中心　　D. 零售商主导型配送中心

E. 流通型配送中心

2. 配送中心的主要功能有（　　）。

A. 储存功能　　B. 分拣功能　　C. 配送功能　　D. 服务功能

E. 衔接功能

3. 按经营形式分类，配送可分为（　　）。

A. 销售配送　　B. 供应配送　　C. 销售—供应一体化配送

D. 代存代供配送　　E. 专业配送

4. 配送中心的基本要求有（　　）。

A. 主要为特定的客户服务　　B. 配送功能健全

C. 有完善的信息网络　　D. 辐射范围较大

E. 以配送为主、储存为辅

5. 进行配送中心规模设计时应根据（　　）确定其总体规模。

A. 业务量　　B. 业务种类　　C. 业务要求　　D. 成本

E. 服务

6. 配送中心的配送模式有（　　）。

A. 自营配送　　B. 第三方配送　　C. 共同配送　　D. 互用配送
E. 仓储配送

7. 配送中心的设计目标有（　　）。

A. 降低库存水平　　B. 降低物流成本
C. 缩短物流作业周期　　D. 降低物流作业差错率
E. 提高客户服务水平

8. 配送中心的设计原则有（　　）。

A. 系统原则　　B. 价值原则
C. 发展原则　　D. 工艺、设备、管理科学化原则

9. 配送中心选址的主要影响因素有（　　）。

A. 交通运输　　B. 土地条件　　C. 周边环境　　D. 劳动力
E. 客户分布

10. 配送中心的储运单位有（　　）。

A. 托盘　　B. 箱　　C. 单品　　D. 集装箱

三、判断题

1. 配送中心就是物流中心。（　　）

2. 配送中心一定是以城市范围为配送范围的配送中心。（　　）

3. 共同配送是由多个企业为了实现运输规模经济而联合组织实施的配送活动。（　　）

4. 构筑一个配送中心，首先应着重于系统设计，即要求各个环节互相配合，使物流的全过程处于一个均衡而协调的系统之中。（　　）

5. 配送中心的加工功能所采用的方法是深度加工。（　　）

6. 配送中心的分拣、配货、配送功能与装卸功能密不可分。（　　）

7. 备货是配送的基础性工作。（　　）

8. 配送中心按性质可分为专业配送中心和柔性配送中心。（　　）

9. 配送中心储存时以箱为单位，拣货也必须以箱为单位。（　　）

10. 设计配送中心时不需要进行物流分析。（　　）

四、简答题

1. 配送的一般流程是怎样的？

2. 配送中心的定义是什么？

3. 什么是共同配送?

4. 配送的模式有哪些?

5. 配送中心设计的目标有哪些?

6. 简述配送中心设计的流程。

五、案例分析

案例一 “大众包餐”的配送

“大众包餐”是一家提供全方位包餐服务的公司，服务分为：递送盒饭和套餐服务。

通常每天都有顾客打电话来订购盒饭，但由于设施所限等原因，该公司要求顾客只能在上午10点前电话预订，以便确保当天递送到位。

在套餐服务方面，该公司的核心能力是为企事业单位提供冷餐会、大型聚会，以及一般家庭的家宴和喜庆宴会。客户所需的各种菜肴和服务可以事先预约，但由于这项服务的季节性很强，又与各种法定节假日相关，需求量忽高忽低，有旺季和淡季之分，因此该公司要求顾客提前几周甚至1个月预订。

包餐行业的竞争是十分激烈的，高质量的食品、可靠的递送、灵活的服务以及低成本的运营等都是这一行求生存、谋发展的根本。近来，大众包餐公司开始感觉到来自越来越挑剔的顾客和几位新加入的专业包餐商的竞争压力。顾客对菜单的多样化、服务的柔性化和响应的及时化等方面的要求越来越高。

大众包餐公司的高管们最近参加了现代物流知识培训班，对准时化运作和第三方物流服务的理念印象很深，他们认为这些理念正是公司保持其竞争力所必需的东西。但是，他们为大众包餐公司能否借助第三方物流服务感到疑惑。

问题：

1. 大众包餐公司的经营活动能否引入第三方物流服务？请说明理由。

2. 大众包餐公司实施准时化服务是否存在困难？请加以解释。

3. 在引入第三方物流服务方面，你有何建议?

案例二 美国一流网络零售商配送中心的设计

美国领先的网络零售商新蛋（Newegg）公司位于新泽西州麦迪逊市的新配送中心，采用了堪称业界最为高效的物料处理系统，其中包括节能型传送带、带有电子标签的分区传递拣选系统、上跃式分拣机以及产品全程追踪系统。

对美国第二大专营网络零售商Newegg公司来说，丰富的商品种类、订单履行准确率和订单处理速度是维持其市场地位的关键。2007年，Newegg实现净销售收入19亿美元，其客户满意度评级在业界名列前茅。为了向美国东部客户提供更好的服务，Newegg决定在新泽西州麦迪逊市建设一座配送中心，综合采用当时最新的自动化物料处理技术。该配送中心投入使用后，不但完全符合Newegg对海量商品、订单履行准确率和订单处理速度的要求，而且树立了网络零售配送的典范。

公司概况

Newegg公司成立于2001年，总部位于美国加州的工业城。目前，Newegg已成为当之无愧的一流的在线电子商务零售商，拥有870多万注册用户，其中包括IT专业人士、电脑组装爱好者、在线游戏发烧友、学生以及中小型企业、经销商等，每天平均有近60万人次的网站访问量。作为全美访问量排名前400强的网站，Newegg拥有一个巨大的IT和消费电子产品目录，可提供4万多种计算机软硬件、消费电子产品和通信产品。登录其网站后，消费者可以从业界最广泛的产品中精挑细选，可以比较多种最新高科技产品，查看详细的产品说明、产品图片、使用说明和客户评论，并与科技和游戏界的其他会员互动。

2007年，Newegg名列美国零售联盟评选的全美最佳客户服务零售商十强。同年，Newegg在Gomez. com评选的快速响应零售商排名中位居第二，在美国权威网络零售商杂志*Internet Retailer*评选的网络零售商500强中名列第十。

Newegg的成功在很大程度上得益于其特有的经营理念——为客户提供一种无与伦比的购物体验。公司的经营原则包括：以一个极具用户友好性且致力于满足用户需求的网站为依托，以4万多种独特的产品为后盾，提供业界最广泛的产品；快速、高效的订单处理，可在一个工作日内为98%的订单发货；无可比拟的客户服务。凭借这三大优势，超过800万的注册用户将Newegg评为全球最佳在线零售商之一。

目前，Newegg在美国拥有三个配送中心，分别位于加州工业城、田纳西州孟菲斯市和新泽西州麦迪逊市。在美国本土之外，Newegg还拥有五个配送中心，分别位于中国的上海、北京、广州、武汉和成都。

新建配送中心的目的

Newegg公司最新建立的配送中心位于新泽西州麦迪逊市，面积达37.4万平方英尺，于2007年年初动工，同年9月竣工并投入使用。该配送中心的建成，使Newegg 99%的客户可以在发货后3个工作日内收到所订货物。

谈到Newegg公司为什么投资兴建新泽西配送中心，公司物流事务部副总裁Bob Zelis表示："公司之所以建设新泽西配送中心，是为了将我们的小规模配送设施整合成一个大型的自动化设施，以便为美国东部地区庞大的客户群提供更好的服务。在过去两三年，公司的业务量迅猛增长，因此，修建一个新配送中心以适应业务发展需要势在必行。"

据介绍，Newegg公司在全美三个地点设置了配送中心，以便优化订单履行。新泽西配送中心的产品种类与其他两个配送中心的类似。该配送中心在当地时间下午3点前收到的订单当天即可处理，这样，客户就可以在3个工作日内收到所订购的商品。Newegg公司希望通过在加州、田纳西州和新泽西州设立的三大配送中心，实现以最低的运输成本，为遍布全美的所有客户提供优质服务的目标。

考虑到公司的实际需求，在对多家物流系统供应商进行了全面考察之后，Newegg公司最终选择了德马泰克公司，由其负责完成新泽西配送中心所需物料处理系统的规划设计与集成工作。Newegg公司希望在新泽西配送中心采用最新的技术，以充分利用速度快、效率高的物流系统的优势，快速完成客户订单处理。德马泰克为新泽西配送中心提供了整套自动化解决方案，涵盖了从收货、拣选到发货的全部操作。其作业流程与技术亮点如下：

第一，超大数量品规带来多种到货方式。Newegg网站之所以能够吸引几百万消费者频繁光顾，一大原因就是引入了大量超小型供应商，以丰富商品种类。这样，顾客访问Newegg网站时，即可选择多种不同的商品。而供应商数量庞大，也使新泽西配送中心的商品到货方式多种多样，主要包括集装箱、小包裹投递和厢式货车等。

与其他配送中心一样，新泽西配送中心以计算机产品为主，其中包括组装电脑所需要的全部产品，此外还有游戏机和消费电子产品，比如数码相机、MP3播放器、音箱、手机和电视机等。收货时，除了大件货物（如电视机），全部货物均通过传送带系统进入配送中心。由于配送中心每天需要处理大量货物，因此，能否节省时间和资源对Newegg公司来说至关重要。

产品经过验收后，有两种处理方式。多数产品进入拣选系统中的主拣选站。而有些产品是批量购买的，会进入托盘区进行存储。Newegg公司的产品销售基于实时库存状况，不接受延期订单。一旦某种产品售罄，公司立即将其名称从网站上撤下来。

配送中心可以对公司销售的商品进行全程追踪。如果客户在购买某产品后提起投诉，Newegg公司可以对该产品的物流处理过程进行逆向追查，可回溯至订单接收时。

第二，电子标签和分区优化拣选系统。在整个系统中，订单同样受到密切追踪。Newegg的所有订单都由公司位于加州的主服务器接收，然后传递至离收货地址最近的配送中心。订单到达新泽西配送中心后，被自动分配给一个贴有条形码的料箱，进入拣选流程。料箱通过德马泰克开发的自动数字分区优化拣选系统，该系统与电子标签配合使用，以帮助操作人员轻松完成拣选作业。拣选区域占据配送中心大约一半的面积。

在电子标签拣选系统中，操作员扫描料箱上的条形码标签。位于各拣选货箱前面的数字显示器提示操作人员需拣选的商品及其数量。在像Newegg公司这样拥有成千上万个品规的配送中心，电子标签系统不失为一种提高拣选作业效率、降低差错率的切实可行的选择。

第三，高效率、低噪声输送料箱的传送也是自动进行的。配送中心采用了德马泰克的新型 C-L100 系列输送机，这种产品不但减少了噪声和维护要求，而且降低了对润滑剂和压缩空气的依赖性。这使传送带更节能，使 Newegg 公司能够在提高吞吐量的同时尽量做到环保。这种传送带还具有在不需要时自动关闭的功能。这是一项卓越的节能功能。与常规输送系统相比，这种传送带最多可降低30%的功耗、减少20%的劳动力，而且能输送多种产品。

来自德马泰克的技术人员 Stewart Resnick 表示："Newegg 公司非常注重配送中心工作人员的舒适度。环境噪声是个问题，不过与常规系统相比，C-L100 传送带非常安静。模块化设计、零件互换性、维护便利性和低功耗，这些附加特点深受 Newegg 公司的青睐。C-L100 传送带是优化输送的不二选择。"

此外，德马泰克还提供了两台上跃式导轮分拣机，用于订单货物出库前的集合和分拣。

第四，带图像系统监控的仓库控制系统。新泽西配送中心的仓库设备控制系统（WCS）采用了与 Newegg 公司专有仓库管理系统集成的德马泰克分拣控制系统（SortDirector）软件。该系统可为整个输送、分区传递和分拣过程提供一流的图像监控功能，使操作人员得以准确、实时地掌握产品的移动情况并向系统进行报告，还可以轻松地监控物流设备的运行状况，及时发现并诊断设备出现的问题。

为公司发展奠定基础

新泽西配送中心的建成，无疑为 Newegg 公司网上销售业务的进一步发展提供了强有力的支撑。

新泽西配送中心运行几个月以后，物流作业效率大幅提高。据介绍，在新泽西配送中心，处理一个订单所需时间平均为 20 分钟。较快的处理速度意味着更多的订单可以在第一时间发货，这对 Newegg 公司的客户来说更为有益。另外，系统采用大容量、高能力设计，这意味着可以在一个班次中处理订单，正如 Newegg 目前所做的那样，而不是跨越两个班次。随着订单处理量的增加，这种设计即可显现出巨大的扩展空间。

此外，Newegg 公司最关注的是向客户提供优质的服务。这是 Newegg 公司网上销售业务模式取得成功的核心。而配备了最尖端的自动化系统的新泽西配送中心将使 Newegg 公司在打造其独一无二的品牌方面更加得心应手。

问题：

1. 简述配送中心设计的流程。
2. Newegg 公司是如何进行配送中心定位的？
3. Newegg 公司为什么能取得成功？

项目三
配送中心的业务操作

【项目引入】

高新物流配送中心为客户提供从厂家接货到最终配送给消费者的一条龙服务，涉及代理采购、接货、验收、装卸搬运、储存、保管保养、加工、分类拣选、送货等整个过程。厂家只要把产品放到该配送中心的仓库，随时下达指令，该配送中心便会随时把产品送达客户手中。具体的业务运作模式如图3—1所示。

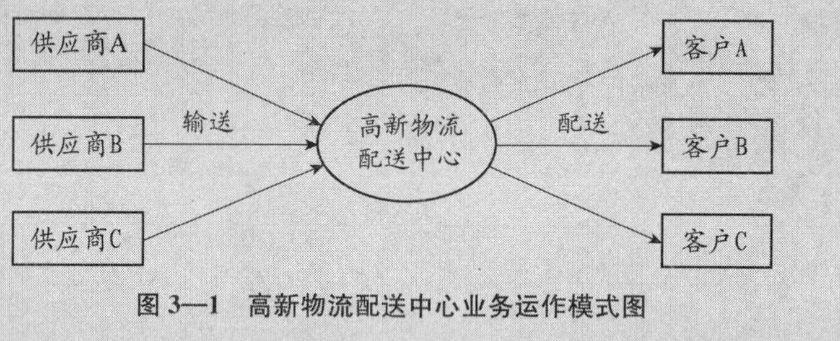

图3—1 高新物流配送中心业务运作模式图

【项目分析】

根据上述引例分析，高新物流配送中心是一个第三方物流配送企业。一方面接受上游供应商委托，接受供应商的货物并代为储存管理货物，另一方面接受上游供应商传来的下游客户的订单，为下游客户提供配送服务。因此，要想为上下游企业提供服务，作为高新物流配送中心的员工就应该了解配送中心的主要业务，熟悉配送业务流程，掌握配送业务操作规范和相关技能。为此，本项目的相关知识将分解为八个学习任务：

学习任务	学习目标
一、订单处理作业	（1）了解订单的种类 （2）熟悉订单处理的原则和内容 （3）掌握订单处理作业的操作程序和重点
二、进货作业	（1）了解进货作业的含义和作用 （2）熟悉进货作业流程 （3）能够准确进行货物分类并按不同的方法进行编码 （4）掌握入库验收货物的标准和方法
三、储存保管作业	（1）了解货物分类储存的原则和方法 （2）熟悉控制和调节仓库内温、湿度的方法 （3）掌握货物的堆码和苫盖方法 （4）能够熟练地对货物进行盘点

续前表

学习任务	学习目标
四、分拣作业	(1) 了解分拣作业及分拣单位 (2) 熟悉不同拣货模式的操作流程 (3) 掌握拣货作业要点并能够准确地按不同的拣货方法进行拣货
五、配货作业	(1) 了解配货作业的含义及原则 (2) 熟悉配货作业的形式及内容 (3) 掌握配货计划编制的要领和步骤 (4) 能够准确进行配货
六、送货作业	(1) 了解送货作业的特点及注意要点 (2) 熟悉送货作业的流程 (3) 掌握配装计算的方法，并能够熟练配装
七、补货作业	(1) 了解补货作业的含义和目的 (2) 熟悉补货作业流程 (3) 能够准确计算订货点和订货量 (4) 能够正确选择补货方法
八、退货作业	(1) 了解送货原因和范围 (2) 熟悉退货作业的流程 (3) 掌握退货处理的原则和方法

【项目实施】

任务一　订单处理作业
任务二　进货作业
任务三　储存保管作业
任务四　分拣作业
任务五　配货作业
任务六　送货作业
任务七　补货作业
任务八　退货作业

任务一 订单处理作业

任务结构图

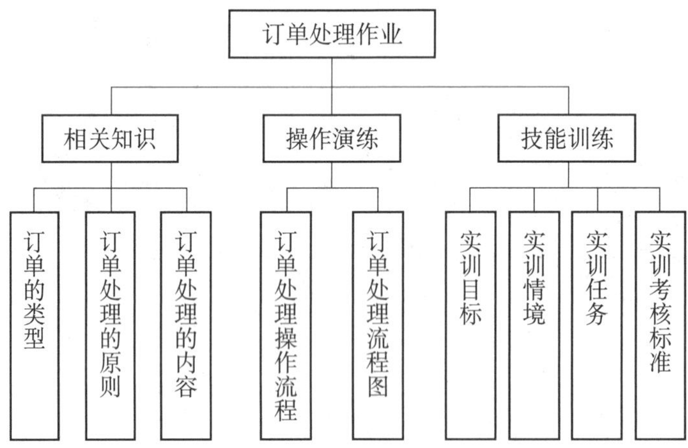

相关知识

一、订单的类型

在接受订货业务的过程中，按交易形态的不同有多种订单，而不同的订单有不同的处理方式，即配送中心针对不同种类的订单有不同的处理流程和方法。

1. 一般交易订单

（1）交易形态：一般的交易订单，在接单后按正常的作业程序进行拣货、出货、发送、收款等作业。

（2）处理方式：接单后，将资料输入订单处理系统，按正常的订单处理程序处理，资料处理完后进行拣货、出货、发送、收款等作业。

2. 现销式交易订单

（1）交易形态：与客户当场交易、直接给货的交易订单，如业务员到客户处巡货、补货所得的交易订单，或客户直接到配送中心取货的交易订单。

（2）处理方式：订单资料输入后，因货物此时已交给客户，故订单资料不再参与拣货、出货、发送等作业，只需记录交易资料即可。

3. 间接交易订单

（1）交易形态：客户向配送中心订货，而后直接由供应商配送给客户。

（2）处理方式：接单后，将客户的出货资料传给供应商由其代配。需注意的是，客户的送货单是自行制作或委托供应商制作的，应对出货资料加以核对和确认。

4. 合约式交易订单

（1）交易形态：与客户签订配送契约的交易，如签订某时间内定时配送某数量的商品。

（2）处理方式：在约定的送货日，将配送资料输入系统进行处理，以便出货配送；或一开始便输入合约内容的订货资料并设定各批次的送货时间，以便在约定日期由系统自动产生所需的订单资料。

5. 寄存式交易订单

（1）交易形态：客户因促销、降价等市场因素先行订购一定数量的商品，往后视需要再要求出货的交易。

（2）处理方式：当客户要求配送寄库商品时，系统应检核客户是否确实有此项寄库商品。若有，则出此项商品，否则应加以拒绝。需注意的是，这种方式的交易价格是依据客户当初订货时的单价计算，而不是依据现价计算。

6. 兑换券订单

（1）交易形态：是指客户用兑换券兑换商品，配送出货时所产生的订单。

（2）处理方式：将客户用兑换券所兑换的商品配送给客户时，系统应核查客户是否确实有此兑换券的回收资料。若有，依据兑换券所指定的商品及兑换条件予以出货，并应扣除客户的兑换券的回收资料。

二、订单处理的原则

配送作业的一个核心业务流程是订单处理，而订单处理是指从接到用户订单一直到开始拣选货品为止的工作。其中包括订单准备、订单传递、订单登录、按订单供货、订单处理状态跟踪等活动。订单处理是实现企业客户服务目标最重要的影响因素。改善订单处理过程、缩短订单处理周期、提高订单满足率和供货准确率、提供订单处理全程跟踪信息，可以大大提高客户服务水平与客户满意度，也能够在提高客户服务水平的同时降低库存水平和物流总成本，从而使企业获得竞争优势。

1. 使客户产生信赖感

客户订货的基础是产生信赖感。订单处理人员每次接到订单后在处理过程中都要认识到：这次处理不当将会影响下次订货。尤其在工业品购买中，要明确订单处理工作是开展客户经营的重要组成部分，两者有密不可分的联系，要通过订单处理建立客户对产品和服务的信任感和认同感。

2. 尽量缩短订货周期

订货周期是指从发出订单到收到货物所需的全部时间。订货周期的长短取决于订单传递、订单处理以及货物运输的时间，这三方面的安排都是订单处理的内容。尽量缩短订货周期，减少客户的时间成本，提高客户所获得的让渡价值，是保证客户满意的重要条件。

3. 提供紧急订货

在目前以客户需求为导向的市场机制下，强调为客户服务，在紧要关头提供急需服务，是与客户建立长远的相互依赖关系的极为重要的手段。

4. 减少缺货现象

保持客户连续订货的关键便是减少缺货现象的发生，工业原料和各种零件一旦缺货，会影响客户的整个生产安排，后果极为严重。此外，缺货现象是客户转向其他供货来源的主要原因。企业要想尽可能扩大市场，保持充足的货源是一个必要的前提条件。

5. 不忽略小批量订货的客户

小客户的订货虽少，但也是大批买卖的前驱，而且大客户也有小批量交易的时候。对小客户的订单处理得当将会提高小客户的满意度，可能吸引以后的大批量订购或持续订购。最重要的是，客户与企业建立的稳定而信任的供销关系将为以后的继续订购打下良好的基础，企业的信誉也将因为客户的传播而树立起来。因此，要在成本目标允许的范围内，尽量作出令小批量购买的客户满意的安排。

6. 装配力求完整

企业所提供的货物应尽量做到装配完整，以便于客户使用为原则。实在办不到时，也应采取便于客户自行装配的措施，如适当的说明及图示等，或提供在线技术支持。

7. 提供对客户有利的包装

针对不同客户的货物应采取不同的包装，有些零售货物的包装要适于在货架上摆放，有些要适于经销商及厂商开展促销活动，应以便于客户处理为原则。

8. 随时提供订单处理的情况

物流部门要让客户能够随时了解配货发运的进程，以便其预计何时到货，便于安排使用或销售。这方面的信息是巩固与客户关系的重要手段，也利于企业本身的工作检查。在暂时缺货的情况下，物流部门应主动且及时地告知客户有关情况，作出适当的道歉与赔偿，以减少客户的焦虑和不满。

三、订单处理的内容

订单处理通常先收集和汇总客户的订单，当确认无法按客户要求的时间及数量交货时，业务部门需进行协调。每日的订单处理和与客户的经常沟通是业务部的主要功能。此外，还需统计该时段的订货数量，确定调货、分配、出货程序及数量。退货数据也在此阶段处理。业务部还需制定报价计算方式，管理报价历史，确定客户订购最小批量、送货间隔、订货方式或订购结账截止日期。

订单处理有人工处理和电脑处理两种形式。目前以电脑处理为主，这种方式不但速度快、效率高，而且成本低。

配送中心收到客户订单后，进行订单处理的主要内容如下：

（1）检查订单是否全部有效，即信息是否完全准确。

（2）信用部门审查客户的信誉。

（3）市场销售部门把销售额记入有关销售人员的账下。

（4）会计部门记录有关的账务。

（5）库存管理部门选择和通知距离客户最近的仓库分拣货物、包装备运，并及时登记公司的库存控制总账，扣减库存。同时，将货物及托运单送交运输商。

（6）运输部门安排货物运输，将货物从仓库发运至收货地点，同时完成收货确认，即签收。配送中心在订单处理完后，将发货单寄给客户，一般也由信息网络系统完成。

操作演练

操作任务

向学生演示订单处理的操作流程及操作重点，并绘制订单处理流程图。

一、订单处理的操作流程及操作重点

1. 接受订单

操作重点：接受订货的第一步是接受订单，订货方式主要有传统订货与电子订货两种。其中，电子订货方式不仅可以大幅度提高客户服务水平，也能有效地缩减存货及相关成本费用。但其运作费用较为昂贵，因此在选择订货方式时应视具体情况而定。

2. 确认订货数量及日期

操作重点：检查品名、数量、送货日期等，根据客户的原始订单，进行订单汇总，得出总订货数。

3. 确认客户信用

操作重点：无论何种订单，接受订单后都要核查客户的财务状况，以确定其是否有能力支付该订单的账款。主要方法是核查客户的应收账款是否已经超出其信用额度。

4. 确认订单形态

操作重点：根据不同的订单交易形态采取不同的交易处理方式。

5. 确认订单价格

操作重点：不同的客户、不同的订购量，可能有不同的价格，输入价格时应加以检核。

6. 确认加工包装形式

操作重点：确定客户订购的商品是否有特殊的包装、分装或贴标签等要求。

7. 设定订单号码

操作重点：为了便于订单管理及成本计算，每份订单都应该单独编号。

8. 建立客户档案

操作重点：建立客户档案不仅能够保证交易的顺利完成，还能增加以后的合作机会。要特别关注客户的姓名、代码、信用度、付款条件、地址、配送要求等信息。

9. 存货查询和存货分配

操作重点：存货查询主要是确认库存是否能满足客户的要求，因此应该重点查看品项名称、号码、产品描述、库存量、已分配存货、有效存货及期望进货时间。

将订单资料输入系统后，经查询确认无误后，就可以将大量的订单资料进行分类，可按单一订单或批次分配存货。

（1）单一订单分配：多为线上即时分配，即在输入订单、资料时便将存货分配给订单。

（2）批次分配：输入所有的订单资料后，一次性分配库存。配送中心因订单数量多，客户类型等级多，且多为每天固定配送次数，因此采取批次分配是确保配送中心库存能力的最佳分配方式。批次分配通常有以下几种划分方法。

1）按接单时序。按接单时序即将整个接单时段划分为几个合理区段，若一天有多个配送批次，可配合配送批次将订单按接单的先后顺序分为几个批次来处理。

2）按配送区域/路径。按配送区域/路径即将同一配送区域/路径的订单汇总后一起处理。

3）按流通加工需求。按流通加工需求分配即将需加工处理或需相同流通加工处理的订单一起处理。

4）按车辆需求。按车辆需求即根据配送商品是否需要特殊的配送车辆（如低温车、冷冻车、冷藏车）或客户所在地，汇总合并后一起处理。

10. 计算拣货标准时间

操作重点：为了有计划地安排出货时间，必须做好拣货时间的分配计划，具体的方法就是计算拣货的标准时间：

（1）先计算每一单元（一件、一箱）的拣货标准时间，将其记入电脑档案。

（2）有了单元拣货标准时间后，即可根据每项订购数量，再配合每项寻找时间，计算每项拣货标准时间。

（3）根据每张订单或每批订单的订货项目，并考虑一些纸上作业的时间，计算拣货标准时间。

11. 排定出货时间及拣货顺序

操作重点：依据客户需求、拣货标准时间等确定。

12. 分配后存货不足的处理

操作重点：存货数量不足的，应根据客户意愿及配送中心的相关规定进行处理。具体方法包括重新调拨、补货、删除不足订单、延迟交货、取消订单等。

13. 订单资料处理输出

操作重点：订单资料处理完毕后，就可以印制出货单。具体的输出单据有：

（1）拣货单：用于指示商品出库，作为拣货依据的单证。拣货单的打印应考虑商品储位的前后相关顺序，以减少人员重复往返取货，还要详细标示拣货数量、单位等信息。

（2）送货单：客户签收和确认出货资料的凭证。

（3）缺货资料：库存分配后，对于库存缺货的商品，应提供按商品或供应商查询的缺货资料，以便提醒采购人员紧急采购；缺货的订单，应提供按客户或业务人员查询的缺货订单资料，以便业务人员处理。

14. 按订单供货

操作重点：按订单供货是整个订货处理过程中最复杂的部分。不同企业有不同的确定供货优先等级的标准。在实际工作中，确定供货的优先等级的标准主要有：

（1）按预先设定的客户优先等级处理。

（2）处理时间最短的先处理。

（3）批量最小、最简单的订单先处理。

（4）按接受订单的时间先后顺序处理。

（5）按向客户承诺的到货日期的先后顺序处理。

（6）离承诺的到货时间最短的订单先处理。

15. 订单处理状态跟踪

操作重点：为了让客户及时了解订单处理状态的信息，应对订单处理进行状态追踪，并与客户交流订单处理状态的相关信息。

二、绘制订单处理流程图

订单处理流程如图 3—2 所示。

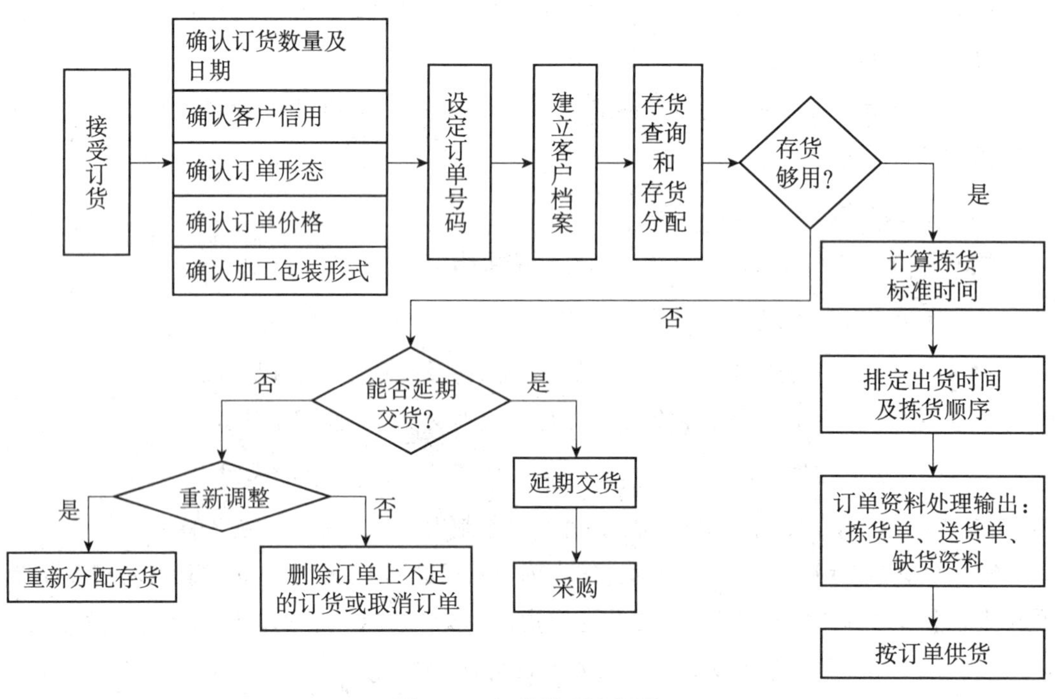

图 3—2 订单处理流程图

技能训练

实训目标

通过本任务的实训，让学生熟悉订单处理的步骤及内容，培养和提高学生的订单处理业务操作技能。

实训情境

高新物流配送中心地处武汉东湖开发区，需要在 2015 年 2 月 16 日为高新区的 3 家客户配送商品，配送商品的品名、规格、数量及时间要求等如表 3—1 所示。

表 3—1　　配送商品情况一览表

客户名称	需求商品情况					需求时间
	品名	规格	数量	毛重	体积（厘米×厘米×厘米）	
A	龙井茶叶 光明牛奶 东北大米 可口可乐 雪碧	0.5 千克/袋 0.25 千克/袋 50 千克/袋 1.25 千克/瓶 1.25 千克/瓶	50 箱 100 箱 40 袋 65 箱 65 箱	11 千克/箱 8.5 千克/箱 50 千克/袋 8.5 千克/箱 8.5 千克/箱	85×60×45 70×50×35 100×45×20 60×35×50 60×35×50	2 月 16 日 上午 11 点前
B	雕牌洗衣粉 力士香皂 天元饼干 可口可乐	1 千克/袋 0.125 千克/块 1 千克/盒 1.25 千克/瓶	50 箱 40 箱 100 箱 80 箱	11 千克/箱 4.25 千克/箱 6.5 千克/箱 8.5 千克/箱	75×55×40 60×30×25 90×80×70 60×35×50	2 月 16 日 上午 10 点前
C	喜多毛巾 可口可乐 光明牛奶 雪碧 东北大米	70 厘米×40 厘米 1.25 千克/瓶 0.25 千克/箱 1.25 千克/瓶 50 千克/袋	20 箱 100 箱 100 箱 100 箱 20 袋	10.5 千克/箱 8.5 千克/箱 8.5 千克/箱 8.5 千克/箱 50 千克/袋	75×45×50 60×35×50 70×50×35 60×35×50 100×45×20	2 月 16 日 中午 12 点前

高新物流配送中心与 3 家客户的位置图如图 3—3 所示。

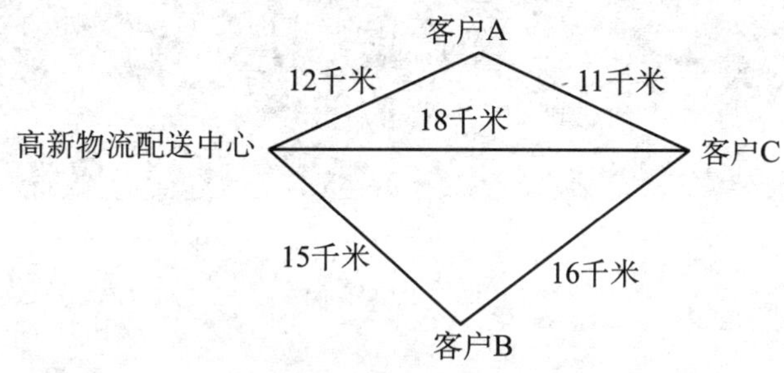

图 3—3　高新物流配送中心与 3 家客户的位置图

实训任务

（1）分组。每组由 1 名组长和 8 名成员构成，8 名成员两两一组，由组长分配相应的实训任务。

（2）主要实训任务。

1）负责对订单内容进行确认，主要确认订单中的需求商品、需求数量、价格、要求送货时间等。如发现问题，需向客户核实并修改订单。

2）负责对订单进行编号，并对订单中的商品进行分类，填写商品分类表。

3）负责库存商品查询，如现有存货数量能够满足客户需求，则填写拣货单；如现有存货数量无法满足客户需求，则填写订购单，进行补货。

4）负责填写出库单和送货单（自备表单）。

实训考核标准

对学生的实训结果给予考核评价，有利于激发学生的积极性。同时，通过评价找出实训过程中的不足并提出改进办法，有利于知识的总结和掌握。具体考核标准如表3—2所示。

表3—2 订单处理操作训练考评表

考核内容	考核标准	分值	实际得分
订单处理操作	订单内容确认仔细、无遗漏	20	
	订单编号、商品分类正确	20	
	查询准确，拣货单填写正确	30	
	出库单、送货单填写正确	30	
合　计		100	

任务二
进货作业

任务结构图

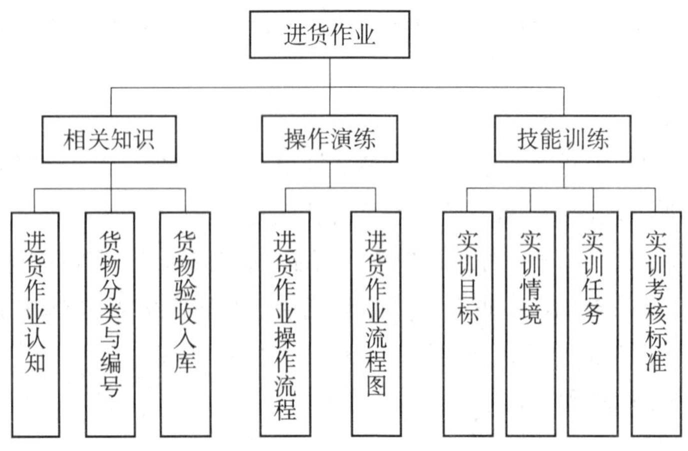

相关知识

一、进货作业认知

进货是配送的基本环节。处理完客户的订单后，接下来配送中心就要组织货源进货。配送的优势之一，就是可以集中不同客户的需求进行一定规模的进货，即通过集中采购，扩大进货批量，从而降低商品的交易价格，同时分摊进货运输装卸成本，减少进货费用，取得集中进货的规模优势。因此，做好进货管理工作也是配送中心提高服务水平和降低配送成本的有效保障。

（一）进货的含义

进货是配送的基础工作，是配送中心根据客户的需要，为配送业务的顺利实施而从事的组织商品货源和进行商品入库的一系列备货活动。

（二）进货的作用

进货的作用表现在以下三个方面：

1. 进货可使配送中心的配送活动得以顺利开展

作为配送中心实施经营活动的基础，进货作业是配送中心各项具体业务活动的第一关。任何配送活动，如果没有相应的货物作为保证，再科学的管理方法，再先进的配送设施，也无法完成配送任务。因此，进货业务的开展，直接影响配送活动其他后续业务活动的开展。如果备货人员业务不精，不熟悉供应商的情况，没有建立供货网络系统，接到订单后再接触供应商，与其洽谈进货价格、进货通道、进货时间等基本业务，势必会使商品购进在途时间过长，占用资金过多，既浪费了时间，又增加了进货成本，进而导致配送总成本上升。若供货渠道不畅，还会使企业面临无货或缺货的尴尬境地，导致企业无法按期配送货物，丧失商业信誉，降低市场竞争力。如果进货人员拥有各类商品的供货网络系统，熟悉各供应商的供货能力、供货成本、供货时间，就能够及时地按照客户的订单组织货源。根据企业的需要补充库存，就可以使企业的业务顺利开展，通过良好的配送服务赢得客户的肯定，进而赢得客户的信任和企业良好的服务信誉，为企业进一步扩展市场打下坚实的基础。

2. 进货可使社会库存结构合理，降低社会总成本

目前，“零库存”的概念已被我国越来越多的企业所接受。“零库存”并不等于不设库存，而是将社会总体的库存结构进行合理调整，通过资源整合，形成库存集中化，即

生产企业和商业零售组织不设库存或少设库存，由大型或综合型配送中心实施产品供、存、销业务。

对配送中心来说，“零库存”思想的深入发展，将使企业拥有更大的发展空间，但订单的多少，直接取决于企业的进货能力。企业进货能力强，能够根据市场的需要和客户的要求，及时、准确、保质、保量地将产品安全配送到指定地点，就会赢得市场，被市场接受，参与到整合库存资源的行列中来，获取自己的经济利益。

3. 进货可使配送中心节约库存空间，降低配送成本，增加经济效益

通过科学的备货方式，配送中心可以确定适当的库存商品数量和合理的库存结构。在减少不必要库存占用的前提下，使库存成本下降，从而降低产品的配送成本。与此同时，由于调整了库存结构，剔除了不合理的库存占用，使企业拥有了扩展业务的空间。而新业务的增加，既增强了适应市场变化的能力，又大大提高了企业的整体经济效益。

（三） 进货作业流程安排的原则

为了安全有效地卸货以及使配送中心能按时且准确地收货，在安排进货流程时应遵守以下原则。

（1）多利用配送车司机卸货，以减少配送中心作业人员的压力，避免卸货作业的拖延。

（2）尽可能平衡码头或车站的配车调用。例如，按进出货需求状况制定配车排程，或分散安排部分耗时的进货作业，尽量避开进货高峰期。

（3）尽可能将多个作业活动集中在同一个工作站，以节省必要的空间。

（4）在进货高峰期使货物维持正常速率的移动。

（5）码头、车站至储存区的活动应尽量保持直线流动。

（6）依据相关性安排活动，以达到距离最小化。

（7）详细记录进货资料，以备后续存取核查。

（8）尽量使用同样的容器，以节省更换容器的时间。

（9）在进出货期间尽量减少不必要的货物搬运及储存。

（四） 进货作业流程安排的考虑因素

在安排进货作业流程以前，需要考虑所有相关的影响因素，以便统筹规划。

（1）进货对象及供应厂商的总数、地理分布、交通运输情况。

（2）进货车种及车辆台数。

（3）货物种类和数量。

（4）货物的形状和特性（包括散货、单元的尺寸及重量、包装形态、有无危险性、托盘堆放的可能性、人工搬运或机械搬运以及货物的保存期限等）。

（5）每车的卸（装）货时间。

（6）进货所需作业人员的数量。

（7）配合储存作业的处理方式。

（8）在进货时间内流经的车辆数。

其中，配合储存作业的处理方式是指配送中心储存货物时采用的托盘、箱子及小包三种方式。货车进货同样也有三种方式，如何在进货与储存作业之间对这三种方式进行转换是十分重要的。转换方式通常有三种：第一种是进货与储存都采用同样的方式，即进货时的托盘、箱子、小包都原封不动地转入储存区，在这种方式下，进货输送机可直接把货物运到储存区；第二种是进货采用托盘或箱子的形式，而储存则要求采用小包的形式，这时必须把托盘或箱子在进货点拆装之后，再以小包的形式放在输送机上，送至储存区；第三种是进货采用小包或箱子的形式，而储存要求采用托盘形式，这就必须先将小包或箱子堆放在托盘上或把小包放入箱子后再储存。

二、货物分类与编号

（一）货物分类

货物分类是指为了一定的目的，按照一定的标准，科学而系统地将货物分成若干个不同类别的过程。货物分类的目的不同，选择的分类标准也不同。为了搞好货物的储运和养护，可以以货物的化学成分为标准进行分类，把化学性质相同的货物归为一类；为了加强货物经营管理，可以以货物用途为标准进行分类，把用途相同的货物归为一类。

1. 货物分类的原则

完全、合理的分类能使繁杂的作业变得有系统性，因此对货物进行分类时应注意下列原则：

（1）分类应按同一标准、同一原则。

（2）分类应根据企业自身的需要，选择适用的分类形式。

（3）分类应有系统地展开，逐次细分，层次分明。

（4）分类应明确且相互排斥，当某产品已归于某类，绝不能再分至其他类。

（5）分类应具有安全性、普遍性，分类系统应能包罗万象，适用于广大的地区类别，使所有物料均能清楚归类。

（6）分类应具有不变性，以免造成货物混乱。

（7）分类应具有伸缩性，以便随时增加新产品或新货物。

（8）分类应确切而实用，绝不能流于空想。

2. 货物分类的方式

货物分类时可以采用以下分类方式：

（1）按货物特性分类。为适应货物储存保管的需要，可以选择按货物特性分类的方式。因为不同特性的货物所需的保管条件不同，而且有些货物不分类存放，货物间还会相互影响，导致货物失去原来的特性，如茶叶和肉类混放在一起就会引起货物串味、变质。

（2）按货物的使用目的、方法及程序分类。例如：需进行流通加工的货物，可按不同的加工方法进行分类，直接性原料分为一类，间接性原料分为一类；化妆品可按使用目的分为洗发类和护肤类等。

（3）按货物采购的便利程度分类。如按交易行业进行分类。

（4）按会计科目分类。如为方便账务处理。

（5）按货物形态分类。如货物的内容、形状、尺寸、颜色、重量等。

（6）按订单信息分类。如配装送货前，按不同的客户或不同的目的地进行分类。

不同类型的配送中心，应结合本企业的经营特点和库存与配送的便利性，选择不同的方式和标准对其经营的货物进行分类，分类方法可参考表3—3。

表3—3　不同配送中心货物的分类标准

配送中心的类型	货物的分类标准
货运业配送中心	交易厂商、货物特性、车种、货物形态
制造业配送中心	货物特性、生产线、时间、货物形态
批发业配送中心	供应商、车种、货物特性、货物形态
零售业配送中心	货物特性、供应商、货物形态

3. 货物自动分类的流程

自动分类是指货物在入库时借助计算机和商品条形码技术，依据储位规划、储位分配进行自动货物分类，并利用现代化的机械装备完成入库作业的过程。对品项较多的分类储存，可分为两阶段、上下两层同时输送，其作业流程如下：

（1）通过条形码读取机读取箱子上的物流条形码，按照品项作出第一次分类，再决定归属上层或下层的存储输送线。

（2）上、下层的条形码读取机再次读取条形码，并将箱子按品项分门别类送到各储存线上。

（3）在每条储存线的切离端，箱子堆满一只托盘的承载量后，一长串货物即被分离。

（4）当箱子组合装满一层托盘时，就被送入中心部。

（5）箱子在托盘上一层层地堆叠，达到预先设定的层数后完成分类。

（6）操作员用叉车堆高机将分好类的货物依次运送到储存场所。

（二）货物编号

货物编号就是将货物按其分类内容进行有次序的编排，用简明的文字、符号或数字代替货物的名称、类别及其他有关信息的一种方式。由于进货作业是配送作业的前期阶段，因此，为了让后续作业迅速、正确地进行，并使货物品质及作业水准得到妥善维持，在进货阶段对货物进行清楚而有效的编号是一项必不可少的手续。

1. 货物编号的原则

（1）简易性：应将货物化繁为简，便于货物活动的处理。

（2）完全性：要使每一项货物都有一种编号代替。

（3）单一性：每一个编号只能代表一种货物。

（4）一贯性：要统一而有连贯性。

（5）充足性：其所采用的文字、记号或数字，必须数量足够。

（6）扩充弹性：为未来货物的扩展及产品规格的增加预留编号，使编号能按照需要自由延伸，或随时从中插入。

（7）组织性：编号应有组织，以便存档或查询相关资料。

（8）易记性：应选择易于记忆的文字、符号或数字，或富于暗示及联想性。

（9）分类展开性：若货物过于复杂而使编号庞大，则应使用渐进分类的方式作层次式的编号。

（10）应用机械性：管理电脑化已成为目前的主流，编号应考虑与事务性机器或电脑进行配合。

2. 货物编号的方法

（1）流水号编法。这是一种最简单的编号方法，由 1 开始，按数字顺序一直往下编的编号法。这种方法又称延伸式编号法，常用于账号或发票的编号。例如：

编号	货物名称
1	牙刷
2	洗面奶
3	肥皂

（2）数字分段法。数字分段法是指把数字分成多段，让每一段数字代表有共同特性的一类货物。例如：

编号	货物名称
	（1～5 预留给鞋子用）
1	休闲鞋
2	运动鞋
3	
4	
5	
	（6～10 预留给袜子用）
6	儿童袜子
7	女式袜子

8　男式袜子
9
10

(3) 分组编号法。分组编号法是依据货物的特性分成多个数字组，每一数字组代表此项货物的一种特性。例如，第一数字组代表货物的类别，第二数字组代表货物的形状，第三数字组代表货物的供应商，第四数字组代表货物的尺寸，至于每一个数字组的位数多少可视实际需要而定。此方法目前较为常用。例如：

	类别	形状	供应商	尺寸
编号	01	3	003	150

分组编号及其对应的意义示例如表 3—4 所示。

表 3—4　分组编号及其对应的意义示例

货物	类别	形状	供应商	尺寸	意义
编号	01				饮料
		3			方形
			003		康师傅
				150	4ft×9ft×15ft

(4) 实际意义编号法。实际意义编号法是按照货物的名称、重量、尺寸、分区、储位、保存期限或其他特性的实际情况来考虑编号。例如：

	编号	意义
FO5820C2	FO	表示食品类（Food）
	5820	表示尺寸（5ft×8ft×20ft）
	C	表示货物所在储区（C 区）
	2	表示具体位置（第二排货架）

(5) 后数位编号法。后数位编号法是运用编号末尾的数字，对同类货品作进一步的细分，也就是从数字的层级关系来看货物的归属类别。例如：

编号	货物类别
180	服饰
190	女装
191	上衣
191.1	毛衣
191.11	红色

(6) 暗示编号法。暗示编号法是用数字与文字的组合来编号，编号本身虽不直接指明货物的实际情况（与实际意义编号法不同），却能暗示货物的内容，这种方法的优点是容易记忆，缺点是不易让人了解。如表 3—5 所示。

表 3—5　　暗示编号法示例

内　容	货物名称	尺寸	颜色与型号	供应商
编　号	By	003	B B	9
意　义	表示自行车（Bicycle）	表示型号为 5 号	第一个 B 表示黑色（Black） 第二个 B 表示小孩型（Boy's）	表示供应商号码

（7）混合编号法。混合编号法是联合使用英文字母与阿拉伯数字来进行货物编号，而多以英文字母代表货物的类别和名称，其后再用十进位或其他方式编排阿拉伯数字号码。

综上所述，货物编号大致有下列两种形式。

1）延展式：对货物分级的级数不加限制，视实际需要任意延长。该种形式美中不足之处是排列上难求整齐。

2）非延展式：对货物分类级数及所用数字均有一定的限制，不能任意伸展，虽能维持整齐划一的形式，但缺乏弹性，难以适应实际需要的增减。

为识别货物而使用的编号标识可置于容器、产品或储位上，且用明显的颜色、字体标明，让作业人员很容易获得信息。

三、货物验收入库

（一）货物验收检查

货物验收是按照验收业务作业流程，核对凭证等规定的程序和手续，对入库货物进行数量和质量检验的经济技术活动的总称。凡货物进入仓库储存，必须经过验收，只有验收后的货物，方可入库保管。验收工作的基本要求是及时、准确，即在尽可能短的时间内，准确地验收商品的数量、质量及包装。

1. 货物验收的标准

为了准确而及时地验收货物，首先要明确货物验收的标准和依据，在实际进货作业过程中，通常依据以下标准来验收货物：

（1）买卖双方约定的货物接收标准。

（2）采购合同或订单所规定的具体要求和条件。

（3）以议价时的合格样品为标准。

（4）以各类产品的国家品质标准或国际标准为依据。

2. 确定抽检比例的依据

在配送中心进货验收工作中，货物通常是整批、连续到库，而且品种、规格较复杂，在有限的时间内不可能逐件查看，这就需要确定一个合理的抽检比例。验收抽检比例一般根据货物的特性、货物的价值、品牌信誉及物流环境等因素而定，具体如下：

（1）供应商的质量保证体系是否完善。稳定的供应链系统中，供应商的质量保证体系的完整程度是货物质量的长期保证。

（2）货物的理化性能。不同的货物具有不同的理化性能，有些货物的理化性能不稳定，对物流环境的适应能力较差，如易碎、易腐蚀、易挥发的货物，验收中抽检比例可适当加大。

（3）货物价值。对较贵重的货物，其验收抽检比例要大些。

（4）生产技术条件及品牌信誉。通常生产技术条件越好，产品质量就越稳定，品牌信誉也就越好，这类货物在进货时的验收抽检比例可以小些；反之，抽检比例则要大些。

（5）物流环境。物流环境包括储运过程中的气候、地理环境及储运、包装条件等。货物的质量越稳定，物流环境与货物性能越相宜，验收抽检比例可以越小。

3. 货物验收的方法

货物验收的方法由仓储合同来约定，合同没有约定的，按照货物的特性和配送中心的习惯而定。由于新产品不断出现，不同货物具有不同的质量标准，配送中心应认真研究各种检验方法，必要时要求客户、货主提供检验方法，或者要求收货人共同参与检验。配送中心成立专职检验队伍是提高检验水平的有效方法。货物验收的主要方法有以下 6 种：

（1）视觉检验：在充足的光线下，利用视力观察货物的状态、颜色、结构等表面状况，检查有无变形、破损、脱落、变色、结块等损害情况，以判定其质量。

（2）听觉检验：通过摇动、搬运操作、轻度敲击，听取声音，以判定其质量。

（3）触觉检验：利用手感鉴定货物的细度、光滑度、黏度、柔软程度等，以判定其质量。

（4）嗅觉、味觉检验：通过货物所特有的气味、滋味测定，以判定其质量。

（5）测试仪器检验：利用各种专用测试仪器进行货物性质测定，如含水量、容量、黏度、成分、光谱等测试。

（6）运行检验：对货物进行动作操作，如电器、车辆等，检查其操作功能是否正常。

4. 货物验收的流程及内容

货物验收工作包括验收准备、核对凭证和实物检验三个作业环节。

（1）验收准备。仓库接到到货通知后，应根据货物的性质和批量提前做好验收前的准备工作，大致包括以下内容：

1）人员准备。安排好负责质量验收的技术人员或用料单位的专业技术人员，以及配合质量验收的装卸搬运人员。

2）资料准备。收集并熟悉待验货物的有关文件，如技术标准、订货合同等。

3）器具准备。准备好验收用的检验工具，如衡器、量具等，并检验其准确性。

4）货位准备。确定验收入库时存放的货位，计算和准备堆码垫垛材料。

5）设备准备。大批量货物的数量验收，必须有装卸搬运机械的配合，因此应提前做好设备的申请调用。此外，对于特殊货物的验收，如有毒物品、腐蚀品、放射品等，还要准备相应的防护用品。

（2）核对凭证。入库货物必须具备下列凭证：

1）入库通知单和订货合同副本，这是仓库接受货物的凭证。

2）供货单位提供的材质证明书、装箱单、磅码单及发货明细表等。

3）货物承运单位提供的运单。若商品在入库前发现残损情况，还要有承运单位提供的货运记录或普通记录，作为与责任方交涉的依据。

核对凭证，也就是将上述凭证加以整理，全面核对。入库通知单、订货合同要与供货单位提供的所有凭证逐一核对，相符后才可进行下一步的实物检验。

（3）实物检验。实物检验就是根据入库通知单和有关技术资料对实物进行数量和质量的检验。

1）数量检验。数量检验是保证物资数量准确的不可缺少的重要步骤，一般在质量检验之前，由仓库保管职能机构组织进行。按照货物性质和包装情况，数量检验有三种方法：计件法、检斤法和检尺求积法。

2）质量检验。质量检验包括外观检验、尺寸检验、机械物理性能检验和化学成分检验等形式。仓库一般只作外观检验和尺寸精度检验，后两种检验如果有必要，则由仓库技术管理职能机构取样，或委托专门检验机构进行。

3）理化检验。理化检验是对商品内在质量和物理、化学性质所进行的检验，主要针对进口商品。对商品内在质量的检验要求一定的技术知识和检验手段。目前大多数仓库不具备这些条件，所以一般由专门的技术检验部门进行。

以上的实物检验是在货物交货时或入库前进行的验收。在某些特殊情况下，还有完工时期的验收和制造时期的验收，即在供货单位完工和制造过程中，由需方派人员到供货单位检验。应当指出的是，即使是供货单位检验过的货物，由于运输条件差，或者货物质量不稳定，也可能在入库时发生质量问题，所以交货时和入库前的检验，在任何情况下都是必要的。

5. 货物验收的范围和程度

货物验收方式分为全验和抽验。在进行数量和外观验收时一般要求全验。在质量验收时，若货物批量小、规格复杂、包装整齐或要求严格验收，通常采用全验的方式。全验需要大量的人力、物力和时间，但是可以保证验收的质量。若货物批量大、规格简单、包装整齐，供货单位的信誉好，在人工验收条件有限的情况下，通常采用抽验的方式。

（1）数量检查的范围。

1）不带包装（散装）货物的检斤率为100%，不清点件数时的检斤率为100%，回皮率为5%～10%的，清点件数为100%。

2）定尺钢材的检尺率为10%～20%，非定尺钢材的检尺率为100%。

3）贵重金属材料100%过净重。

4）有标量或者标准定量的化工产品，按标量计算，核定总重量。

5）包装统一、规格齐整、大批量的货物，包装严密、符合国家标准且有合格证的货物采取抽查方式验量，抽查率为10%～20%。

（2）质量检验的范围。

1）带包装的金属材料，抽验率为5%～10%；无包装的金属材料全部目测查验。

2）入库量为10台以内的机电设备，验收率为100%；100台以内的，验收率不小于10%；运输、起重设备100%查验。

3）仪器的仪表外观质量缺陷的查验率为100%。

4）易于发霉、变质、受潮、变色、污染、虫蛀及机械性损伤的货物，抽验率为5%～10%。

5）外包装质量缺陷的抽验率为100%。

6）对供货稳定，产品质量和信誉较好的厂家，特大批量货物可以采用抽验的方式检验品质。

7）进口货物原则上100%逐件检验。

6. 验收差异的作业处理

对验收产生差异的货物可采取表3—6所示的方式进行处理。

表3—6　货物验收作业常见问题的处理

问题 处理	数量溢余	数量短缺	质量不合格	包装不合格	规格不合格	单据与实物不符
通知供应商	√	√			√	√
按实数签收		√				
维修整理			√	√		
查询等候处理	√				√	√
改单签收	√				√	√
拒绝签收	√		√	√	√	√
退单退货	√		√	√	√	√

（二）货物入库作业

货物入库是根据入库计划和供货合同的规定进行作业的。入库流程如图3—4所示。

在接收货物入库时，需要进行一系列的作业活动，一般包括验单、接货、卸货、分类、货物检验、签发入库凭证、货物入库堆码及登记入账等。要想对这些作业活动进行合理的组织与安排，尤其要做好以下工作。

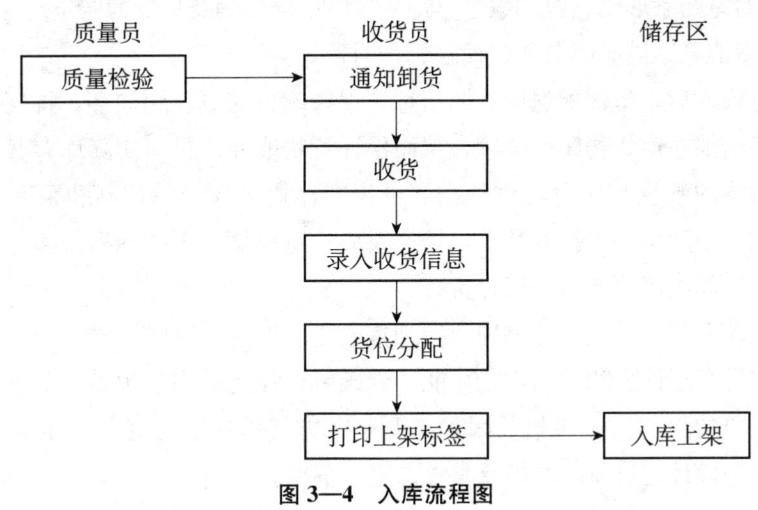

图 3—4　入库流程图

1. 接货

接货是仓库或配送中心进行货物入库时与交通运输部门或供货单位直接发生交接的一项工作。它的主要任务是与交通运输部门和供货单位密切协作，及时准确地向运输部门提取入库货物。要保证货物入库快而不乱，必须做好入库前的准备工作，一般包括以下三项。

（1）仓位准备。根据货物的性能、数量、体积、重量等确定货物的堆放地点，并进行清理、消毒等工作。

（2）接货人员、设备等的准备。

（3）作业操作顺序的安排。根据货物入库的数量、时间、品种做好接货、验收、搬运及堆码等各环节的协调配合工作。在使用机械的情况下，要事先安排好定人、定机的作业序列。

2. 收货单据处理

（1）货物信息的登录。到达配送中心的货物，经验收确认后一般应填写入库验收单，单据的格式因货物及业务形式不同而有所差异，但一般都包含如下信息。

1）供应商信息。名称、送货日期及订单完成情况。

2）货物信息。品种、数量、质量验收记录、生产日期或批号。

3）订单信息。订单对应号、序号及当日收货单序号。

填写入库验收单后还需将有关入库信息及时而准确地录入库存货物信息管理系统，更新库存货物的有关数据。录入货物信息的目的在于为后续作业，如采购进货、储存、拣货、出货等环节提供管理和控制的依据。

对于初次收到的货物，需要严格进行入库检验，并将信息及时输入配送中心货物信息系统中，通常需要录入以下内容：

1）货物的一般特征。货物名称、类别、规格、型号，货物的包装单位、包装尺寸、包装容器、单位重量及价格等。

2）货物的原始条形码、内部编号、进货入库单据号码及货物的储位。

3）供应商信息。供应商名称、编号、合同号等。

以上信息录入后，将被配送中心的信息管理系统自动更新和储存，特别是货物入库数量的录入将增加在库货物账面余额，从而保证货物账面数目与实际库存数量一致，既为有效保管货物的数量与质量提供依据，也为库存货物数量的控制和采购决策提供参考。对作业过程中产生的单据和其他原始资料应注意根据一定的标准归类整理，如按不同的供应商或时间顺序等，以便留存备查。

（2）作业辅助信息的收集与整理。在进货通道、站台、库房布局等硬件设施的设计与布局中，需要考虑许多相关因素，才能达到既可以控制适当的规模、节省投资，又可以满足作业需要的目的。这些相关因素主要是在进货作业中对进货产生直接影响的因素，以下信息是设计进货系统时需要参考的重要依据。

1）进货货物的一般特征和数量分布。

2）进货货物的包装尺寸、容器、单位重量的分布状况。

3）每一时段内进货批次的分布。

4）卸货方法及所需时间。

5）进货入库的场所。

这些信息将决定进货工作量的大小、装卸货方式及设备的选择、库内外卸货站台的空间大小、进货验收对人员及设备等方面的需求、进货作业活动所需场地和空间的大小及车辆等运输工具的安排。进货辅助信息主要来自于进货作业过程中发生的相关信息，因此，必须注意及时地收集与整理，以便为管理决策提供重要的参考数据。

操作演练

操作任务

向学生演示进货作业的操作流程及操作重点，并绘制进货作业流程图。

一、进货作业的操作流程及操作重点

1. 制订进货作业计划

进货作业计划是根据采购计划与实际的进货单据，以及供应商的送货规律与送货方式来制订的。制订进货作业计划的目的是依据订单所反映的信息，掌握商品到达的时间、品类、数量及到货方式，尽可能准确地预测出到货时间，以尽早作出卸货、储位、人力、物力等方面的计划和安排。进货作业计划的制订有利于保证整个进货流程的顺利进行，同时有利于提高作业效率，降低作业成本。

操作重点：

(1) 储位准备。根据到货商品的性能及包装、单位重量、单位体积、到货数量等信息，结合商品分区、分类和储位管理的要求，预先确定商品的理货场所和储存位置。

(2) 人员准备。依照到货时间和数量，预先计划并安排好接运、卸货、检验、搬运货物的作业人员。

(3) 搬运工具准备。根据到货商品的性能及包装、单位重量、单位体积、到货数量等信息，确定检验、计量、卸货及搬运方法，准备好相应的检验设备、卸货和码货工具及设备，并安排好卸货站台空间。

(4) 文件准备。根据到货计划，准备到货单证核查的相关文件，准备相关验收标准。

2. 接货

操作重点：货物如果通过铁路、公路、水路等公共运输方式转运到达，需配送中心到相应港口接运；而对直接送达配送中心的货物，必须及时组织卸货入库。

3. 卸货

操作重点：配送中心的卸货一般在收货站台进行，送货方到指定地点卸货，配送中心应该重点抽验货物，查看送货凭证及增值税发票。

4. 收货

操作重点：准确清点商品数量，验货，记账，然后将货物转入集存区储存。

5. 货物的编号与标示

操作重点：按选定的货物编号方法进行编号。

6. 货物分类

操作重点：根据货物分类原则，选定某一分类方式，对货物进行逐次区别，纳入不同的货物类别。

7. 核对有关单据和信息

操作重点：进货商品通常会具备下列单据或相关信息：送货单、采购订单、采购进货通知单以及供应方开具的出仓单、发票、磅码单、发货明细表等；有些商品还有随货同行的商品质量保证说明书、检验检疫合格证、装箱单等；对由承运企业转运的货物，接运时还需审核运单，核对货物与单据反映的信息是否相符。

8. 货物验收

操作重点：按规定的程序和手续进行数量、质量的检验，确保库存质量。全检主要是数量的全检，是针对重要的商品在批量到货或抽检发现问题时进行的。配送中心对大批量到货商品，规格、尺寸和包装整齐的商品，多数采用抽检的方式。商品检验方式一般由供货方和接货方双方通过签订协议或合同来确定。

9. 处理进货信息

操作重点：首先必须对所有进货入库单据进行归纳整理，并详细记录验收情况，登记入库商品的储位，然后依据验收记录和其他到货信息，对库存商品保管账目进行账务处理，商品验收入库，库存账面数量与库存实物数量同时增加。有些到货信息还必须及时通过单据或库存数据反馈给供应商和本公司的采购、财务等部门，为采购计划的制订和财务货款的结算提供依据。

二、绘制进货作业操作流程图

进货作业操作流程如图 3—5 所示。

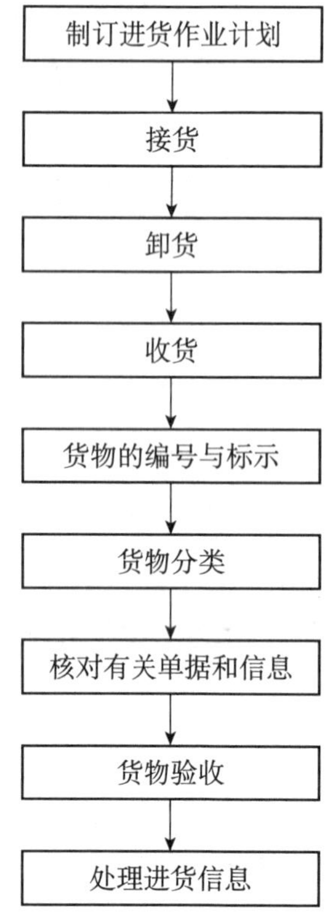

图 3—5 进货作业操作流程图

技能训练

实训目标

通过本任务的实训，帮助学生了解进货作业的工作内容，培养学生编制进货作业计划、进行进货验收、对进货商品进行编号和分类的基本操作技能。

实训情境

高新物流配送中心主要从事家用生活用品的销售配送业务，该中心拥有一座 2 层楼的库房，每层面积为 3 000 平方米（长 60 米、宽 50 米），使用货架长 4.5 米，4 层 6 格。本期新进货物的品名、数量、体积等如表 3—7 所示。

表 3—7　　高新物流配送中心进货信息一览表

序号	品名	规格	数量	毛重	体积（厘米×厘米×厘米）
1	龙井茶叶	0.5 千克/袋	20 箱	11 千克/箱	85×60×45
2	光明牛奶	0.25 千克/袋	100 箱	8.5 千克/箱	70×50×35
3	东北大米	50 千克/袋	50 袋	50 千克/袋	100×45×20
4	可口可乐	1.25 千克/瓶	300 箱	8.5 千克/箱	60×35×50
5	雪碧	1.25 千克/瓶	180 箱	8.5 千克/箱	60×35×50
6	雕牌洗衣粉	1 千克/袋	30 箱	11 千克/箱	75×55×40
7	力士香皂	0.125 千克/块	50 箱	4.25 千克/箱	60×30×25
8	天元饼干	1 千克/盒	80 箱	6.5 千克/箱	90×80×70
9	喜多毛巾	70 厘米×40 厘米	20 箱	10.5 千克/箱	75×45×50
10	统一饼干	1 千克/盒	100 箱	4.3 千克/箱	65×45×35

实训任务

（1）分组：每组由 1 名组长和 6 名成员构成，每个成员由组长分配相应的实训任务。

（2）主要实训任务：

1）负责准备储位：根据配送中心的面积及相关数据信息，首先进行货位分区，画出分区平面图，然后对货位进行编号，并画出所进商品的货位图。

2）负责准备器材：根据货物性能及包装、重量、体积、到货数量等信息，确定检验、计量、卸货与搬运的方法，准备好相应的检验设施、度量衡、卸货及码货工具设备，并安排好卸货站台空间。

3）负责组织卸货：根据货物特性及配送中心设备情况来确定卸货方式并指挥卸货，同时查验样品、送货单等。

4）负责验收货物：做到“三核对”。

5）负责货物编号：按配送中心确定的分组编号法进行编号。

6）负责货物分类：按商品性质进行分类。

实训考核标准

对学生的实训结果给予考核评价，有利于激发学生的积极性。同时，通过评价找出实训过程中的不足并提出改进办法，有利于知识的总结和掌握。具体考核标准如表 3—8 所示。

表 3—8 进货作业操作训练考评表

考核内容	考核标准	分值	实际得分
进货作业操作	储位分配合理，货位编号正确，分区图和货位图绘制正确	30	
	器材准备充分，无遗漏	10	
	卸货组织有序，无差错	10	
	验收项目全面且符合货物特性	10	
	货物编号正确	20	
	货物分类合理	20	
合　计		100	

任务三 储存保管作业

任务结构图

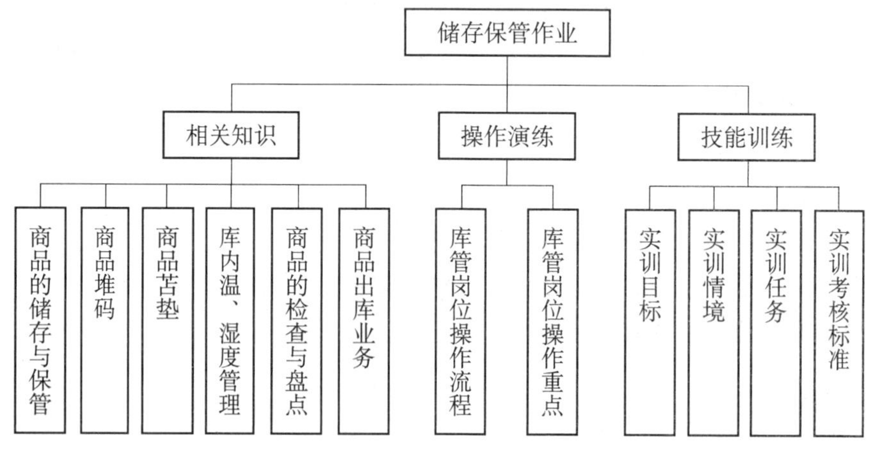

相关知识

一、商品的储存与保管

（一） 分区分类储存的原则

1. 商品的自然属性、性能应一致

所谓商品的性能一致，是指不同商品之间具有互容性，即同储一个库区，不会互相影响、互相作用，以确保商品的储存环境条件安全。凡同类商品，性质相近又有连带消费性，可尽量安排在同一个库区、库位进行储存。按照商品的自然属性，可把怕潮、怕热、怕光、怕冻、怕风等具有不同自然属性的商品分区分类储存。

2. 商品的养护措施应一致

不同的商品因其性质各不相同，采用的养护方法也各不相同。例如，冷冻食品需要在低温冷藏仓库内储存养护，而水果、蔬菜等时令食品则需要在高温冷藏仓库内储存养护，这两类商品的养护措施各不相同，所以不能同储于一个库区，必须分区分类储存。养护措施相同的商品，则可以同储于一个库区。

3. 商品的消防方法应一致

消防方法相同的商品可以储存在同一个库区。例如小麦和玉米，灭火时主要用水，因此可以同储一个库区。消防方法不同的商品，不能同储于一个库区，必须分开储存。

（二） 分区分类储存的方法

1. 按商品的种类和性质分区分类储存

凡同类商品，性质相近，又有连带消费性，应尽量安排在同一个库区、库位，如床上用品和睡衣、拖鞋可存放在同一个库区。但若是性质完全不相同且互相影响、互不兼容、不宜混存的商品，则必须严格分库存放。

2. 按商品的危险性质分区分类储存

商品的危险性，主要是指易燃、易爆、易氧化，具有腐蚀性、毒害性和放射性等。根据商品的这些危险性质分区分类储存，以避免恶性事故发生。

3. 按商品的发运地分区分类储存

对于储存期较短的商品，在吞吐量较大的中转仓库可按商品的发运地区、运输方式和货主进行分区分类储存。通常先按运输方式划分，再按到达站、点、港的路线划分，最后按货主划分。

4. 按仓储作业的特点分区分类储存

出库频繁的商品，应存放在车辆进出方便、装卸搬运容易、靠近库门的库区；储存期较长的商品，则应储存在库房深处，或多层仓库的楼上。

5. 按仓库的条件及商品的特性分区分类储存

如怕热的商品应存放在地下室、低温库或阴凉通风的货棚内，负荷量较小的轻便商品可存放在库房楼上。

（三） 合理储存应考虑的因素

1. 有效面积的确定

有效面积是指库房或货场中实际能够用来储存商品的面积，即仓库或货场的使用面积除去走道、支道、墙距、柱距和垛距等所剩的面积。

（1） 走道即人工装卸搬运的作业通道。走道的宽度是由仓库作业方式来确定的，一般为 2 米～3.5 米。

（2） 支道是指一排货垛（货架）与另一排货垛（货架）之间的距离。

（3） 墙距是指商品货垛（货架）与库房内墙壁之间的距离，这是为了确保库房建筑安全而设置的。同时，也是为了防止墙壁的潮气影响商品，便于开关窗户和通风散潮。商品与外墙的距离为 0.5 米～1 米，与内墙的距离为 0.3 米。

（4） 柱距即货垛（货架）与支柱之间的距离，是为了确保库房支柱安全而设置的。柱距还可防止货物受柱子潮气而影响质量。柱距多为 0.2 米。

（5） 垛距指货垛（货架）与货垛（货架）之间的必要距离，一般为 0.5 米～1 米。

2. 地坪承压能力的确定

地坪承压能力是指地坪单位面积的最大承载能力，其大小由地坪设计载荷决定。地坪承压能力是确定实重货物（如钢材、水泥制品、大型设备等）堆码高度的主要因素。

二、商品堆码

堆码根据商品的性能和外形等存在多种形式。基本形式有重叠式、纵横交错式、仰伏相间式、压缝式、宝塔式、通风式、栽柱式、衬垫式和“五五化”等堆码形式。各种形式可结合实际灵活使用。

1. 重叠式堆码

重叠式堆码是指逐件逐层向上重叠码高而成货垛。钢板和箱装商品等，质地坚硬，占地面积较大，不易倒塌的，可以采用这种垛形。在重叠堆码板材时，可逢十进行交错，以便记数。重叠式堆码是机械作业的主要垛形之一。

2. 纵横交错式堆码

纵横交错式堆码是指将长短一致、宽度排列能与长度相等的物体，纵横交错式堆码，形成方形垛。长短一致的锭材、管材、棒材、狭长的箱装材料均可采用这种垛形。有些材料，如铸铁管、钢锭等，一头大一头小的，要大、小头错开，锭材底面大、顶面小，可仰伏相间。化工、水泥等，如包装统一，可采用“二顶三”、“一顶四”等方法，在同一平面内纵横交叉，然后再层与层纵横交错式堆垛，以求牢固。这种垛形也是机械堆码的主要垛形之一。

3. 仰伏相间式堆码

仰伏相间式堆码适用于钢轨、槽钢、角钢等商品，可以一层仰放，一层伏放，仰伏相间且相扣，使堆垛稳固。也可以伏入几层，再仰入几层，或仰伏相间组成小组再码成垛。但角钢和槽钢仰伏相间式堆码时，如在露天存放，应一头稍高，一头稍低，以利于排水。

4. 压缝式堆码

压缝式堆码是指将垛的底层排列成正方形或长方形，向上逐层压缝堆码，每件物品压住下层的两件货物，其特点是操作方便，能最大限度地节约空间。

5. 宝塔式堆码

宝塔式堆码和压缝式堆码类似，但压缝式堆码是在两件物体之间压缝上码，宝塔式则是在 4 件物体的中心上码，逐层缩小。

6. 通风式堆码

通风式堆码是指对需要通风保管的商品，堆码时在每件商品和另一件商品之间都留有一定的空隙，以利于通风。

7. 栽柱式堆码

栽柱式堆码是指在货垛的两旁，各栽上 2～3 根木柱或钢棒，然后将材料平铺在柱间，每层或隔几层在两侧相对应的柱子上用铁丝拉紧，以防倒塌。此种堆码方式多用于货场，适用于金属材料中的长条形材料，如中空钢的堆码。栽柱式堆码适宜于机械堆码，采用较普遍。

8. 衬垫式堆码

衬垫式堆码是指在每层或每隔两层商品之间夹进衬垫物（如木板），利用衬垫物使货垛的横断面平整，货物互相牵制，以加强货垛的稳固性。衬垫物需视货物的形状而定。此种堆码方式适用于四方整齐的裸装商品，如电动机。

9. “五五化”堆码

“五五化”堆码是指以五为基本计算单位进行堆码，即码成各种总数为五的倍数的货垛。大的五五成方，小的五五成包，方的五五成行，矮的五五成堆，带眼的五五成串。这种堆码过目成数，清点方便，数量准确，不易出差错，收发快，效率高。常见的“五五化”堆码有以下几种：

（1）小组并大组“五五化”：以5件为基数，组成小组，然后再由5个小组并成大组堆码，如平行五、直立五、三二五、一四五、梅花五等形式。此种方法适用于按件计量的商品。

（2）内外“五五化”：小件商品以5件或5的倍数成捆、成扎、成串、成包或成箱，再按“五五化”成垛，这样内外都是“五五化”。

（3）定量堆码“五五化”：计量商品还可按1吨、2吨或5吨堆放一个方形垛，再摆成平方五。在一个垛内还可以分层标重。

三、商品苫垫

“苫”，是指在商品的垛上加放遮盖物；“垫”，是指在商品垛底加上衬垫物。商品的上苫下垫是防止商品受潮及受损的必要措施，尤其对于露天存放的商品而言，更是一项必不可少的保管措施。

（一）垫垛

垫垛是指根据不同商品的保管要求，按垛形尺寸和负荷轻重，在垛底放置适当的衬垫物料，如石墩、石条、水泥条和枕木等，以减少地面潮气对商品的不良影响，并利于垛底通风。露天货场一般采用先垫一层特制的水泥块（条）或石块（条），再在上面加一层枕木的方式。无枕木时，可利用废旧道轨、水泥预制件或其他代用品。垫垛的高度应达30厘米～50厘米；潮湿和土质松软的场地可适当加高，在枕木上面可以再加上一层防潮纸（油纸、油毡）作为隔离层。

库房和货棚内的垫垛应根据地坪和商品防潮要求而定。一般水泥地坪上只需放一层垫木或垫板，高度达到20厘米即可。库房和货棚的地坪湿度大时，垫垛应加高，并加防潮层。

垫垛时要注意以下几点：

（1）下垫必须保证不受水浸或潮湿，通风要良好。

（2）露天货场的地面一定要铺平夯实，以免堆码后地面下沉造成货垛倾斜倒塌。

（3）下垫材料要放平整，计算每块和每条垫板的负重，不得超过下垫材料和地坪的负重限额。

（4）合理使用下垫材料，注意节约和保管。

（二） 苫盖

货场上的货垛，为了避免直接日晒和风、雨、露、雪的侵蚀，都必须遮盖适宜的苫盖物。在库房、货棚内，某些商品为了防止大气污染，也有加强苫盖的必要。

根据储存商品的不同性质、保管要求和垛形，可以采用不同的苫盖材料和方法。苫盖材料的选择应符合防火、安全、经济、耐用的要求。目前常用的苫盖材料有芦席、竹席、油布、油毡纸、苫布、铁皮、塑料罩和玻璃钢瓦等。在易燃易爆商品仓库里，不得使用芦席、油布和油毡纸等易燃的苫盖材料。

无论采用何种苫盖材料和苫盖方法，在苫盖时，垛顶料面必须平整，以免积水并渗入垛内。垛底的垫木和石墩不可露在苫盖材料的外面，以防雨水顺沿流入垛内。苫盖物盖好后，应拴牢扎紧，以防掀起。苫盖方法一般有以下几种：

1. 就垛苫盖法

就垛苫盖法适用于屋脊垛和大件包装商品的苫盖。这种方法是将苫盖材料（如铁皮、油毡、芦席）直接苫盖在商品上。临时苫盖时，一般用油布或苫布苫盖。使用苫盖材料时要爱护，用后晾晒放好。

2. 鱼鳞式苫盖法

鱼鳞式苫盖法是将苫盖材料自货垛的底部逐渐向上围盖，从外形看呈鱼鳞状。如垛内需通风，可采用隔离板或席卷反转隔离苫垛。

3. 活动棚架苫盖法

活动棚架苫盖法是将苫盖物预制成一定形状的棚架，在棚架腿上装有滑轮，使它可沿一定的轨道滑动。

四、库内温、湿度管理

在仓储环境的控制与调节中，温、湿度的控制与调节尤为重要。由于仓库的温、湿度受大气、气候变化的影响而发生变化，因此需要研究并采取一些措施来控制库内温、湿度的变化，及时调节不适宜商品储存的温、湿度，创造适宜于商品储存的环境。当库内温、湿度适宜商品储存时，应想方设法防止大气、气候对库内的不利影响：当库内温、湿度不适宜商品储存时，应立即采取有效措施，利用气候等有利因素和其他办法调节库内温、湿度。

控制与调节仓库内温、湿度的方法很多，下面着重介绍密封、通风和吸潮等具体方法。

1. 密封

密封就是采用一定的方法把整库、整垛或整件商品尽可能严密封闭起来，减弱外界不良气候条件的影响，切断外界虫、霉感染途径，并起到一定程度的厌氧效果，以达到商品安全储存的目的。

常用的密封方法有以下几种。

（1）整库密封：是指将一栋库房全部密封。对于储存量大、出入库动态不大的商品宜采取整库密封的方法。

具体做法是：门窗缝隙用毡条或棉布条堵严，出入用的门要加装隔潮门，门上要挂棉门帘，在库内地面上加铺一层沥青与水泥防潮层，再垫一层枕木，上铺木板，再放一层油毡和一层芦席，然后再存放商品。

在密封库内，要经常注意温、湿度的变化，以便及时采取相应措施。对于怕潮易霉商品，当库内湿度较大时，可利用空气去湿机或采用吸湿剂（生石灰和氯化钙等）来去湿吸潮；对于易干裂商品，可以通过在库内设置水缸、水桶或在库内悬挂湿度袋、草袋等办法来增加库内湿度；若密封库内有易霉、怕虫蛀的商品，可以在库内定期用药剂杀菌，以防霉菌虫害滋生。

（2）货垛密封：对于一些怕潮易霉或易干裂的商品，可以用防潮效果好的材料，如塑料薄膜、油毡或防潮纸等，将货垛上下四周进行整垛密封。

具体做法是：在垛底先垫枕木，上铺木板，再铺油毡和芦席，然后铺整块塑料薄膜，在薄膜上堆放商品；货垛堆成后，在垛顶苫以塑料薄膜，将垛上与垛下薄膜的四边互相卷在一起，用夹子夹紧。密封商品的含水量要求降低到储存标准以内，鲜果则应保持水分。

（3）货架（柜、橱）密封：对于出入库频繁、零星而又怕潮易霉、易干裂、易生虫、易锈蚀的商品，可以采用货架（柜、橱）密封法。密封时，先将货架内外的缝隙裱糊严密。在裱糊时，对缝隙处应先糊一层软纸，然后糊一层牛皮纸或防潮纸，使用的裱糊材料可以是合成糨糊或水玻璃等。货架的门缝可加毡条或橡胶条。在储存特别易潮、易霉、易锈蚀的商品时，可以在货架内放一容器，内装硅胶或氯化钙等吸湿剂，以保持架内干燥。在储存易虫蛀的商品时，还应在货架内放入适量的精萘和樟脑丸等驱虫剂。

（4）按件（箱）密封：主要是指将商品的包装严密封闭，一般适用于数量少、体积小的易霉、易锈蚀商品，如皮革制品、竹木制品、金属制品、乐器和仪表等。

2. 通风

通风就是根据空气流动的规律，有计划地交换库内外的空气，以达到调节空气温度和湿度的目的。通风并不是随便开扇门窗，让库内外空气自由交换就行了，而是要严格掌握库内外空气自然流动的规律，根据商品性质的要求，对比库内外温、湿度的实际情况和变化趋势，并参考风力和风向，有计划地进行。

（1）通风的原因。进行通风，主要是由于库内温度高或湿度大，不适宜商品的储存。库内温度高、湿度大，表示库内空气密度小于库外，空气压力也低于库外，库外空气也就自然会进入库内。特别是门窗及通风孔内外的气压差最大，库外空气经由这些地方进入库内，而库内热空气便由窗口或通气孔流出。

（2）通风降温的条件。库外空气的温度和绝对湿度要低于库内空气的温度和绝对湿度。只要符合这一条，无论是南方还是北方，是晴天还是雨天，均可进行通风。但是否需要通风要看相对湿度，库内相对湿度若在80%以上，则商品容易变质，需要通风。

（3）通风时间的选择。怕热类商品需要通风散热。只要库外温度低于库内温度，就可以通风。夏季最好选择在夜间通风。怕冻类商品，在冬季可选择在中午至午后2：00～3：00进行通风。怕潮类商品，必须在库外的绝对湿度小于库内的绝对湿度时才能进行通风。

通风时要不断观察效果，如果通风不利于库内温、湿度达到要求，或者是天气发生了不利于通风的变化，要立即停止通风。

3. 吸潮

在梅雨季节或阴天，因库内外的湿度均过高而不宜进行通风散潮时，可以在密封库内用吸潮的办法降低库内湿度。比较好的方法是使用空气去湿机，还可以用吸潮剂。吸潮剂具有较强的吸潮性，能够迅速吸收库内空气中的水分，从而降低空气中的相对湿度。仓库常用的吸潮剂主要有以下几种。

（1）生石灰。生石灰的化学名称是氧化钙，吸湿性较强；吸湿速度也较快，每千克吸水量为0.2千克～0.25千克，5～7天就可达到较高的吸水量，8～9天后基本上由块状变成粉状。一般用10厘米×10厘米左右的块状生石灰置于竹篓或木箱罩，但不宜装满，以免其吸湿膨胀后溢出。生石灰吸水后从空气中吸收二氧化碳，同时放出一定的热量和水。因此，最好在它尚未变成粉状之前就换掉。生石灰的放热过程很缓慢，且逐渐扩散，对仓库商品无显著影响。使用时，只要防止直接接触商品，就不会产生污染。

（2）氯化钙。氯化钙为白色多孔颗粒体，因而它与空气的接触面积大于其颗粒表面的数十倍，所以吸湿效果显著。粒径为50毫米～70毫米的氯化钙吸水量最大。氯化钙按其品质可分为无水氯化钙（含水3%）和含水氯化钙（含水23%）。无水氯化钙每千克可吸水1千克～1.2千克，含水氯化钙每千克可吸水0.7千克～0.8千克。

氯化钙吸收水分到饱和程度后，会稀释成液态。因此，使用时应单层铺放在竹筛内，以增加其和空气的接触面积。在竹筛的下面放置容器，以收集饱和后的液态氯化钙。液态氯化钙经加热熬煮可蒸发掉水分，冷却后仍成颗粒状，可反复使用。氯化钙吸湿效果较好，是目前普遍采用的吸湿剂。

（3）硅酸。硅酸又称矽酸、凝胶、硅胶，为白色多孔状颗粒体，其吸湿作用与氯化钙相似，但颗粒较小，一般每千克吸水0.4千克～0.7千克就达到饱和程度，但不会稀释，不污染库房。饱和后的硅酸在130℃～150℃的高温烘烤下，蒸发掉水分，可反复使用。

使用硅酸吸湿时，可盛于细长的纱布口袋内，悬挂于库房内，使其与空气有更大的接触面。硅酸可用于精密仪器和电器类商品仓库的吸湿。

硅酸本无色，加入一定量的氯化钴或氧化铁，使其呈天蓝色或朱黄色。前者吸湿后变成淡蓝色，最后变成粉红色；后者吸湿后会逐渐褪去颜色，变为无色体。使用时，可根据颜色的变化了解其吸湿程度。

此外，使用空气去湿机除湿，不仅具有较好的除湿效果，而且是较常用的吸潮办法。目前已采用的 KOS-3 型空气去湿机，其工作原理是使空气经过滤器并附着于蒸发器上，由于蒸发器的表面温度低于空气露点温度，空气中的水分就会凝结成水滴排出，使空气中的含水量降低，被冷却干燥过的空气再由风机送入库中。当库内的湿度降低到要求值时，就可停机。这种空气去湿机在气去温为 27℃、相对湿度为 30%时，每小时可吸水 3.4 千克。

五、商品的检查与盘点

由于仓库储存商品的品种和规格繁多，进出频繁，而且各种自然条件在不断变化，因此极易造成库存商品数量和质量的变化。为了保证库存商品质量完好、数量齐全，必须进行经常性和定期的全面检查工作，包括查质量、查数量、查保管条件、查计量器具和查安全措施等。

（一） 商品检查

1. 检查的内容

（1）查质量。检查在库商品质量有无变化，包括受潮、沾污、锈蚀、发霉、干裂、虫蛀、鼠咬，甚至变质等情况；检查有无超过保管期限和长期积压的现象；检查技术证件（如磅码单、质量证明书、合格证、原理说明书、使用说明书和保修卡）等是否齐全，证件是否真实有效。必要时，还要进行技术检验。

（2）查数量。检查商品的数量是否准确，检查账卡的记载是否准确，核对账、卡、物是否一致。

（3）查保管条件。检查堆码是否合理稳固，检查苫垫是否严密，检查库房是否漏水，检查场地是否积水，检查门窗是否良好，检查库内温、湿度是否符合要求，检查库房内是否清洁卫生，检查保管条件是否与各种商品的保管要求相符合等。

（4）查计量器具。检查计量器具，如皮尺、磅秤等是否准确；使用和养护是否合理。检查时，要用标准件校验。

（5）查安全措施。检查各种安全措施、消防设备和消防器材是否符合安全要求，检查建筑物是否损坏而影响商品储存等。

2. 检查方法

（1）日常性检查。是指保管员每天上下班时，对所管商品的安全情况、保管状况、计量工具的准确性以及库房和货场的清洁整齐状况等进行的检查。这是保管员每日必须进行的一项工作。

（2）定期检查。是指根据季节变化和工作的需要，由仓库领导者组织有关方面的专业人员，对在库商品定期进行的检查。例如，雷雨季节到来前后，组织质量和保养情况的检查；暑热季节到来前，对怕热商品的防热措施的检查；寒冬季节到来前，对冬防措施的检查；节假日前，对安全措施的检查等。

（3）临时性检查。是指风雨前后或有灾害性气象预报时所组织的临时性检查，或者是因为在实际工作中发现了问题而临时决定进行的检查。

3. 对检查中发现问题的处理

（1）商品有变质迹象或已发生变质时，应按维护要求处理，查明原因，提出改进措施。

（2）对超过保管期限，或未超过保管期限但按质量要求不能继续存放的，应通知货主及时处理。

（3）已经破损的商品应查明原因，协商处理。

（4）数量有出入的，应弄清情况，查明原因，分清责任。

（5）检查结果应详细记录。

（二）盘点作业

盘点作业是一项非常重要的工作，它的基本目的主要有两个：一是控制存货，以指导日常经营业务；二是掌握损益，以便真实地把握经营绩效，并尽早采取防漏措施。

1. 盘点方法的分类

（1）按账或物分类。

1）账面存货盘点。账面存货盘点法是将每一种货品分别设账，然后将每种货品的入库与出库情况详加记载，不必实地盘点即能随时从账册上查悉货品的存量。通常量少而单价高的货品较适合采用此方法。

2）实际存货盘点。实际存货盘点是针对未销售的库存商品，进行实地的清点统计，清点时只记录零售价即可。

（2）按盘点区域分类。

1）全面盘点。全面盘点是指在规定的时间内，对所有存货进行盘点。

2）分区盘点。分区盘点是指将商品按类别区分，每次按顺序盘点一定区域内的货物。

(3) 按盘点时间分类。

1) 营业中盘点。营业中盘点就是即时盘点，营业与盘点同时进行。

2) 营业前（后）盘点。营业前（后）盘点是指开门营业之前（打烊之后）进行盘点。

3) 停业盘点。停业盘点是指在正常的营业时间内停业一段时间进行盘点。

(4) 按盘点周期分类。

1) 定期盘点。定期盘点是指每次盘点间隔时间相同的盘点，包括年、季、月度盘点，每日盘点，交接班盘点。

2) 不定期盘点。不定期盘点是指每次盘点间隔时间不一致，是在调整价格、改变销售方式、人员调动、发生意外事故或清理仓库等情况下临时进行的盘点。

2. 盘点结果的处理

(1) 核对盘点单据。盘点开始发给盘点人员的盘点单，必须统一编号、记数；盘点后按编号和发出数收回，以防最后计算上的疏漏。

(2) 核账。盘点单是盘点实际库存数的原始记录，而后凭其与商品账、卡核对。

(3) 追查发生盈亏的原因。

1) 商品入库登记账卡时看错数字。

2) 运输途中发生的损耗在入库时未发现。

3) 盘点工作计数的错误。

4) 某些商品由于挥发、吸湿等自然特性使重量发生变化。

5) 因气候影响，商品出现腐蚀、硬化、变质、生锈和发霉等现象。

6) 液体商品因容器破损而流失。

7) 单据遗失，收发商品未予过账。

8) 捆扎包装错误致使数量短缺。

9) 衡器欠准确或使用方法错误。

(4) 盘盈或盘亏的处理。原因查清之后，要研究处理方法，办理调整商品账、卡的手续。

(5) 编表与分析。商品盘盈或盘亏处理完后，编制商品盘点分析表，用于库存商品的管理和考核。

六、商品出库业务

商品出库业务是储存保管作业的最后一个环节，是发料员依据专业公司（货主）开具的商品出库凭证，通过审单、查账、发货、复核、装车和开出门证等一系列的工作，把储存商品交付给用户或代运部门的业务过程。

（一）商品出库业务岗位工作职能

1. 料账员岗位职责

（1）工作认真仔细，具有敬业精神和为客户服务的工作态度。

（2）能够掌握仓储管理系统应用软件的操作技能。

（3）熟悉物流管理的基本原理，掌握仓储管理业务流程和要求。

（4）熟悉财务制度，准确而及时地进行各种单据的填写及账务处理。

2. 发料员岗位职责

（1）工作认真仔细，具有敬业精神和为客户服务的工作态度。

（2）能够掌握仓储管理系统应用软件的操作技能。

（3）熟悉物流管理的基本原理，掌握仓储管理业务流程和要求。

（4）熟悉不同货物的基本性能、用途以及保管、保养要求。

（5）完成因发运业务所需要的有关仓储辅助作业。

3. 司磅员岗位职责

（1）磅前要做好司磅准备，进行班前校对。

（2）上磅车辆内只允许有司机一人。

（3）要求车辆上磅后停在磅的中间位置，四面不得压磅边。

（4）车辆上磅后，先记录车号，待过磅数字显示稳定后方可记录皮重、毛重，并注意观察车内商品的品名、规格和数量等，最后签写过磅人员的姓名。

（5）加强地磅的日常管理与维护，经常进行检查与复核，保障使用准确，发现问题要及时报告有关部门检修。

4. 验放员岗位职责

（1）验放员要严格遵守验放制度，熟悉业务知识和相关手续制度；要认真验清物品的规格、数量、车型和车号等，核对无误后方可放行。

（2）验放员要坚守岗位，不得擅离职守。

（3）员工上下班、来客来访，不得出入专用大门；来客自带物品，门卫或验放员要给予登记，对出库车辆要进行认真检查。

（二）商品出库原则

（1）先进先出原则。为避免商品长期存放超过其存储期限或增加自然损耗，必须坚持先进先出原则。

（2）凭证发货原则。“收有据，出有凭”是商品收发的重要原则。

（3）商品出库必须准确做到单货相符，避免差错。

（4）商品出库必须及时，尽量在最短时间内完成。

（5）商品出库必须安全，防止商品被震坏、损伤或变形，以保证其在出库时完好。

（6）出库商品的各种凭证要填写完整，内容要真实、准确，传递要及时，交接手续要清楚。

（三） 商品出库程序

出库应严格按照程序办理，出库程序主要包括：出库准备、审核出库凭证、备货、复核、包装、刷唛、点交和结算、清理等。

1. 出库准备

为了准确、及时、安全地做好商品出库工作，提高工作效率，仓储管理人员应根据出库凭证的要求，做好如下准备工作：选择发货的货区、货位；检查出库商品，拆除货垛苫盖物；安排好出库商品的堆放场地；安排好人力和机械设备；准备好包装材料等。对于送货上门的商品，要备好运输车辆；对于代办托运的商品，要与铁路、公路和水运等承运部门联系。

2. 审核出库凭证

仓库接到出库凭证（如提货单、领料单）后，必须对出库凭证进行审核。首先要审核货主开出的提货单的合法性和真实性，或审核领料单上是否有其部门主管或指定专人的签章，手续不全不予出库，如遇特殊情况，则需经有关负责人同意后方可出库，出库后需补办手续；其次要核对商品的品名、型号、规格、单价和数量；最后要核对收货单位、到站、开户行和账号是否齐全和准确。如属客户自提出库，则要核查提货单有无财务部门准许发货的签章。提货单必须是符合财务制度要求的具有法律效力的凭证。

3. 备货

要按出库凭证所列项目和数量进行，不得随意变更。备货计量一般依据商品入库验收单上的数量，不再重新过磅，对被拆散、零星商品的备货应重新过磅。备好的货物应放于相应的区域，等待出库。同时，出库商品应附有质量证明书或抄件、磅码单、装箱单等附件。机电设备、仪器仪表等产品的说明书及合格证应随货同行。进口商品还要附海关证明和商品检验报告等。

4. 复核

为避免出库商品出错，备货后应进行复核。复核可由专人进行，也可由保管员互核。复核的内容包括：名称、规格、型号、批次、数量、单价等项目是否同出库凭证所列内容一致，机械设备等的配件是否齐全，所附证件是否齐备，外观质量和包装是否完好等。复核人员复核无误后，应在提货单上签名，以示负责。

5. 包装

包装是为了使商品在运输途中不受损坏，商品的包装一般需符合以下要求：

（1）根据商品的外形特点，选择适宜的包装材料，包装尺寸要便于商品的装卸和搬运。

（2）要符合商品运输的要求。

6. 刷唛

刷唛是指在包装上标打各种标记。

7. 点交和结算

出库商品经复核、包装后，要向提货人员点交；同时应将出库商品及随行证件逐笔向提货人员当面点交。在点交过程中，对于有些需要商品的技术要求、使用方法和注意事项，保管员应主动向提货人员交代清楚，做好技术咨询服务工作。商品点交清楚后，提货人员应在出库凭证上签名。商品点交后，保管员应在出库凭证上填写实发数、发货日期、提货单位等内容并签名，然后将出库凭证有关联次同有关证件及时送交货主，以便办理货款结算。

8. 清理

商品出库后，有的货垛被拆开，有的货位被打乱，有的现场还留有垃圾和杂物。保管员应根据储存规划要求，该并垛的并垛，该挪位的挪位，及时清扫发货现场，保持清洁整齐，腾出新的货位、库房，以备新的入库商品使用，并清查发货的设备和工具有无丢失、损坏等。同时，一批商品发完后，要收集和整理该商品的出入库情况、保管保养情况及盈亏数据等，然后存入商品档案，妥善保管，以备查用。

操作演练

操作任务

向学生演示仓库管理岗位操作流程及操作重点。

1. 接单

操作重点：接收供应商的接货通知单。

2. 落实货位

操作重点：按照通知单上的货物种类、体积大小等安排货位。

3. 验货点收

操作重点：指挥装卸工卸货，并检验欲入库货物外包装的完好性、品名、规格、数量是否与入库凭证相符。

4. 库内堆码

操作重点：在货物运入仓库后，指挥装卸工进行堆码作业，堆码要注意“五距”、种类和批次。

5. 复核签收

操作重点：对货物进行复核，在随货同行的入库单上签字，对于有问题的货物需在入库单上注明。

6. 残损处理

操作重点：如果在收货过程中发现货物有残损问题，应该认真调查，分清责任。卸货过程中，对于由于卸货员不慎导致包装破损的货物，应该重新包装；而对于由于厂商不慎引起的货物残损，应该将其退还厂商。

7. 财务处理

操作重点：建立台账、货卡，并保存入库单。

8. 保管

操作重点：货物入库后，负责货物在库保养和库区卫生工作，按规定每天如实记录温、湿度状况，参加每天的货物巡查工作，及时上报并参与处理各类仓储事故和各种突发事件。

9. 接单

操作重点：接受送货通知。

10. 备车

操作重点：联系运输员，备车并对车辆进行检查，看其是否清洁，有无防雨措施。

11. 单货核对

操作重点：核对送货通知单所列的内容是否与货物的实际情况一致。如发现问题，则应及时纠正。

12. 发货装车

操作重点：指挥装卸工装车并清点数目，在装车时应注意不同品种、不同批次分开堆放。

13. 复核余数

操作重点：清点发货后剩下的货物，核对余数与账目是否相符。

14. 销账签证

操作重点：在货车上销账，注明货物去向，在库存台账上销账。复核无误后，开出门证，要求司机在出库单上签收，并记下司机身份信息、车牌号等。如货物是分批出库，应在台账、提货单上逐笔做记录。

技能训练

实训目标

通过本任务的实训，让学生熟悉仓库管理人员岗位操作流程，掌握仓储业务各环节所需的技能及相关知识，培养、提高学生的仓储管理业务操作技能。

实训情境

1. 入库单

高新物流配送中心收到供应商 A 的入库单（见表 3—9），资料如下：

表 3—9 入库单

入库单编号：R10062301 计划入库时间：到货当日

序号	商品名称	包装规格（毫米）（长×宽×高）	单价（元/箱）	重量（千克）	数量（箱）
1	长城汽车维修专用工具	395×245×265	100	16	36
2	诚诚油炸花生仁	395×245×180	100	5	24
3	梦阳奶粉	470×280×260	250	6	28
4	小师傅方便面	330×235×240	100	5	24

2. 货架信息

货位承重≤500 千克。

货位参考尺寸（毫米）：L1 125×W1 000×H1 020。

3. 托盘信息

托盘重量：25 千克/个。

参考尺寸（毫米）：L1 200×W1 000×H160。

实训任务

（1）分组：每组由 1 名组长和 4 名成员构成，每个成员由组长分配相应的实训任务。

（2）主要实训任务：

1）模拟仓库管理员的操作流程，并说出每个环节的操作重点。

2）根据入库货物的体积、重量及货架、托盘的相关信息绘制货物组托图。

3）根据组托图在实训室组托上架。

实训考核标准

对学生的实训结果给予考核评价，有利于激发学生的积极性。同时，通过评价找出实训

过程中的不足并提出改进办法，有利于知识的总结和掌握。具体考核标准如表3—10所示。

表3—10 仓库管理员岗位能力训练考评表

考核内容	考核标准	分值	实际得分
仓库管理员岗位能力训练	操作流程模拟无差错	10	
	每个环节操作重点准确	20	
	组托图绘制正确、规范	30	
	组托规范	30	
	上架操作熟练	10	
合计		100	

任务四 分拣作业

任务结构图

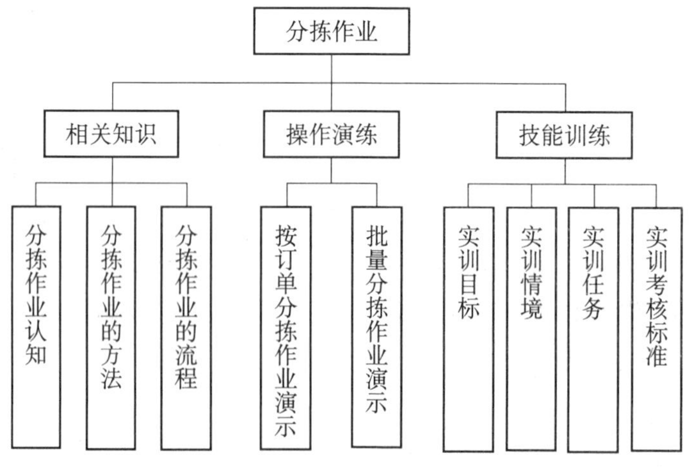

相关知识

一、分拣作业认知

1. 分拣作业的含义

分拣作业是指依据客户的订货要求或配送中心的送货计划，迅速、准确地将商品从其储位或其他区域拣取出来，并按一定的方式进行分类、集中，等待配装送货的作业过程。在配送作业的各环节中，分拣作业是非常重要的一环，它是整个配送中心作业系统的一项核心工作。

2. 分拣单位

分拣单位可分为单品（Bulk）、箱（Case）和托盘（Pallet）三种。一般而言，托盘是体积、重量最大的拣货单位，其次为箱，最小者为单品。

（1）单品（B）：也称单件或散货。单件商品包装成独立的单元，以该单元为拣取单位，是拣货的最小单位。

（2）箱（C）：由单件装箱而成，拣货过程以箱为拣取单位。

（3）托盘（P）：也称栈板。由箱堆码在托盘上集合而成，经托盘装载后加固，每只托盘堆码数量固定，拣货时以整只托盘为拣取单位。

此外，有些特殊的物品（体积过大、形状特殊或必须在特殊情况下作业的货物），如桶装液体、散装颗粒或冷冻食品等，拣货时以特定包装形式和包装单位为标准。

3. 分拣作业的检查要点

分拣作业除了少数自动化设备逐渐被开发应用以外，大多数仍靠人工完成，因此在分拣系统的构建中，正逐渐使用自动化分拣设备代替人工，这样可使劳动力效率得到有效提高。在构建分拣系统时，必须掌握以下 8 个要点。

（1）不要等待——零闲置时间：根据动作时间分析和人机时间分析方式改善。

（2）不要拿取——零搬运：利用输送带和无人搬运车，减少人力负荷。

（3）不要走动——缩短路线：拣货工作分区，采用物至人拣取方式或导入自动仓库等自动化设备。

（4）不要思考——零判断：简化作业，不依赖熟练工，使用条形码自动识别装置及自动化设备。

（5）不要寻找——做好储位管理：随时整理、整顿货物，确定储位编排正确登录，拣取时以电子标志灯信号为即时指示。

(6) 不要书写——零事务作业：以电脑传输指示拣货，实现无纸化作业，避免笔误造成作业错误。

(7) 不要检查——降低拣错率，缩短覆点时间：利用条形码读取并由电脑辅助检查(如 RFDC)，或实施“无验货系统”。

(8) 无缺货——做好商品管理、储位管理、库存管理和拣货管理：利用电脑随时掌握安全库存量、订购时机和补货频率等状况。

二、分拣作业的方法

分拣作业最简单的划分方式，是将其分为按订单分拣、批量分拣和复合分拣三种模式。

1. 按订单分拣

按订单分拣的作业原理是：分拣人员或分拣工具巡回于各个储存点，按订单所列的商品及数量，将客户所订购的商品逐一从仓库储位或其他作业区中取出后进行集中。这种方式类似于人们进入果园，在一棵树上摘下已经成熟的果子，再转到另一棵树上去摘果子，所以该方法又被形象地称为摘果式。按订单分拣的作业流程如图 3—6 所示。

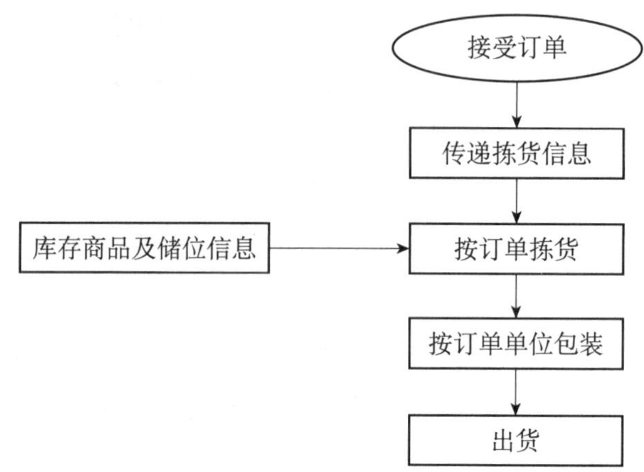

图 3—6　按订单分拣的作业流程

按订单分拣作业的特点：

(1) 按订单分拣，易于实施，而且分拣的准确度较高，不易出错。

(2) 对各客户的分拣相互之间没有约束，可以根据客户需求的紧急程度，调整拣货的先后次序。

(3) 分拣完一个订单，货物便配齐，因此货物可不落地暂存，而直接装上配送车辆。这样有利于简化工序，提高作业效率。

(4) 客户数量不受限制，可在很大范围内波动。分拣作业人员的数量也可以随时调节，作业高峰时，可以临时增加作业人员，有利于展开即时配送，提高服务水平。

(5) 对机械化、自动化没有严格要求，不受设备水平的限制。

2. 批量分拣

批量分拣作业是指由分货人员或分货工具从储存点集中取出各个客户共同需要的某种货物，然后巡回于各客户的货位之间，每个客户的需要量分放后，再集中去取共同需要的第二种货物，如此反复进行，直至客户需要的所有货物都分放完毕，即完成了各个客户的配货工作。这种作业方式，类似于农民在土地上播种，一次取出几亩地所需的种子，在地上巡回播撒，所以该方法又被形象地称为播种式。

批量分拣作业是把多张订单集合成一个批次，将商品按品种汇总后再进行拣货，然后按客户或不同订单作分类处理。批量拣货作业流程如图 3—7 所示。

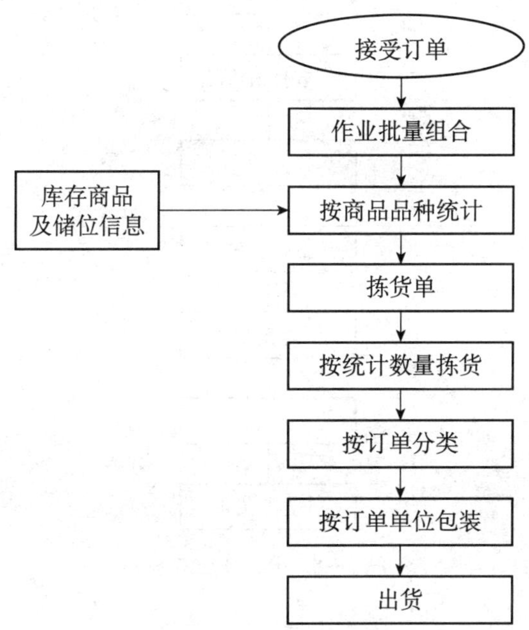

图 3—7　批量拣货作业流程

批量分拣作业的特点：

(1) 由于是集中取出共同需要的货物，再按货物货位分放，这就需要在收到一定数量的订单后进行统计分析，安排好各客户的分货货位之后，才能反复进行分货作业。因此，这种工艺难度较高，计划性较强，和按订单分拣相比，错误率较高。

(2) 由于是同时完成各客户的配送请求，同时开始对客户所需货物进行配送，因此有利于车辆的合理调配，规划配送路线，与按订单分拣相比，该方法可以更好地利用规模效应。

(3) 对到来的订单无法作出及时反应，必须等订单达到一定数量时才能进行处理，因此会有停滞时间。只有根据订单达到的状况做等候分析，确定适当的批量大小，才能将停滞时间减至最少。

3. 复合分拣

复合分拣是将按订单拣货和批量拣货组合起来的拣货模式，即根据订单的品种、数量及出库频率，确定哪些订单适用于按订单拣货，哪些适用于批量拣货，然后分别采取不同的拣货方式。

三、分拣作业的流程

分拣作业流程如图 3—8 所示。

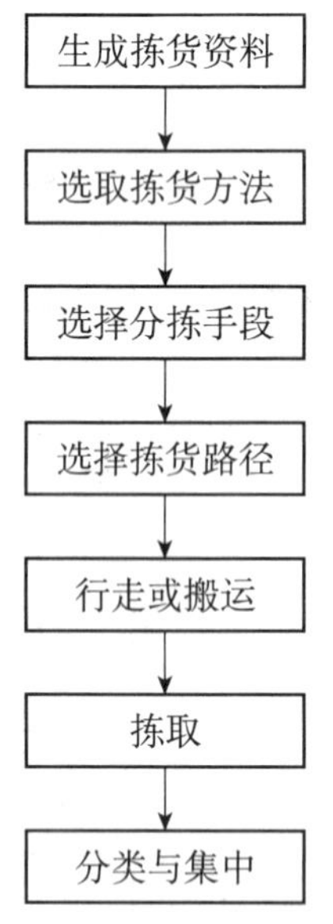

图 3—8 分拣作业流程

1. 生成拣货资料

拣货作业开始之前，指示拣货作业的单据或信息必须先行处理完毕。虽然有些配送中心直接利用客户的订单或公司的交货单作为人工拣货的指示，但因为此类传票容易在拣货作业中受到污损导致错误发生，同时无法标识产品的货位，引导拣货人员缩短拣货路径，所以必须将原始的传票转换成拣货单或电子信号，以使拣货人员或自动拣货设备进行更有效率的拣货作业。

2. 选取拣货方式

在选取拣货方法时，需要从多方面对其进行明确，在确定每次分拣的订单数量时，可以对订单进行单一分拣，也可以进行批量分拣。

3. 选择分拣手段

分拣作业按分拣手段的不同分为人工分拣、机械分拣、自动分拣和电子标签分拣。

(1) 人工分拣：基本上是靠人力搬运，把所需的货物分门别类地送到指定的地点，也可利用最简单的器具和手推车等。这种方式的劳动强度大，分拣效率最低。

(2) 机械分拣：以机械为主要输送工具，以人工方式进行拣选。

(3) 自动分拣：分拣动作由自动的机械负责，电子信息输入后自动完成分拣作业，无须人手介入。自动分拣系统分为A型分拣系统、旋转仓储系统、立体式自动仓储系统等。

(4) 电子标签分拣：是一种计算机辅助的无纸化分拣系统，其原理是在每一个货位上安装数字显示器，利用计算机的控制将订单信息传输到数字显示器，分拣人员根据数字显示器所显示的数字进行分拣，拣货完毕后按确认钮即完成分拣工作。

4. 选择拣货路径

不同层次的单品（小件商品、箱装商品、托盘装商品）要采用不同的拣货路径，通常有两种类型的路径可供选择：

(1) 无顺序的拣货路径：就是由拣货人员自行决定在配送中各通道内的拣货顺序。由于拣货人员完成一批订单可能要在同一条路径上行走多次，这增加了行走里程和手的拣货动作，会使拣货人员产生疲劳，并且拣货人员要花大量时间来寻找商品所在的位置。因此，这种拣货路径的效率较低。

(2) 顺序拣货路径：就是按产品所在货位号从储存区的入口到出口顺序来确定拣货路径，这是一种最为常用的拣货路径。按这种拣货路径拣货的优点是可以缩短拣货人员的拣货时间和拣货里程，减少疲劳和拣货误差，提高拣货效率。

5. 行走或搬运

进行拣货时，要拣取的货物必须出现在拣货人员面前，可以通过以下几种方式实现。

(1) 人至物方式：拣货人员步行或搭乘拣货车辆到达货物储存位置，主要移动的一方为拣货人员。

(2) 物至人方式：与上述方式相反，主要移动的一方为被拣取物，即货物。拣货人员在固定位置内作业，无须寻找货物的储存位置。

(3) 无人拣取方式：拣货的动作由自动机械负责，电子信息输入后自动完成拣货动作，无须人手介入。这是目前国外拣货设备研究的主要方向。

6. 拣取

当货物出现在拣货人员面前时，接下来的动作便是抓取与确认。确认的目的是确保抓取的物品、数量与指示拣货的信息相同。实际作业中多采用拣货人员读取品名并与拣货单进行对比的方式。比较先进的方法是利用无线传输终端机读取条形码、由电脑进行对比，或采用货物重量检测的方式。准确的确认动作可以大幅度降低拣货的错误率，也比出库验货作业发现错误并处理更直接且有效。

7. 分类与集中

由于拣货方式的不同，拣取出来的货物可能还需按订单类别进行分类与集中，拣货作业至此告一段落。

操作演练

操作任务

向学生演示按订单分拣和批量分拣的具体做法。

1. 按订单分拣作业演示

高新物流配送中心收到某客户订单，其中 A 货物 12 件、B 货物 8 件、C 货物 15 件、D 货物 18 件，配送中心按订单分拣作业示意图如图 3—9 所示。

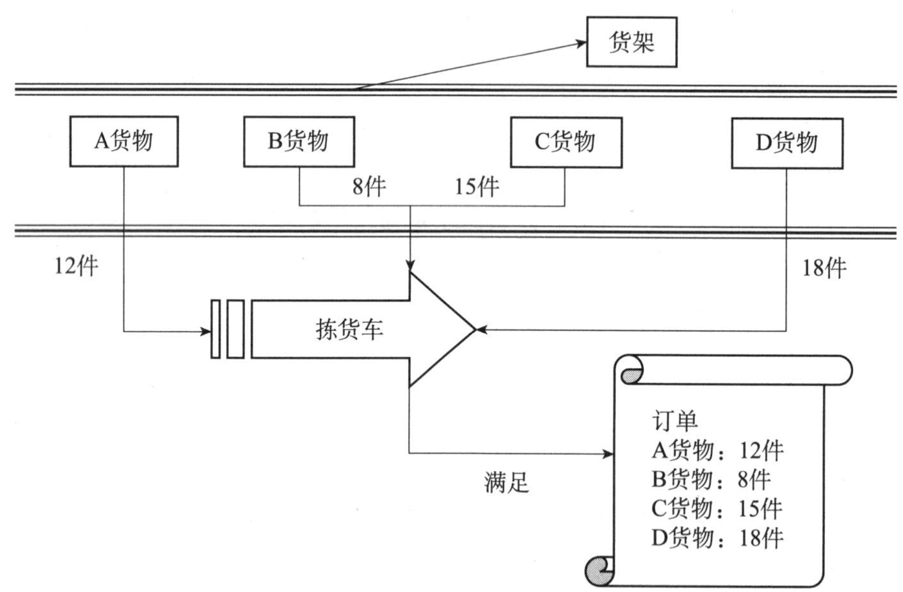

图 3—9 配送中心按订单分拣作业示意图

2. 批量分拣作业演示

高新物流配送中心收到 4 个客户的 4 份订单，他们所需货物的种类基本一致。为了提高拣货效率，配送中心决定批量分拣 4 个客户所订的货物。订单一需要 A 货物 12 件、订单二需要 A 货物 18 件、订单三需要 A 货物 20 件、订单四需要 A 货物 15 件，共计需要 A 货物 65 件。配送中心批量分拣作业示意图如图 3—10 所示。

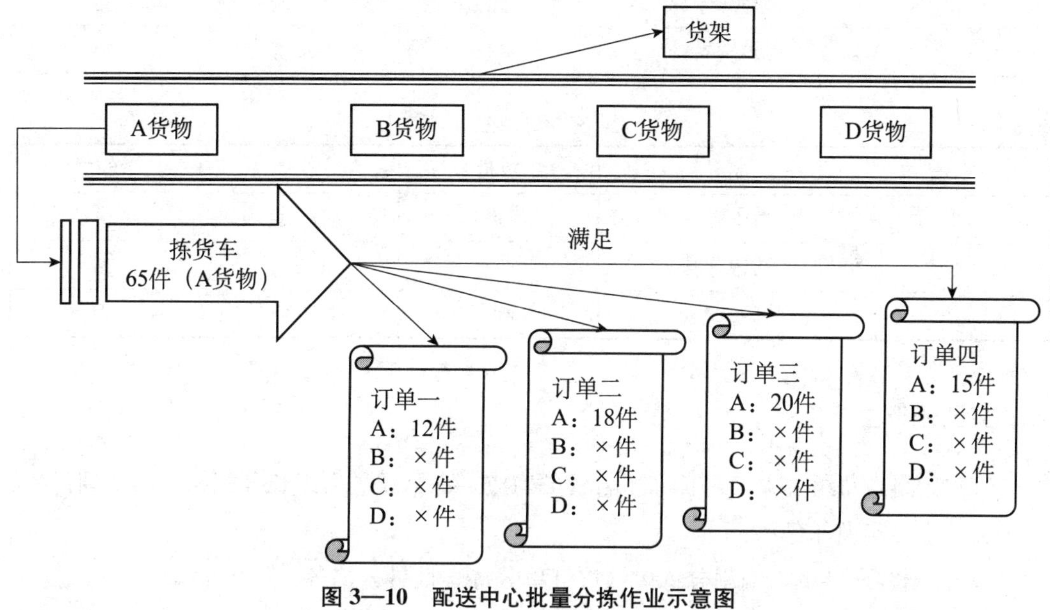

图 3—10　配送中心批量分拣作业示意图

技能训练

实训目标

通过本任务的实训，让学生了解分拣作业的工作目的，熟悉分拣作业的内容和步骤，掌握分拣作业方法、策略和操作技能。

实训情境

高新物流配送中接到了 3 个客户的订单，客户订单的商品种类、数量等相关资料如表 3—11 至表 3—13 所示。请在合理选择分拣作业方法进行货物分拣之后，为客户送货上门。

表 3—11　　客户订单一

序号	品名	数量	规格	单位
1	滴露香皂	50	125 克	块
2	佳洁士牙膏	60	120 克	支
3	雕牌洗衣粉	30	1 000 克	袋

表 3—12 客户订单二

序号	品名	数量	规格	单位
1	力士香皂	20	130 克	块
2	高露洁牙膏	20	180 克	支
3	奥妙洗衣粉	20	500 克	袋

表 3—13 客户订单三

序号	品名	数量	规格	单位
1	力士香皂	30	130 克	块
2	洁银牙膏	40	150 克	支
3	雕牌洗衣粉	30	1 000 克	袋

实训任务

（1）分组：每组由 1 名组长和 4 名成员构成，每个成员由组长分配相应的实训任务。

（2）主要实训任务：

1）根据客户订单，编制分拣单（按订单分拣、批量分拣各 1 份）。

2）拣货时通过人至物方式行走和搬运。

3）分别以按订单分拣或批量分拣的方式分拣所需货物。

4）对分拣出来的货物进行分类集中。

实训考核标准

对学生的实训结果给予考核评价，有利于激发学生的积极性。同时，通过评价找出实训过程中的不足并提出改进办法，有利于知识的总结和掌握。具体考核标准见表 3—14。

表 3—14 分拣作业操作训练考评表

考核内容	考核标准	分值	实际得分
分拣作业操作	分拣单制作正确	10	
	按订单分拣作业操作规范	30	
	批量分拣作业操作规范	30	
	货物分拣结果准确	20	
	分类集中无差错	10	
合　　计		100	

任务五
配货作业

任务结构图

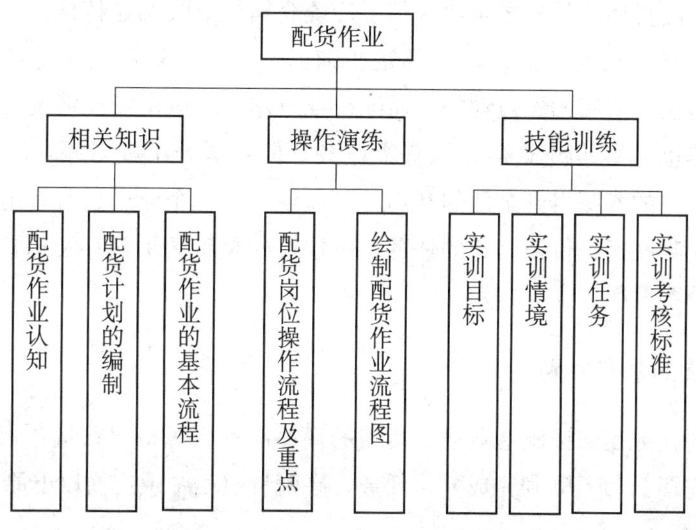

相关知识

一、配货作业认知

（一）配货作业的含义

配货作业是指把拣取分类完成的货物在经过配货检查后，装入容器并做好标示，再运到配货准备区，待装车后发送。

配货主要包括理货和配装两个方面的内容。

1. 理货

理货是指理货人员根据理货单上的内容说明，按照出货的优先顺序、储位区域号、配送车辆趟次、门店号、先进先出等出货原则和方法，把需要出货的商品整理出来，经复核人确认无误后，放置到暂存区，准备装货上车的工作。

2. 配装

配装是指集中不同客户的配送货物，进行搭配装载，以充分利用运能、运力的工作。

不同客户需要的货物不仅品种、规格不一，且数量差异也很大。有时一个客户的商品数量过少，无法装满一辆车，配送中心就把同一条路线上不同用户的货物组合、配装在同一辆载货车上，或者把不同路线但同一区域的多家店铺的货物混载于同一辆车上进行配送，这样不仅能充分利用载货车辆的容积，提高运输效率，降低运输成本，而且可以减少交通流量，改善交通拥挤状况。

综上所述，配货环节是配送企业区别于传统仓储行业的明显特征。传统的仓储业虽然也进行进货、存货和发货活动，但都是些辅助性工作，是依附于生产、经营部门的“蓄水池”，其地位是从属的、被动的。而配送企业作为顺应市场经济发展而产生的新型流通组织，虽然也从事传统储存业的基本业务，但它提升了配货率，增加了车辆配载率，使空置、闲置的资源得到全面的利用。可以说，配送企业通过有效地组织配货，不仅承担了保证货物畅通、价值转移的任务，更重要的是盘活了储存及运输资源，使整个社会资源重新分配并得以充分利用。

（二） 配货的基本原则

配货工作的任务是保证配送业务中所需的商品品种、规格、数量在指定的时间内组配完全并装载完毕。为了顺利完成配货任务，在配货过程中须遵循以下原则。

1. 准时性原则

准时性原则是保证配送企业利益和客户需求都得以满足的“双赢”原则。按照客户的要求准时进货、准时发货，对配送企业来说不需要占用大量的库存和资金，且可以保持库存的合理周转；对客户来说，能够保证货物及时到位，既不耽误生产或销售，又可以使企业不存在库存，节约库存费用。

2. 准确性原则

配送企业货物品种繁多、数量巨大，每天有大量的货物进出，为了保证作业质量，配送中心必须遵循准确性原则，将货物以准确的品种、数量及时送到客户手中。

3. 可靠性原则

在配货过程中，货物的装卸作业、分货过程中的机械振动和冲击、其他意外事故及作业人员的素质欠佳等都可能造成货物的损坏，因此要坚持可靠性原则，确保货物在配货过程中保持完好的质量。

4. 方便性原则

在配送商品的过程中，有些商品是常销产品或畅销产品，有些商品则生产周期或需求周期比较长。配送企业在摆放商品时，要根据配送商品的配送规律，合理进行摆放，以方便配货为前提，将常销商品和畅销商品摆放到靠近配货作业的通道旁边，以便于理货人员进行理货作业时存取商品，节约理货时间。

5. 优先性原则

对于下列客户，配送企业可以优先进行配货。

（1）具有优先权的客户。

（2）依客户等级划分，重要性程度比较高的客户。

（3）依订单交易量或交易金额划分，对公司贡献大的订单。

（4）依客户信用状况划分，信用较好的客户。

6. 经济性原则

企业运作的基本目标是实现一定的经济利益，所以，配货不能仅满足客户的要求，提供高质量、及时且方便的服务，还必须提高效率，加强成本管理与控制。

（三）配货的形式

在配送中心内，拣货时一般以单件（单品）、箱、托盘（栈板）为单位进行拣取。同样，配货的形式也多以这 3 个单位进行运作。因此，针对不同的拣货及发货形式，应采取不同的配货作业方式，现主要介绍按订单拣取及批量拣取两种拣货方式下的配货形式。配货形式作业如表 3—15 所示。

表 3—15　配货形式作业

<table>
<tr><th>拣取方式</th><th>拣货单位</th><th>作业</th><th>配货单位</th></tr>
<tr><td rowspan="5">按订单拣取</td><td>P</td><td>捆包（上包装膜或绳索固定）</td><td>P</td></tr>
<tr><td>P</td><td>卸箱→捆包</td><td>C</td></tr>
<tr><td>C</td><td>捆包</td><td>C</td></tr>
<tr><td>B</td><td>装箱</td><td>C</td></tr>
<tr><td>B</td><td>无</td><td>B</td></tr>
<tr><td rowspan="7">批量拣取</td><td>P</td><td>1. 捆包（托盘物属同一客户）
2. 卸托盘→分类→捆包（拣取之物不属同一客户）</td><td>P</td></tr>
<tr><td>P</td><td>卸盘→分类→捆包</td><td rowspan="2">P</td></tr>
<tr><td>P</td><td>卸盘→拆箱→分类→捆包</td></tr>
<tr><td>C</td><td>1. 分类→捆包（整箱属同一客户）
2. 拆箱→分类→装箱（整箱不属同一客户）</td><td>C</td></tr>
<tr><td>C</td><td>拆箱→分类</td><td>B</td></tr>
<tr><td>B</td><td>分类→装箱</td><td>C</td></tr>
<tr><td>B</td><td>分类</td><td>B</td></tr>
</table>

二、配货计划的编制

配送企业内存放的商品数量多、品种杂、规格多，每日发送商品的次数和装配配送车辆的趟次较多，若没有高度的计划管理，极易出现各种疏漏，影响后续作业的正常进行。因此，依据实施配货活动的基本任务和配货原则进行配货计划的编制，保证客户需求的商品能在最短的时间内以最合理的方式完好无损地配齐，经济而合理地配载，这是保障配送业务顺利实施的前提条件。

配货计划的科学性及合理性，直接影响配送企业配送业务的绩效。一个较为完善的配货计划编制有如下步骤。

1. 进行市场调查

配货作业是配送企业的内部业务活动，在工作时不与具体客户直接交流，只按照订单进行配货作业，但又不能无视市场状况，只考虑自己的业务流程。

脱离实际的业务安排是盲目的、无依据的，会给企业带来极大的资源浪费。因此，配货管理部门在编制具体配货计划时先要进行市场调查，熟悉客户的需求信息，了解影响配货工作的因素。例如，哪些商品是畅销品，畅销的原因是什么，这些商品在本企业的日需求量是多少，它们持续畅销的时间会有多长，各种商品的生产周期和需求周期是多少等。然后根据这些因素的综合影响，合理安排配货作业指标。

2. 确定配送顺序

配货是配送业务的环节之一，配货部门需要与其他部门进行经常性的沟通协调，以确定不同时期的配货顺序。实际生产经营存在一定的周期性和淡、旺季，且不同企业的淡、旺季不同。处于旺季的企业急于赶工、抓时机，往往要货急、要货数量大；而旺季一过，这些企业的需求倾向明显发生变化，需求量降低或根本不需要。因此，配货部门要经常与备货部门及送货部门联系，了解客户订单的变化趋势，不断调整自己的配货顺序，将最需配送的货物优先配装，以满足客户的需要，保障企业的利益。此外，确定配货顺序还要考虑优先性原则，使拥有优先权、交易量大、信用度高的客户享有优先配货的权利。

3. 确定配货作业的具体内容

配送企业进行配货作业时，需确定的具体内容如下：

（1）分拣配货率。分拣配货率是指从库存的货物种类中分拣出的货物种类占全部库存货物种类的比重，计算公式为：

分拣配货率＝分拣种类数/库存种类数

分拣配货率越高，说明分拣配货效率越高。影响配货人员配货效率的因素主要有：单位时间内处理订单的件数和处理货物的品种数、每天发货的品种数、每个订单的品种数、每个订单的作业量与配货人员的数量、配送中心内作业场地宽度及允许的拣取时间等，因此，对分拣配货率的确定要综合分析。

（2）配货方式和配货路线。不同配货方式的作业程度不同，所采用的配货路线也不同。配送企业要根据自己的配送业务类型、商品的种类数及客户订单的数量确定配货的方式和路线。确定配货路线要尽量减少在一条配货路线上重复的次数。配货路线已经确定，要由计算机信息系统整理出商品配货路线图，提供给配货人员。

（3）配货人员的数量与机械类型。配货人员包括理货人员和装卸人员两种。通常，一轮配货如果人多，速度就快，但过多的人员又会造成人均工作量不足，因此配货计划要根据配送中心的日均发货量的大小确定适当的配货人员数。同时，配货人员的数量与配货机械的自动化程度有着密切关系。配货工具自动化程度高的配送企业需要的配送人员数量少，利用人工配载工具的配送企业为了保证配货，人员数量就要增多。

（4）确定配装方案。如果一辆车配装不同客户的商品，就需要考虑商品间的理化性能、客户指定地点的路线方向及区域等方面的问题，然后再按商品性能相近、路线方向一致或区域同属的配装原则制定配送方案。

4. 控制调整

（1）定期对配货计划进行考评。有计划却不认真执行等于没有计划，执行计划但不实施检查等于没有执行计划。配货管理部门在计划的执行过程中，要定期对计划的执行情况进行监督检查，评定各项内容的完成进度和质量。

（2）修订和调整配货计划。如果某项内容在执行时发现与计划不符，管理人员要及时查找出现偏差的原因。计划与实际不符的原因主要有两个方面：一方面是客观原因，即市场环境发生了变化，客户的需求也随之发生调整，计划人员要及时研究新的市场需求，修订配货计划；另一方面是主观原因，或是管理人员在制订计划时对情况了解不够，编制计划有误，使实际与计划难以衔接，或是配货人员执行不力，造成计划没有按期完成。前者需要管理人员主动修订计划，后者则要求管理人员加大管理力度，敦促基层配货人员增强责任心。

三、配货作业的基本流程

1. 分货

分货就是把拣货完毕的货物，按用户或配送路线进行分类的工作。分类方式一般有以下几种。

（1）人工目视处理：由人工根据订单或传票把各用户的货物放在已贴好客户标签的货箱中。

（2）用自动分类机处理：利用自动分类机和电脑识别系统进行分类工作，不仅准确、快速，而且效率高。

(3) 旋转架分类：为了节省成本，也可采用旋转架分类的方式。这种方式将旋转架的每一格当成客户的出货筐，分类时只要在电脑中输入各客户的代号，旋转架即会自动将货架转至作业人员的面前。同样，即使采用没有安装动力设置的小型旋转架，也可作为人工目视处理的货筐，只不过作业人员要按每一格上的客户标签自行旋转寻找，以便将货物放入正确的位置。

2. 配货检查

配货检查是指根据用户信息、发货指示书和车次核对拣送物品的商品号码和数量，检查产品的状态和品质。

配货检查员的工作是进一步确认配货作业是否有误。配货检查最原始的做法是采用纯人工方式，即将货物逐一点数并逐一核对出货单，进而查验配货的品质及状态情况。就状态及品质检验而言，纯人工方式逐项或抽样检查确有其必要性，但对于货物号码及数量核对来说，效率太低且存在错误。因此，目前在数量及号码检查的方式上有许多改进，常用的方法有商品条形码检查法、声音输入检查法和重量计算检查法。

3. 包装与捆包

包装是配货作业中重要的一项，它起到保护商品，便于搬运、储存，激发用户购买欲望以及易于辨认的作用。包装分个装、内装及外装三种。

内装和外装统称为运输包装。对于运输货物的包装，通常不要求装潢精美，只要求坚固、耐用且便于装卸，以免货物经长距离辗转运输而遭受损失。

操作演练

操作任务

向学生演示配货岗位的操作流程及操作重点，并绘制配货作业流程图。

一、配货岗位操作流程及重点

1. 分货

操作重点：把分拣完毕的商品按用户或配送路线进行分类。

2. 配货检查

操作重点：根据用户信息和车次对拣送物品进行商品号码和数量的核对，以及对产品状态、品质进行检验。特别要将货品一一点数并逐一核对出库单。

3. 包装、打捆

操作重点：为了便于配送，对已经配好的货物进行重新包装、打捆，以保护货物，便于配送到户时客户能方便识别各自的货物。

4. 贴标签

操作重点：在打捆好的货物的外包装上粘贴印有产品信息、收货信息及储运信息的标签，以便于客户及配送人员识别和正确操作。

5. 运到配货暂存区

操作重点：将货物按送货顺序堆放在暂存区，等待出库和发货。堆放时应遵循后送先装的原则。

二、绘制配货作业流程图

配货作业流程如图 3—11 所示。

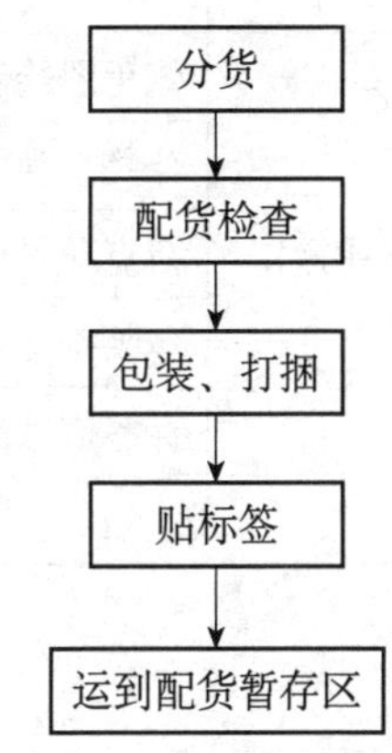

图 3—11 配货作业流程图

技能训练

实训目标

通过本任务的实训，让学生了解配货作业的工作目的，熟悉配货作业的内容和步骤，掌握配货作业的步骤和重点，培养、提高学生的配货作业的操作技能。

实训情境

同任务四“分拣作业”的实训情境资料。

实训任务

（1）分组：每组由 1 名组长和 5 名成员构成，每个成员由组长分配相应的实训任务。

（2）主要实训任务：

1）绘制配货作业流程图。

2）按客户分货。

3）清点货物并核对相关信息。

4）包装货物。

5）贴标签。

实训考核标准

对学生的实训结果给予考核评价，有利于激发学生的积极性。同时，通过评价找出实训

过程中的不足并提出改进办法，有利于知识的总结和掌握。具体考核标准如表 3—16 所示。

表 3—16　配货作业操作训练考评表

考核内容	考核标准	分值	实际得分
配货作业操作	流程图绘制正确	30	
	分货正确	10	
	清点项目无遗漏	10	
	包装符合配送要求	20	
	标签信息清楚，标注准确	30	
合　计		100	

任务六 送货作业

任务结构图

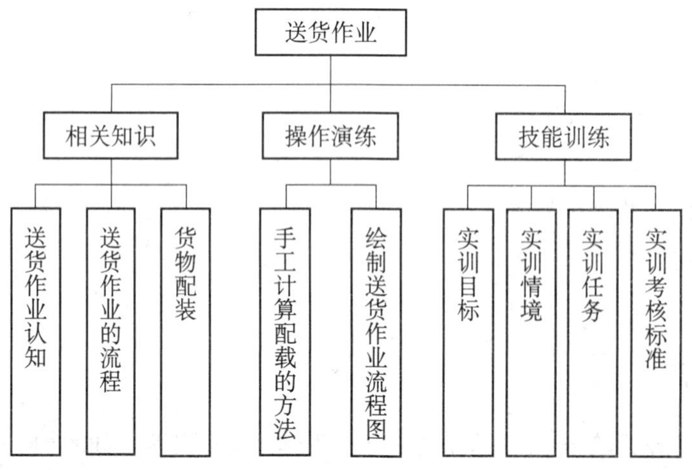

相关知识

一、送货作业认知

（一） 送货作业的含义

送货作业是利用配送车辆把用户订购的物品从制造厂、生产基地、批发商、经销商和配送中心，送到用户手中的过程。送货作业以尽可能满足客户需求为宗旨，它通常是一种短距离、小批量、高频率的运输形式。

（二） 送货作业的特点

送货作业是物流配送中的重要业务环节，是“配”与“送”有机结合，使送货能达到一定的规模，以利用一定的规模优势来获得较低的送货成本，从而使物流配送企业获得自己的利润。在送货作业中，要时时强调“根据用户要求”、“按时送达指定地点”等宗旨，在满足客户利益的基础上争取本企业的利益。配送和普通送货相比，具有如下特点：

1. 时效性

送货是从客户订货至交货过程中的最后一个阶段，也是最容易引起时间延误的一个环节，而客户又非常重视送货的时效性。因此，必须在认真分析各种因素的前提下，用系统化的思想和原则，有效协调、综合管理，选择合理的配送路线、配送车辆和送货人员，使每位客户在预定的时间里收到所订购的货物。

2. 可靠性

可靠性要求将货物完好无损地送到目的地。在配送过程中，货物的装卸作业与运送过程中的机械振动和冲击及其他意外事故、客户地点及作业环境、送货人员的素质等，都可能损坏货物。因此，在管理过程中必须遵循可靠性原则。

3. 便利性

提高客户的满意度是配送作业的宗旨。因此，应尽可能通过采用高弹性的送货系统，如采用加急送货、顺道送货与退货、辅助资源回收等方式，为客户提供真正意义上的便利服务。

4. 经济性

企业运作的基本目标是实现一定的经济利益。因此，送货不仅要满足客户的要求，提供高质量、及时且方便的配送服务，还必须提高配送效率，加强成本管理与控制。

（三） 送货作业的注意事项

（1）储运科（送货部门）接到送货通知单时，经办人员应根据产品规格及订货通知单编号按顺序归档，如果发货内容不明确，应及时反馈至业务部门或货物托运人进行确认。

（2）因客户业务需要，收货人非订购客户或收货地点非客户营业所在地的，按下列规定办理：

1）如果收货人非订购客户，则应有订购客户出具的收货指定通知，方可办理交运。

2）如果客户所订货物的交货地点非其营业所在地，其订货通知单经业务部门主管核签后方可办理交运。

（3）储运科只有在接到发货通知单后才能发货，但有指定交运日期的，按其指定日期交运。

（4）如果发货通知单注明不得提前发运，但因库房库位紧张，急需提前发运的，储运科应先联系业务人员和客户，经同意且收到业务部门的出货通知后才能提前交运。若紧急出货，事后要补办手续。同样，遇到暂缓出货情况时，程序同上所述，也要得到相关业务部门的批准，并办理必要的手续。

（5）发货通知单上要详细注明发货日期、送货地点、相关货物信息、送达地址信息及收货人信息。储运科要详细审核上述信息。

（6）在发货作业环节中，除在运送环节要注意安全，遵守相关的交通规则外，在装载及卸货等环节，也要遵守相关的作业规章，注意安全。

二、送货作业的流程

1. 车辆调度

货物配好以后，就要分配任务进行运输调度与装卸作业，即根据配送计划所确定的配送货物数量、特性、服务客户地址、送货路线、行驶趟次等计划内容，指派车辆与装卸、运送人员，下达运送作业指示和车辆配载方案，安排具体的装车与送货任务，并将发货明细单交给送货人员或司机。送货人员则必须完全根据调度人员的送货指示（出车调派单）来执行送货作业。当送货人员接到出车指示后，将车辆开到指定的装货地点，然后与保管、出货人员清点分拣且组配好的货物，由装卸人员将已理货完毕的商品配载上车。

2. 车辆配装

根据不同的配送要求，在选择合适的车辆的基础上对车辆进行配装以提高利用率，是送货的一项主要工作。

由于配送货物品种、特性各异，为了提高配送效率，确保货物质量，首先必须对特性差异大的货物进行分类，并分别确定不同的运输方式和运输工具，特别要注意：散发臭味的货物不能与具有吸臭性的食品混装，散发粉尘的货物不能与清洁货物混装，渗水货物不能与易受潮货物一同存放。另外，为了减少或避免差错，也应尽量把外观相近、容易混淆的货物分开装载。由于配送货物有轻重缓急之分，因此必须初步确定哪些货物可配载于同一辆车，哪些货物不能配载于同一辆车，以做好车辆的初步配装工作。配送部门既要按订单要求在配送计划中明确运送顺序，又要安排理货人员将各种所需的不能混装的商品进行分类，还应按订单标明到达地点、客户名称、运送时间、商品明细等，最后按流向、流量、距离将各类商品进行车辆配载。

3. 运送

根据配送计划所确定的最优路线，在规定的时间及时而准确地将货物运送到客户手中，在运送过程中要注意加强对运输车辆的考核与管理。

4. 送达服务与交割

当货物送达要货地点后，送货人员应协助收货单位将货物卸下车，放到指定位置，并与收货人员一起清点货物，做好送货完成确认工作（送货签收回单）。如果有退货、调货的要求，则应随车带回退调商品，并完成有关单证手续。

5. 费用结算

配送部门的车辆按指定的计划到达客户处并完成配送工作后，即可通知财务部门进行费用结算。

三、货物配装

1. 配装的含义

配装就是将发往同一客户或者同一地方的货物配在一起，用指定的运输工具送达目的地的活动。

2. 影响货物配装的因素

任何运输工具的载重量和可用体积都是一定的。而装载的货物按密度可分为轻泡货、重货、重泡货等。1 吨货物的体积大于 3 立方米的，称为轻泡货；1 吨货物的体积小于 2 立方米的，称为重货；1 吨货物的体积在 2 立方米至 3 立方米之间的，称为重泡货。因此，要想使一个有限的运输工具最大限度地达到其限定的载重量，同时又能充分利用其体积容量，就必须依靠合理的货物配装作业，这样才能达到提高运输工具利用率的目的。

3. 货物配装的方法

（1）根据运输工具的内径尺寸，计算出最大容积量。

（2）测量所载货物的尺寸重量，结合运输工具的尺寸，初步计算出装载轻、重货物的比例。

（3）装车时应该注意货物摆放顺序、堆码的方向，是横放还是竖放，要最大限度地利用车厢的空间。

（4）配载时不仅要考虑最大限度地利用车载量，还要根据货物的价值来进行价值搭配。

（5）以单位运输工具能够获取最大利润为配载总原则。

4. 货物配装的原则

（1）重不压轻，大不压小，轻货应该放在重货的上面，包装强度低的货物应该放在包装强度较高的货物的上面。

（2）为了避免差错，尽量把外观相近、容易混淆的货物分开装载。

（3）不要把散发臭味的货物与吸臭性的货物混装。

（4）尽量不要把散发粉尘的货物与清洁货物混装。

（5）切勿将渗水的货物与容易受潮的货物堆放在一起。

（6）包装不同的货物应分开装载，如板条箱货物不要与纸箱、袋装货物堆放在一起。

（7）具有尖角或其他凸出物的货物应该和其他货物分开或用木板隔离，以免损伤其他货物。

（8）易滚动的卷状、桶状货物要竖直摆放。

（9）货与货之间，货与车之间应该留有空隙并适当衬垫，防止货损。

（10）装货完毕时，应该在门端处采取适当的稳固措施，以防止开门卸货时货物倾倒而造成货损或人身伤亡。

（11）在装货时，尽量做到后送先装。

操作演练

操作任务

向学生演示手工计算配载的方法，绘制送货作业流程图。

一、手工计算配载的方法

高新物流配送中心需配送两种货物：货物 A，容重是 $A_{容}$，单件货物体积是 $A_{体}$；货物 B，容重是 $B_{容}$，单件货物体积是 $B_{体}$；车辆载重量是 K 吨，最大容积是 V 立方米。计算最佳的配载方案。

计算演示：

（1）设装入数量为 X_A 的货物 A 和 Y_B 的货物 B 后，即可以满载同时达到有效容积。

(2) 由于货物 A 和货物 B 的尺寸组合和车辆内部尺寸的不完全对等等因素，设车辆的有效容积是最大容积的 90%。

(3) 建立等式：

$$X_A \times A_{体} + Y_B \times B_{体} = V \times 90\%$$

$$X_A \times A_{体} \times A_{容} + Y_B \times B_{体} \times B_{容} = K$$

(4) 求得的 X_A、Y_B 的整数值即为配载的数量。

(5) 根据卸货的先后顺序，合理安排货物的装载。

二、绘制送货作业流程图

送货作业流程如图 3—12 所示。

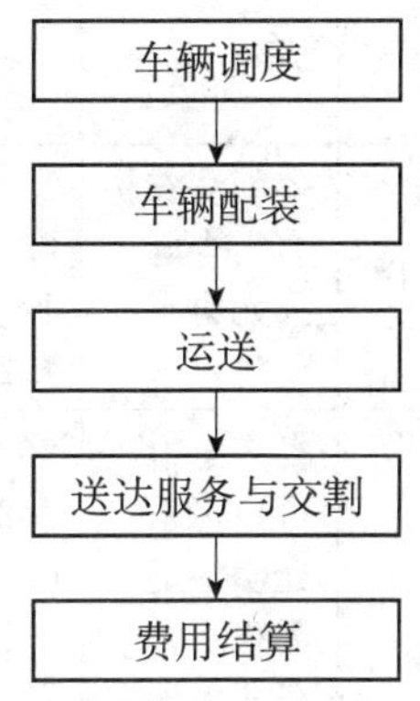

图 3—12　送货作业流程图

技能训练

实训目标

通过本任务的实训，让学生了解配载的原则及注意事项，熟悉送货作业流程，掌握配载的基本方法和操作技能。

实训情境

高新物流配送中心为 3 个客户配送商品，配送商品信息、3 个客户距高新物流配送中心的距离及配送车辆信息如下所示。

1. 配送商品信息

配送商品信息如表 3—17 所示。

表 3—17　配送商品信息一览表

客户名称	需求商品情况					需求时间
	品名	规格	数量	毛重	体积(厘米×厘米×厘米)	
A	龙井茶叶 光明牛奶 东北大米 可口可乐 雪碧	0.5 千克/袋 0.25 千克/袋 50 千克/袋 1.25 千克/瓶 1.25 千克/瓶	50 箱 100 箱 40 袋 65 箱 65 箱	11 千克/箱 8.5 千克/箱 50 千克/袋 8.5 千克/箱 8.5 千克/箱	85×60×45 70×50×35 100×45×20 60×35×50 60×35×50	2 月 16 日上午 11 点前

续前表

客户名称	需求商品情况					需求时间
	品名	规格	数量	毛重	体积（厘米×厘米×厘米）	
B	雕牌洗衣粉 力士香皂 天元饼干 可口可乐	1 千克/袋 0.125 千克/块 1 千克/盒 1.25 千克/瓶	50 箱 40 箱 100 箱 80 箱	11 千克/箱 4.25 千克/箱 6.5 千克/箱 8.5 千克/箱	75×55×40 60×30×25 90×80×70 60×35×50	2 月 16 日上午 10 点前
C	喜多毛巾 可口可乐 光明牛奶 雪碧 东北大米	70 厘米×40 厘米 1.25 千克/瓶 0.25 千克/袋 1.25 千克/瓶 50 千克/袋	20 箱 100 箱 100 箱 100 箱 20 袋	10.5 千克/箱 8.5 千克/箱 8.5 千克/箱 8.5 千克/箱 50 千克/袋	75×45×50 60×35×50 70×50×35 60×35×50 100×45×20	2 月 16 日中午 12 点前

2. 配送中心与客户的距离

高新物流配送中心与客户的距离如图 3—13 所示。

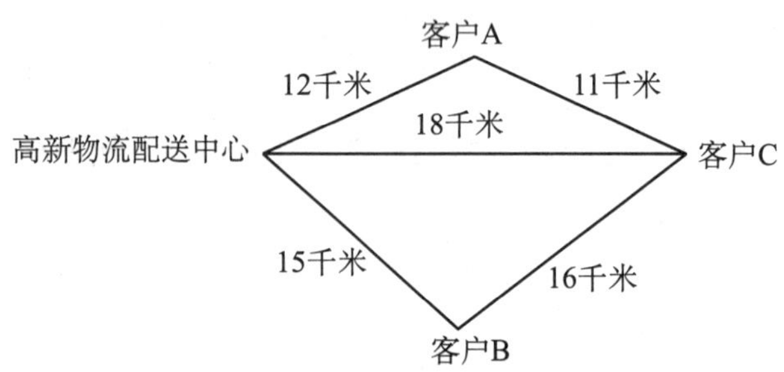

图 3—13　高新物流配送中心与 3 家客户的位置图

3. 配送车辆信息

车辆长 5 米，宽 2.5 米，高 2 米；载重 6.5 吨。

实训任务

（1）分组：每组由 1 名组长和 5 名成员构成，每个成员由组长分配相应的实训任务。

（2）主要实训任务：

1）准确计算车辆的容积，假定有效利用率为 85%。

2）根据车辆及商品信息计算可配载的商品数量。

3）根据卸货的先后顺序进行装载。

实训考核标准

对学生的实训结果给予考核评价，有利于激发学生的积极性。同时，通过评价找出实训过程中的不足并提出改进办法，有利于知识的总结和掌握。具体考核标准如表 3—18 所示。

表 3—18　配载作业训练考评表

考核内容	考核标准	分值	实际得分
配载作业训练	能准确计算车辆容积	20	
	准确计算车辆的有效载重	20	
	可装载货物数量计算准确	30	
	装货顺序正确	10	
	车厢内码放整齐	20	
合　计		100	

任务七
补货作业

任务结构图

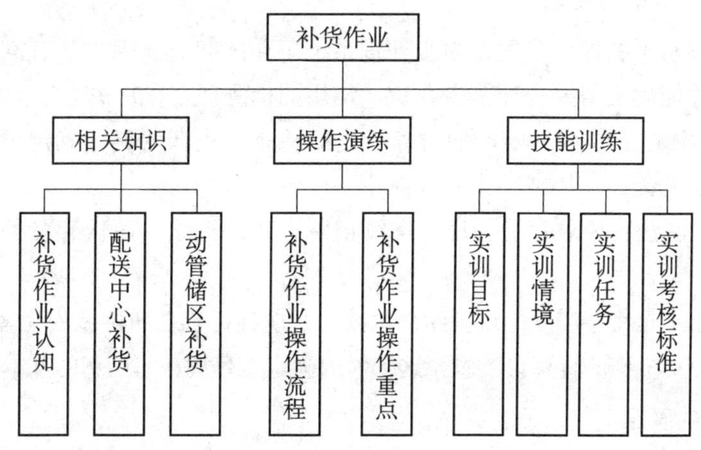

相关知识

一、补货作业认知

（一） 补货作业的含义

当配送中心的存货低于设定标准时而发出存货再订购指令的作业活动，即配送中心补货。当拣货区的存货低于设定标准时，将货物从仓库保管区域搬运到拣货区的作业活动，即拣货区补货。

（二） 补货作业的目的

补货作业的目的是确保存货中的每一种商品都在目标服务水平下达到最优库存水平，或者是为了将正确的商品在正确的时间、正确的地点，以正确的数量和最有效的方式送到指定的拣货区，保证拣货区随时有货可拣，能够及时满足客户订货出货的要求，提高拣货的效率。

二、配送中心补货

配送中心的存货在储存的过程中不仅不会增加价值，反而会因存货占用资金、跌价而增加管理成本。因此，应对配送中心的存货数量加以控制，但库存过少又会导致缺货，进而会带来因缺货而造成的紧急订货、失销，甚至失去客户的损失。所以配送中心存货管理的重点就是确保存货中的每一种商品都在目标服务水平下达到最优库存水平。要想保持最优库存水平，应该及时做好补货工作。

1. 现有库存水平的确定

对现有库存水平的检测是配送中心补货系统工作的起点。因为只有准确地知道现有存货的水平，才能确定需要补充多少存货。常用的检测现有存货的方法主要有两种：

（1）定期检测法：按照一定周期对存货进行检查，周期的具体确定可以根据实际情况而定，可以是几天、一周或一个月检测一次。

（2）连续检测法：要求存货管理者连续记录存货的进出，每次存货处理后都要检测各产品的数量。

现有存货水平是将某产品的现货库存总数与在途订货量之和再减去为客户保留的存货量，以及内部分支机构的转移订购量，这个值的确定是存货补充计算的基本元素之一。

2. 订货点的确定

订货点是补货系统的启动机制。在订货点补货系统中，一旦现有库存水平低于指定的订货点，就立即发出补货指令。在定期检测补货系统中，根据事先制定的目标存货水平，在固定检测时将现有存货水平与目标存货水平进行比较，如果现有存货水平低于目标存货水平，则需要进行补货。

影响订货点的因素主要包括：前置期库存和安全库存。前置期是指发出补货订单到补货实际到达仓库的时间间隔，而前置期库存是指在等待存货补充订购到达期间满足预计客户需求所需的足够存货。安全库存是应付供需变化的保守存货数量。订货点存货水平一般用下列公式确定：

订货点＝前置期内预计需求＋安全库存

3. 订货数量的确定

订货点确定下来后，补货系统还要决定订购的数量。常用的确定补货数量的方法有两种：根据以往的经验来确定和按经济订货批量模型得出。

经济订货批量模型的原理是通过数学方法，通过对订货成本、储存成本及缺货成本等进行全面均衡，得出一定时期存货的总成本最低的每批订货量，并将这个最佳订货量作为每次补货的数量。

$$Q^{*}=\sqrt{2DK_{a}/K_{c}}$$

式中：Q^{*} 是经济订货批量，D 是全年的订货量，K_{a} 是单位订货成本，K_{c} 是单位储存成本。

4. 补货数量与订货周期

在不同的补货系统中，补货数量可以是固定的，也可以是变动的。一般来讲，在固定周期订货条件下，订货周期是不变的，但订货点的现有库存水平可能是变动的，每次订货的数量也可能是变化的；固定批量订货则相反，订货点的现有库存水平是固定的，即都处于订货点存货水平，每次的订货量也是固定的，但订货周期却是变化的。

另外，固定周期法由于按周期订货，所以在订货间隔期和前置期内可能发生缺货现象；固定批量订货由于随时监控库存水平，库存水平一旦达到订货点即发出订单，所以一般不会缺货。

三、动管储区补货

为了保证配送中心拣货区有货可拣，通常以托盘为单位，从货物保管储区将货物移到另一个作为按订单取用的动管储区，然后对此移库作业作库存信息处理。

1. 保管储区和动管储区

保管储区是指对货物进行储存的区域，而动管储区是指在拣货作业时所使用的拣货区。此区域的货品大多将在短期内被拣取出货，其货品在储位上的流动频率很高，所以称为动管区。

2. 补货时机

补货通常是和拣货连在一起的，没有拣货就不需要补货。相反，没有补货，拣货就无法持续顺畅地进行。究竟何时检查动管储区存量，何时将保管储区的货补至动管储区才能避免拣货中途动管储区的存货量不够，这就涉及补货时机的问题。

一般来说，企业决策方向不同，补货时机的掌握方式也会有所差异。

(1) 批次补货：是指在每天或每批次拣取前，先计算出货品总拣取量，再查看动管储区的货品量，在拣取前一特定时点补足货品。这是一次补足的补货原则，较适用于作业量变化不大，紧急插单不多，或是每批次拣取量大，要事先掌握的情况。

(2) 定时补货：是指将每天划分为数个时点，补货人员于时段内检查动管储区货架上货品的存量，若不足即马上将货架补满。这就是定时补足的补货原则，较适用于分批拣货时间固定且处理紧急追加订货的时间亦固定的企业。

(3) 随机补货：是指指定专门的补货人员，随时巡视动管储区的货品存量，发现不足随时补货的方式。这是不定时补足的补货原则，较适用于每批拣取量大，紧急插单多，一日内作业量不易事前掌握的情况。

3. 补货方式

补货作业必须满足两个前提，即“确保有货可配”和“将待配商品放置在存取都方便的位置”。常见的补货方式有三类。

(1) 整箱补货：由货架保管储区补货至流动货架的动管储区补货的方式。保管储区为货架储放，动管储区为两面开放式的流动货架。拣货时，拣货人员在流动货架拣取区拣取单品放入周转箱，而后放至输送机并运到出货区。而当拣取后若发现动管储区的货量已经低于设定标准，则要进行补货作业。补货方式为补货人员到货架保管储区取货箱，以手推车载箱到动管储区，于流动货架的后面（非拣取面）补货。这种补货方式适合体积小且少量多样出货的货品。

(2) 整托盘补货：包括由地板堆放保管储区补货至地板堆放动管储区和由地板堆放保管储区补货至托盘货架动管储区两种补货方式。

1) 由地板堆放保管储区补货至地板堆放动管储区补货方式：保管储区和动管储区均为以托盘为单位的地板平置堆叠储放，不同之处在于保管储区的面积较大，储放的货品量较多；而动管储区的面积较小，储放货品量较少。拣取时拣货人员于拣货区拣取托盘上的货箱，放至中央输送机出货。而拣取后发觉动管储区的货量低于设定标准时，则要进行补货作业。其补货方式为作业人员以堆高机由托盘平置堆叠的保管储区，搬运托盘至同样是托盘平置堆叠的动管储区。这种补货方式适合体积大或出货量多的货品。

2) 由地板堆放保管储区补货至托盘货架动管储区补货方式：保管储区为以托盘为单位的地板平置堆叠储放，动管储区则为托盘货架储放。拣取时拣货人员在拣取区搭乘牵引车拉着推车移动拣货，拣取后再将推车送至输送机轨道出货。一旦发觉拣取后动管储区的货量低于设定标准时，则要进行补货作业。其补货方式为作业人员以堆高机由托盘平置堆叠的保管储区，搬运托盘并送至动管储区的托盘货架储放。这种补货方式适合体积中等或以箱为单位的中等量出货的货品。

（3）货架上层至货架下层的补货：该补货方式是指保管储区与动管储区属于同一货架，也就是将同一货架上两手方便拿取的地方（中下层）作为动管储区，不容易拿取的地方（上层）作为保管储区。进货时将动管储区放不下的多余货箱放至上层保管储区。在动管储区进行拣货，而当动管储区的货量低于设定标准时则可利用堆高机将上层保管储区的货品搬至下层动管储区补货。这种补货方式较适合体积不大、每种品项存货量不高且出货多、属中小量（以箱为单位）的货品。

操作演练

操作任务

向学生演示配送中心补货作业流程及操作重点。

1. 确定现有存货水平

操作重点：检测周期的确定；连续检测的现有存货水平的计算。

2. 确定订货点

操作重点：订货点的计算。

3. 确定订货数量

操作重点：再订货经济批量的计算。

4. 发出采购订单，进行补货作业

操作重点：注意发出采购订单的提前期。

技能训练

实训目标

通过本任务的实训，让学生了解补货的目的和作用，熟悉补货作业方式，掌握补货作业流程，培养、提高学生的补货业务的操作技能。

实训情境

高新物流配送中心根据市场调研及开业后连续3年的业务统计分析，为客户订货量比较大的商品都设定了最优安全库存标准。销量排在前5位的商品的安全库存情况如表3—19所示。商品订购的前置期为48小时。2015年3月15日上午盘点统计的现有库存量情况如表3—20所示。在途商品情况如表3—21所示。客户2015年3月18日和3月19日订购的商品情况及需求时间如表3—22所示。

表 3—19　高新物流配送中心主要商品安全库存标准一览表

项次	品名	安全库存标准
1	光明牛奶	100 箱，30 袋/箱
2	金龙鱼色拉油	50 箱，8 桶/箱
3	奥秘洗洁精	25 箱，10 瓶/箱
4	统一饼干	35 箱，10 袋/箱
5	薯片	50 箱，20 袋/箱

表 3—20　高新物流配送中心主要商品现有库存情况一览表

项次	品名	数量
1	光明牛奶	40 箱，30 袋/箱
2	金龙鱼色拉油	20 箱，8 桶/箱
3	奥秘洗洁精	10 箱，10 瓶/箱
4	统一饼干	14 箱，10 袋/箱
5	薯片	20 箱，20 袋/箱

表 3—21　高新物流配送中心主要商品在途情况一览表

项次	品名	数量
1	光明牛奶	30 箱，30 袋/箱
2	金龙鱼色拉油	15 箱，8 桶/箱
3	奥秘洗洁精	8 箱，10 瓶/箱
4	统一饼干	10 箱，10 袋/箱
5	薯片	15 箱，20 袋/箱

表 3—22　高新物流配送中心主要商品近期客户订货情况一览表

项次	品名	数量	需求时间
1	光明牛奶	50 箱，30 袋/箱	2015 年 3 月 18 日 16 箱，3 月 19 日 34 箱
2	金龙鱼色拉油	25 箱，8 桶/箱	2015 年 3 月 18 日 8 箱，3 月 19 日 17 箱
3	奥秘洗洁精	13 箱，10 瓶/箱	2015 年 3 月 18 日 5 箱，3 月 19 日 8 箱
4	统一饼干	18 箱，10 袋/箱	2015 年 3 月 18 日 10 箱，3 月 19 日 8 箱
5	薯片	25 箱，20 袋/箱	2015 年 3 月 18 日 10 箱，3 月 19 日 15 箱

实训任务

（1）分组：每组由 1 名组长和 8 名成员构成，每个成员由组长分配相应的实训任务。

（2）主要实训任务：

1）根据上述资料确定现有的库存水平。

2）根据上述资料确定订货点。

3）根据上述资料确定订货数量。

4）缮制补货采购订单并进行补货（自己准备相关表单）。

实训考核标准

对学生的实训结果给予考核评价，有利于激发学生的积极性。同时，通过评价找出实训

过程中的不足并提出改进办法，有利于知识的总结和掌握。具体考核标准如表 3—23 所示。

表 3—23 补货作业操作训练考评表

考核内容	考核标准	分值	实际得分
补货作业操作	现有存货情况检查仔细、无遗漏	20	
	订货点确定正确	20	
	订货数量计算正确	30	
	库存表、补货单、订购单填写正确	30	
合　计		100	

任务八
退货作业

任务结构图

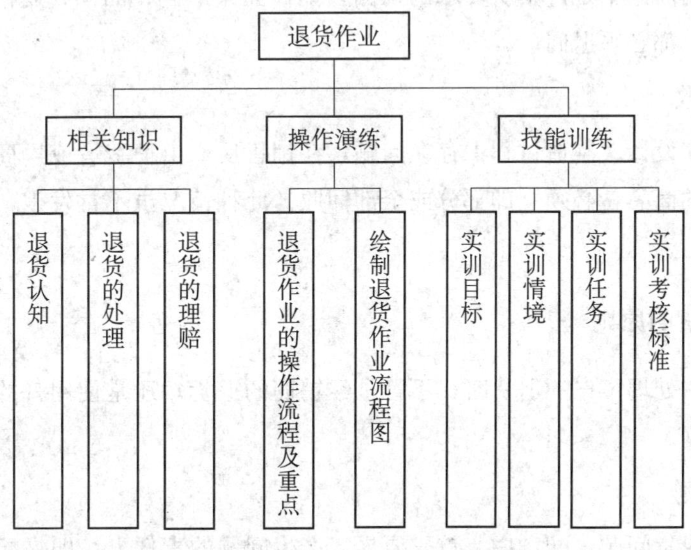

相关知识

一、退货认知

（一） 退货的含义和原因

商品退货是指仓库按订单或合同将货物发出后，由于某种原因，客户将商品退回仓库。通常发生退货或换货的原因主要有以下六个。

1. 协议退货

与仓库订有特别协议的季节性商品、试销商品、代销商品等，在协议期满后，仓库对于剩余商品予以退回。

2. 有质量问题的退货

对于不符合质量要求的商品，接收单位提出退货，仓库予以退换。

3. 搬运途中损坏导致的退货

商品在搬运过程中造成产品包装破损或污染，仓库予以退回。

4. 商品过期退回

食品及有保质期的商品在送达接收单位时或销售过程中超过商品有效保质期的，仓库予以退回。

5. 商品送错退回

送达客户的商品不是订单所要求的商品，如商品条形码、品项、规格、重量、数量等与订单不符，都必须退回。

6. 次品回收

由于商品在设计、制造过程中存在问题，在销售后，由消费者或厂商自行发现，存在有重大缺陷的商品，必须立即部分或全部回收。此种情况虽不常发生，但却是不可避免的。

（二） 退货的原则

配送中心在处理客户的退货时，不管是经销商的退货，还是使用者的退货，都必须遵循一定的原则。

1. 责任原则

商品发生退货问题，配送中心首先要界定产生问题的责任人，即是配送中心在配送时产生的问题，还是客户在使用时出现的问题。与此同时，配送中心还要鉴别产生问题的商品是否由己方进出，从而作出最佳的解决方案。

2. 费用原则

进行商品的退换货会消耗企业大量的人力、物力和财力。配送中心在实施商品退换时，除由配送中心自身原因导致的商品退换外，通常需要对要求进行商品退换的客户加收一定的费用。

3. 条件原则

配送中心应当事先决定接受何种程度的退货，或者在何种情况下接受退货，并且规定相应的时间作为退换期限。例如，决定“仅在不良品或商品损伤的情况下接受退货”，或是“7 天之内，保证退货还钱”等。

4. 凭证原则

配送中心应规定客户以何种凭证作为退换商品的证明，并说明该凭证得以有效使用的方法。

5. 计价原则

退换货的计价原则与购物价格不同。配送中心应将退换货的作价方法进行说明，通常是取客户购进价与现行价的最低价进行结算。

（三）做好退货管理的意义

随着竞争的日益激烈，厂商开始采取更为自由的退货政策，因此导致退货大量堆积，对配送中心来说也是如此，只有把配送中心的商品退货管理工作做好，才能使用户对配送中心有信任感、依赖感，才会使客户对配送中心产生忠诚感。做好配送中心商品退货管理工作有着重要的意义。

1. 做好商品的退换货工作可以满足客户需要，吸引大量订单

现代消费者的购买能力较强，需求多变性特征表现得越来越明显，准确地洞悉市场变化、了解消费倾向对经营者来说越来越困难。预测市场不准导致进货量失当，产品开发时间过短导致产品缺陷等种种对经营者不利的现象屡屡发生，为维护自身利益，经营者往往希望上述问题能够得到妥善解决。配送中心对配送的货物若能做到及时调换，就能为经营者解决后顾之忧，从而吸引大量的配送订单。

2. 做好商品的退换货工作可以建立良好的企业形象

配送中心的工作主要是提供服务，服务的无形性决定了人们在感知它时具有不确定性、无标准性。服务的内容能否被需要它的人接受，要看其满足需要的程度。配送中心对有问题的商品进行及时退换货处理，可保证广大客户的利益，进而增强自己的亲和

力，建立良好的企业形象。

3. 做好商品的退换货工作可以提高资源的利用率

配送中心进行退换的商品并不都属于有问题商品。退换下来的商品有时是因为在某一地区销售季节已过，但商品本身并不存在任何问题，在另一地区可以继续销售；有时是因为某一经营者的经营范围有限，无法在商品保质期内全部销售完毕，若适当调配，可在其他地区短期内销售殆尽。对于此类商品，配送中心可以利用自己的商品信息系统，将其适时地调配到合适的经营地点，充分发挥这些商品的效用，提高社会资源利用率。

二、退货的处理

1. 退货处理的方法

（1）无条件重新发货。因发货人按订单发货发生错误，则应由发货人重新调整发货方案，将错发货物调回，重新按原正确订单发货，中间发生的所有费用应由发货人承担。

（2）运输单位赔偿。对于因为运输途中产品受到损坏而发生退货的，根据退货情况，由发货人确定所需的修理费用或赔偿金额，然后由运输单位负责赔偿。

（3）收取费用，重新发货。对于因为客户订货有误而发生退货的，退货所花费的所有费用由客户承担，退货后，再根据客户的新订单重新发货。

（4）重新发货或替代。对于因为产品有缺陷、客户要求退货的，配送中心接到退货指示后，营业人员应安排车辆收回退货商品，将商品集中到仓库退货处理区进行处理。一旦产品回收活动结束，生产厂家及其销售部门就应立即采取行动，用没有缺陷的同一种产品或替代品重新填补零售商店的货架。

2. 退货处理的注意事项

退货对生产厂家和流通网络中的各方来说都是一件极其严重的事情。高层管理部门应参加回收产品的一切活动，其他有关人员包括企业的法律人员、会计人员、公关人员、质量管理人员、制造工程人员以及销售人员也都应参加。同时，企业应选派专人负责处理产品回收事件，制定一些预防措施。这样不仅能更好地应对紧急情况，而且在产品回收事件处理不成功并诉诸法律时，企业可以将已采取的预防措施作为申辩的一部分内容。

3. 退货的相关配合处理

不论错误是什么原因造成的，除了立即回收外，配送中心还需做好以下的相关配合处理：

（1）立即补送新货以减少客户抱怨。

（2）会计账目上应立即修正，以免收款或付款错误，造成进一步的混乱。

（3）若有保险公司理赔，应立即依照保险理赔程序办理，包括保留现场证据或拍照存证，在规定时间内通知保险公司，准备索赔文件，损失计算，并通知本企业法律顾问一起处理。

（4）分析退货原因，作为日后的改进参考。

在退货或换货的处理过程中，切记不要立即与客户争吵或追究责任。对于有效期限将至的商品，立即以低价方式拍卖，这也是降低回收成本的好方法。

三、退货的理赔

1. 索赔和理赔

索赔和理赔是两个相对应的概念，索赔是指客户或经销商行使权利的过程，理赔是指配送供货方履行义务的过程。索赔是指在配送商品存在缺陷并要求赔偿后，客户或经销商根据有关条款的规定，请求配送供货方履行赔偿义务的行为。理赔是指配送供货方接到客户或经销商的请求，依据有关条款的规定，对合理退货的商品以及造成的物质损失或人身伤害进行一系列调查、审核并予以赔偿的行为。对于物流配送中心来讲，对客户一般发生的是理赔，对供货者发生的是索赔。

2. 理赔费用

理赔费用是指对物流配送商品因各种原因给客户或经销商造成的物质损失或人身伤害进行赔偿所支付的费用。

3. 理赔条件

（1）理赔对象必须是物流配送中心的客户。

（2）由客户提出索赔要求并举证，必须提供索赔商品的有关凭证，举证发生的费用由客户垫付（举证不成立，费用由客户支付）。

（3）由于理赔双方对商品质量等问题的认识不一致，发生异议时，可以委托权威机构进行检测鉴定，出具检测报告，理赔双方再根据存在问题的事实协商赔偿金额。当协商不成时，可通过调解来确定理赔金额。

4. 理赔程序

（1）立案检查。检查主要是指对退货商品的有关凭证的核查以及对退货商品的查勘。

（2）责任审核。责任审核是指根据立案调查获得的有关资料确定赔偿责任。

（3）核算给付金额。在核算实际损失时，应分清哪些是应承担的损失，哪些不是应承担的损失；哪些是直接损失，哪些是间接损失。对于不属于赔付金额范围内的损失，应予剔除。

（4）给付赔偿金。经核算和确定给付金额后，应按约定或法律规定的时间，及时予以给付。

5. 理赔原则

理赔要遵循以下原则：

（1）重合同、守信用原则。

（2）实事求是原则。

（3）主动、迅速、准确、合理原则。

退货理赔情况发生后，对于客户提出的索赔请求，要遵守诚实、守信原则，要求客户提供有关凭证和证据，采取积极措施，协助客户做好理赔工作。理赔工作应坚持“主动、迅速、准确、合理”的原则，其中：“主动”是指配送中心应深入现场开展理赔工作；“迅速”是指配送中心应按法律规定的时间，及时赔付、不拖拉；“准确”是指计算赔付金额应力求准确，该赔多少赔多少，不惜赔，也不滥赔；“合理”是指计算赔付要合情合理，树立实事求是的作风，具体情况具体分析，既要符合合同条款的规定，又要符合实际情况。

四、对退回商品的处理

1. 零售商退批发商的商品的处理

（1）所有销后退回的商品，验收员应凭销售部门开具的退货凭证收货，并将退货商品存放于退货库（区），悬挂黄牌标识。

（2）对退回的商品应核对其品名、规格、产地、发货日期和批号是否与原发货记录相符。符合的，应由业务、质量等有关部门在销售退货通知单上签署意见后办理退货；不符合的，则不能办理退换货手续，应由业务、质量等有关部门向客户作出解释。如遇特殊情况，费用应由客户垫付（举证不成立，费用由客户支付）。

（3）验收员对退货商品的验收应作出合格与不合格的判定。

1）经判定，退回商品有质量问题，应填写不合格商品报告，及时报告质管部进行确认，需要时，质管部应抽样进行检验。经质管部确认为不合格品的，应及时将商品移入不合格库（区）存放，挂红牌标识，并按不合格商品管理操作指导书的规定进行处理。

2）经判定，退回商品无质量问题的，作如下处置：内外包装完好、无污染的商品，可入库继续销售；内外包装有破损或有污染的商品，不能入库销售，商品应及时移入退货区，挂黄牌标识。由销售部门与退货方及时联系，妥善解决。

2. 配送中心退供货方的商品的处理

(1) 填写购进退出通知单。

(2) 供货方自提。

1) 仓库保管员按单发货，并在发货单单据上签名，交复核员复核。

2) 复核员按单详细复核品名、规格、产地、数量、批号和收货单位。经复核无误后，复核员应在发货单据上签名。

3) 复核员将商品当场交给供货方，供货方开具收货条，附上购进退出通知单，并在购进退出通知单上签名。其他联交财务结算。

(3) 装车发运按公司商品运输、复核与交接操作指导书的规定进行。

(4) 供货方换货。

1) 按公司规定，对换回的商品进行验收，合格后方可入库。

2) 验收合格后，根据不同的退货情况开具入库单据交保管员入库，并注明批号。

(5) 退回商品的处理结果应及时、如实地进行记录。

1) 记录应按规定，及时、规范、逐项填写，不得用铅笔填写，不得撕毁或恶意涂改。确实需要更改的，应划线后在旁边重写，并在划线处加盖本人印章。

2) 签名，盖章需用全名；记录、签名、盖章均用蓝色或黑色。

3) 退货商品处理情况记录保存期为 3 年。

操作演练

操作任务

向学生演示退货作业的操作流程及操作重点，并绘制退货作业流程图。

一、退货作业的操作流程和操作重点

1. 接受退货

操作重点：1) 明确退货的程序与标准，如什么样的货品可以退，由哪个部门来决定，信息如何传递等。2) 要尽快将退货信息传递给相关部门，以便运输部门安排取回货品的时间和路线，仓库人员做好接收准备，质量管理部门的人员确认退货的原因。

2. 重新入库

操作重点：1) 对于客户退回的商品，仓库的业务部门要进行初步审核。2) 由于质量原因产生的退货，要放在堆放不良品的区域，以免和合格商品混淆。3）退货商品要进行严格的重新入库登记，及时输入企业的信息系统，核销客户应收账款，并通知商品的供应商退货信息。

3. 财务结算

操作重点：1）对于仓库在退货过程中发生的各种费用，商品供应商要承担相应货品的成本。2）如果客户已经支付了商品费用，财务要将相应的费用退给客户。3）由于销货和退货的时间不同，同一货物价格可能出现差异，同质不同价、同款不同价的问题时有发生，故仓库的财务部门在退货发生时要进行退回商品货款的估价，将退货商品的数量、销货时的商品单价以及退货时的商品单价信息输入企业的信息系统，并依据销货退回单办理退款业务。

4. 跟踪处理

操作重点：1）退货发生时，要跟踪处理客户提出的意见，要统计退货发生的各种费用，要通知供应商退货的原因并退回生产地或履行销毁程序。2）退货发生后，首先要处理客户提出的意见，由退货所产生的商品短缺、对质量不满意等客户提出的问题是业务部门要重点解决的。3）退货所产生的物流费用比正常进货高得多，所以要认真统计，及时总结，将此信息反馈给相应的管理部门，以便制定改进措施。4）退货的商品，仓库要及时通知供应商，退货的所有信息要传递给供应商，如退货原因、时间、数量、批号、费用、存放地点等，以便供应商能将退货商品取回，并采取改进措施。

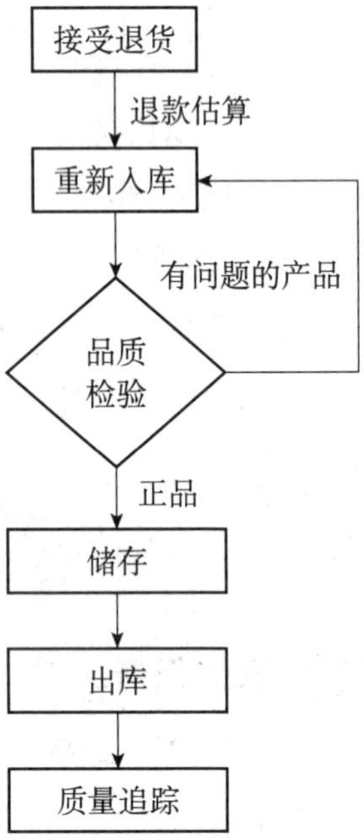

图 3—14　退货作业流程图

二、绘制退货业务流程图

退货业务流程如图 3—14 所示。

技能训练

实训目标

通过本任务的实训，让学生了解退货的原因，熟悉退货作业的内容和步骤，掌握退货的处理方法，培养、提高学生的办理退货业务的工作技能。

实训情境

高新物流配送中心收到客户 A 退回的东北大米 20 袋，退货原因为外包装有雨渍污点。原配送情况如表 3—24 所示。

表 3—24　　客户 A 配送商品一览表

客户名称	需求商品情况					需求时间
	品名	规格	数量	毛重	体积 (厘米×厘米×厘米)	
A	龙井茶叶 光明牛奶 东北大米 可口可乐 雪碧	0.5 千克/袋 0.25 千克/袋 50 千克/袋 1.25 千克/瓶 1.25 千克/瓶	50 箱 100 箱 40 袋 65 箱 65 箱	11 千克/箱 8.5 千克/箱 50 千克/袋 8.5 千克/箱 8.5 千克/箱	85×60×45 70×50×35 100×45×20 60×35×50 60×35×50	2 月 16 日 上午 11 点前

实训任务

(1) 分组：每组由 1 名组长和 5 名成员构成，每个成员由组长分配相应的实训任务。

(2) 主要实训任务：

1) 接受客户信息，接待客户。

2) 联系质检员，检验所退货物。

3) 根据检验结果，办理退货。

4) 退货核收后办理入库。

5) 由相关人员办理换货、退款等业务。

实训考核标准

对学生的实训结果给予考核评价，有利于激发学生的积极性。同时，通过评价找出实训过程中的不足并提出改进办法，有利于知识的总结和掌握。具体考核标准见表 3—25 所示。

表 3—25　　退货作业操作考评表

考核内容	考核标准	分值	实际得分
退货作业操作	接待客户、询问情况详细而热情	20	
	能准确知晓退货范围	20	
	质检员检验所退货物仔细而规范	30	
	退货核收后的相关手续办理及时	30	
合　计		100	

同步测试

一、单选题

1. 接单后按正常的作业程序进行拣货、出货、发送、收款的订单属于（　　）。

A. 现销式交易订单　　B. 一般交易订单

C. 间接交易订单　　D. 合约式交易订单

2. 接单后将客户的出货资料传给供应商，由供应商负责按订单出货的订单属于(　　)。

A. 间接交易订单　　B. 合约式交易订单

C. 一般交易订单　　D. 现销式交易订单

3. 如果现有存货数量无法满足客户要求，而客户不允许过期交货，且公司也不愿意失去此客户订单的处理方法是（　　）。

A. 重新调整　　B. 补送　　C. 延迟交货　　D. 删除不足额订单

4. 在仓库货位的使用方式中，（　　）方式有利于货物保管，也较方便查找货物，可以提高仓容利用率。

A. 固定货物的货位　　B. 不固定货物的货位

C. 分类固定货物的货位　　D. 分类不固定货物的货位

5. 下列哪种货位使用方式的仓容利用率较低？(　　)

A. 固定货物的货位　　B. 不固定货物的货位

C. 分类固定货物的货位　　D. 分类不固定货物的货位

6. 为了避免货物超期变质，在选择货位时应遵循（　　）的货物保管原则。

A. 后进先出　　B. 先进先出　　C. 先进后出　　D. 随即进出

7. 下列货物中，（　　）可以储存在同一库区。

A. 冻鸡和水果　　B. 农药和大米　　C. 茶叶和香水　　D. 玉米和小麦

8. 过目成数，清点方便，数量准确，不易出差错，收发快、效率高的货物堆码方法是（　　）。

A. 重叠式堆码　　B. 宝塔式堆码　　C. “五五化”堆码　　D. 纵横交错式堆码

9. 商品包装的图示标志的颜色一般为（　　）。

A. 黑色　　B. 红色　　C. 橙色　　D. 白色

10. 体积、重量最大的拣货单位是（　　）。

A. 集装箱　　B. 托盘　　C. 箱　　D. 单品

二、多选题

1. 订单处理是指从接到客户订单开始到开始拣选货品为止的工作，其中还包括(　　)。

A. 有关客户资料的查询　　B. 订单资料的查询

C. 存货查询　　D. 单据处理

2. 物流中心因订单数量多，客户类型等级多，因此通常采用批次订单分类，批次划分的方法有（　　）。

A. 按接单时序　　B. 按配送区域路径

C. 按流通加工要求　　D. 按车辆要求

3. 仓库货位是仓库内具体存放货物的位置，货位使用的方式有（　　）。

A. 固定货物的货位　　B. 不固定货物的货位

C. 分类固定货物的货位　　D. 分类不固定货物的货位

4. 货物编号的方法有（　　）。

A. 流水编号法　　B. 分组编号法

C. 实际意义编号法　　D. 暗号编号法

5. 下列哪些检验属于货物的数量检验?（　　）

A. 货物入库数量的清点　　B. 货物重量的复核

C. 货物包装有无破裂的检验　　D. 货物颜色是否新鲜的检验

6. 下列哪些检验属于货物的外观质量检验?（　　）

A. 货物组成成分的检验　　B. 货物包装有无破损的检验

C. 货物标志是否完整的检验　　D. 货物颜色是否新鲜的检验

7. 办理货物入库交接手续，意味着厘清运输、送货部门和仓库的责任，完整的交接手续包括（　　）。

A. 接受货物　　B. 接受订单　　C. 接受文件　　D. 签署单证

8. 分区分类储存货物的原则包括（　　）。

A. 为节约仓容，相互影响的货物可混搭

B. 商品的自然属性、性能应一致

C. 商品的养护措施应一致

D. 商品的消防方法应一致

9. 为了降低空气中的相对湿度，仓库使用的吸潮剂主要有（　　）。

A. 生石灰　　B. 氯化钙　　C. 硅酸　　D. 樟脑丸

10. 下列哪些加工活动属于流通加工?（　　）

A. 贴标签　　B. 缝制服装　　C. 小包装分装　　D. 烟丝制成卷烟

三、判断题

1. 与客户当场直接交易、直接给货的订单属于间接订单。(　　)

2. 人工处理订单的成本一般比电脑处理订单的成本低。(　　)

3. 如果客户希望所有订单一起配送到达，且不允许过期交货，而公司又无法重新调整时，则只能取消整张订单。(　　)

4. 为了避免货物超期变质，在货位安排时，要保证先进先出、缓不围急。(　　)

5. 货垛与货垛之间的必要距离一般为 0.5 米～1.0 米。(　　)

6. 宝塔式堆码就是压缝式堆码。(　　)

7. 将蔬菜、肉类洗净切块，以满足消费者要求的加工属于生产加工。(　　)

8. 批量拣货适用于订单大小差异较大、订单数量变化频繁、季节性强的商品配送。(　　)

9. 同种货物，数量多的订单采用摘果式拣货方式的效率更高。(　　)

10. 退换货商品的价格通常是取客户进价与现行价的最低价进行结算的。(　　)

四、简答题

1. 简述订单处理的基本流程。

2. 在订单处理过程中，应如何进行存货分配？

3. 在进货之前，配送中心应做好哪些准备？

4. 影响进货作业的因素有哪些？

5. 货物编码的方法有哪些？

6. 商品分类的基本方法有哪些？

7. 货物验收入库过程中常见的问题有哪些？

8. 拣货有哪几种常用的方法？分别有哪些优点？各自的适用范围是什么？

9. 配货作业过程中配货检查的方法有哪些？分析各种方法的优缺点。

10. 对于退换的商品应该如何处理？

五、案例分析

案例一　连锁药店进货管理的三大流程

连锁药店的进货管理是一个很具流程化特点的工作，如果合理安排、规范作业，可以很好地促进连锁门店的销售业绩；反之，则会吞没一些好不容易才赚来的利润。一般来说，连锁药店的进货工作可划分为三大作业管理流程：进货管理、存货管理和滞销产品管理。根据实际进货的工作流程，连锁药店的进货工作可以分为补货、进货及退换货三大作业管理流程。

一、补货作业流程

补货作业是指门店依据商品的具体销售走势，在出现或即将出现商品脱销现象时制订的补货计划，也称添货活动。补货作业的步骤一般是存货检查、填写补货单、传真或通过自动订货系统向公司提出申请。

1. 存货检查

连锁药店店长应随时注意检查货柜及仓库里的存货，若有品种出现低于安全存量、脱销或遇到门店搞促销活动而使商品供不应求，都必须考虑适量补货。同时，在进行存货检查时，还可顺便检查该商品的库存量是否过少，这样就可以早作应对处理。

2. 适时补货

连锁药店各门店的补货必须注意时效性，因为门店在营业时间内不可能随时进行补货，而且分公司或办事处也不可能随时接受补货单、随时发货，一般都有固定的补货时间。如果过了某一补货时间就视为逾期，要次日才能安排补货。因此，门店店长要尽量避免因补货流程操作失误而造成的缺货，影响正常销售。

3. 适量补货

确定适当的补货量也是一个比较复杂的过程，门店相关人员必须考虑以下因素：产品每日的销售量、申请补货至送达门店的前置时间、商品的最低安全存量以及商品的规定补货单位等。在实际的操作过程中，门店店长还要根据自己的经验和实际情况预测补货量。

二、进货作业流程

进货作业是依照连锁药店各门店的补货单，由公司总部、分公司或办事处的配送中心将商品送达并且验收完成的过程。

通常，进货作业流程应注意以下事项：进货要严格遵守各分公司或办事处所规定的进货程序；各个门店应先办理退货手续，再办理进货手续，以免让需退换的商品占用门店的仓位；验收后有些商品可根据需要直接上柜，有些商品则应先存入内仓，登记后再上柜；进货验收主要核对产品的品名、数量、规格，要与补货单上的信息一致，拒收不符合要求的商品；还要注意有无赠品搭配，有的话要一并查收。

三、退换货作业流程

退换货作业可与公司总部、分会司或办事处配送中心的进货作业流程相配合，利用进货回程顺便将退货带回。退换货的原因一般包括质量问题、订错货、送错货、客户明显反感、明显滞销等。在办理退换货作业时，要注意两点：一是退换商品要清点整理、妥善保存，一般应整齐摆放在商品存放区的一个指定地点；二是填写退换货单，注明数量、品名及退货原因。

问题：

上述连锁药店的进货作业流程有哪些不足？应该如何改进？

案例二　钢材配送中心的流通加工技术

钢材根据断面形状的不同，一般分为型材、板材、管材和金属制品四大类；为了便于组织生产、订货供应及搞好经营管理工作，又分为重轨、轻轨、大型型钢、中型型钢、小型型钢、冷弯型钢、优质型钢、线材、中厚钢板、薄钢板、电工用硅钢片、带钢、无缝钢管、焊接钢管、金属制品等品种。钢材的主要化学成分除铁外，还含有少量的碳、硅、锰、磷、硫、氧、氮、钛、钒等元素，这些元素含量虽少，但对钢材性能（硬度、强度、柔韧性等）有很大的影响。

大部分钢材都是通过压力加工，使被加工的钢（坯、锭等）产生塑性变形。根据钢材加工温度的不同，分为冷加工和热加工两种，主要加工方法有如下几种：

1. 轧制

轧制是指将金属坯料通过一对旋转轧辊的间隙（各种形状），因受轧辊的压缩而使材料截面减小、长度增加的一种压力加工方法，是钢材加工最常用的方式，主要用来生产型材、板材、管材，也分冷轧、热轧两种。

2. 锻造

锻造是利用锻锤的往复冲击力或压力机的压力使坯料变成所需形状和尺寸的一种压力加工方法。一般分为自由锻和模锻，常用于大型材、开坯等截面尺寸较大的材料。

3. 拉拔

拉拔是将已经轧制的金属坯料（型、管、制品等）通过模孔拉拔成截面减小、长度增加物样的一种加工方法，大多用作冷加工。

4. 挤压

挤压是将金属放在密闭的挤压筒内，一端施加压力，使金属从规定的模孔中挤出而得到相同形状和尺寸的成品的一种加工方法。

5. 剪板和切割

钢材配送中心的各种钢材（钢板、型钢、钢管、钢丝等）的长度、规格有时不完全适用于客户，如热轧厚钢板等板材的最大交货长度可达 7 米～12 米，有的是成卷交货，设置剪板机或切割设备将大规格钢板裁小，或裁切成毛坯，降低销售起点，以方便用户。

问题：

1. 钢材流通加工的技术有哪些？
2. 钢材的生产加工和流通加工有何不同？

项目四
配送方案设计

【项目引入】

捷运公司是一家家电连锁企业的配送业务承包商，负责该家电企业在N市的流通仓库送货业务，即该家电连锁企业在N市的所有卖场卖出家电后，均通知该流通仓库送货上门。送货部门的张经理近来愁上眉头，随着国家家电下乡、以旧换新等政策的出台，该家电企业的销售情况持续火爆，配送车辆总是不够用，流通仓库在接到卖场的发货通知后将要发出的家电产品送到出货口时，经常面临无车可装的窘境，不得不堆在仓库的出货口。这使得产品配送的准时到达率非常低，甚至出现了与客户约好上午11点送到但直到下午4点多才姗姗来迟的情况。部门的送货成本费用也直线上升。张经理于是认为问题的症结在于运力不足，所以提交了好几份申请，要求购买或租赁货车。而财务部谢经理对此却持强烈的反对意见，认为该部门成本已经在直线上升了，再添置新车，公司总成本的压力实在太大。而且财务部通过分析以往的数据，提出疑问：现在有8辆5吨的货车，如果每辆车平均每天送货两次，那就有80吨的运力，而现在平均每天的送货量大约为50吨，即使最高峰的时候，也不超过65吨。这样算下来运力利用率也只不过60%而已，怎么可能运力不足呢？可张经理认为开车的不是财务部的人，纯粹是站着说话不腰疼！要是把货车都装满了，按N市现在糟糕的交通状况，那一天就跑不了两趟，而且货车装满了，装、卸货时间将大大增加，也许一趟货都送不完，效率反而要下降。

为了让谢经理转变对送货部门运力使用不充分的看法，张经理邀请谢经理一同到送货作业现场实地查看。在流通仓库的出货口，远远就看见几个工人坐在一边，无所事事。看到张经理走过来，他们似乎有些不好意思地站了起来。出货口的情况不容乐观，一堆堆的各种纸箱包装的家电静静地待在那里，几乎堵塞了仓库出货口的通道。墙上的挂钟显示马上要到上午9点了。每天早上9点、下午3点是送货车的发车时间。“这些货为什么不装车啊？”谢经理问道。张经理苦笑着回答道：“是我让他们不要再装了。”现在订单越来越多，可我们一趟最多只能送那么多了。说着张经理打开了旁边一辆正准备出发的货车的车厢门。谢经理看了看车厢内的装车情况，充其量只装了1/3的车厢空间。“怎么可能呢，这些货差不多只有二十几个客户的订单，你们从早上8点上班到下午5点下班，一天跑两趟还送不完？”谢经理看了送货单之后问张经理。张经理没有直接回答，而是与谢经理一起坐上这辆送货车，实地考察送货的过程。

随着送货车辆穿街走巷，时间飞快地过去。说实话，司机的驾驶水平无可挑剔，对路况了如指掌，送货车在大街小巷内穿梭，巧妙地避开了那些车流拥挤的道路。可出乎意料的是，尽管送货车一刻不停，车厢里货物的减少速度却慢得出奇，一整天奔波下来，却只能跑十几家客户。谢经理对送货员工的勤奋和技术没有质疑，可同时也指出一个现象：送货车就像是在一个迷宫里打转，常常在同一个地方、同一条马路上来回好多次。偶尔还会与本公司的其他送货车擦身而过，其中一辆车甚至在视线中出现过三四次。简言之，送货车从头到尾都在走迷宫，在城里像无头苍蝇一样乱撞。回来后，谢经理在与张经理商谈时说：“一定有什么地方出错了。”张经理也表示同意，但现在业务量这么大，他也一时想不出什么好的办法，迫不得已才申请送货车辆的。

第二天谢经理与张经理一同来到公司领导的办公室，各自汇报了情况和想法。了解了这些情况后，公司领导决定：送货部门先尝试挖掘现有潜力，财务部门也提前做好预算规划，如果最后确实有必要，可以增购送货车辆。

张经理于是召开了部门会议对现状进行讨论和分析。很显然，目前面临的情况是：如果不装满，那么将不能完成当日送货总量；如果满载，则在规定时间内无法完成交付的作业。问题症结到底在哪里呢？是路线选择问题？是送货顺序问题？还是车辆配载问题？

经过激烈讨论，最后的结论分为两方：

一方认为，最大的问题是送货作业的出发时点过于迁就客户，结果欲速不达。在同一地区同一天的不同时间段往往出现几个客户要送货，结果只考虑满足客户的时间和频率要求，派几个车次分别送货，运力浪费极大，车辆自然就不够用。如果我们送货前与客户充分协商，最大限度让客户能接受的送货需求与我们送货车辆的利用率及送货成本协调起来。这样一来，车辆的载重量及容积都能得到最充分的利用，那现有的运力就能够满足需要，而且成本还可以降低。

另一方则认为，问题的根本在于目前的送货作业规划存在不足。应该在划分作业片区、构建片区送货路线网络图、合理分配送货资源、合理安排送货计划及调度实施方面加以改进。

案例分析要求：你认为，问题症结到底在哪里？如果你是张经理，你觉得应该采纳哪一方的意见？采纳意见后如何具体实施呢？

【项目分析】

上述问题的症结究竟在哪里？为了解决张经理的困惑，首先就对客户的订单进行分析，制订周密而有效的配送计划，然后按照客户的分布情况优化配送路线。为此，本项目的相关知识将分解为两个学习任务，如下所示。

学习任务	学习目标
一、制订配送计划	（1）了解配送计划的内容 （2）熟悉配送计划的制订依据 （3）能够区分影响配送计划制订的因素 （4）掌握配送计划制订的步骤
二、优化配送路线	（1）了解配送路线优化的目标 （2）熟悉配送路线优化的约束条件 （3）掌握配送路线优化的方法

【项目实施】

任务一　制订配送计划

任务二　优化配送路线

任务一
制订配送计划

任务结构图

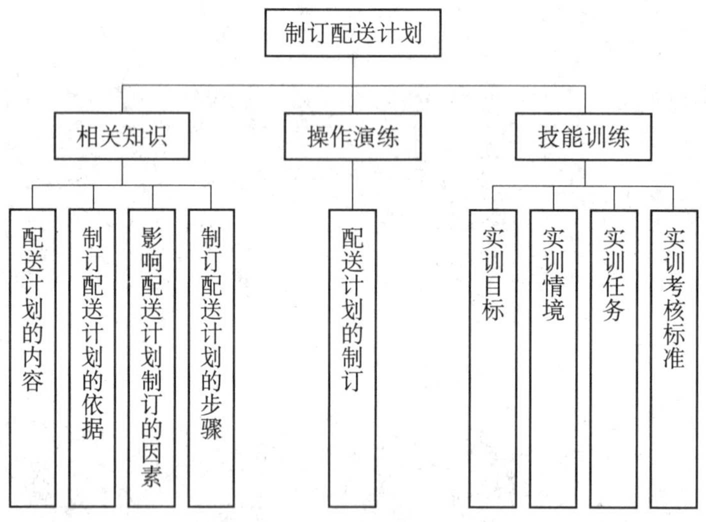

相关知识

一、配送计划的内容

（一）客户订单方面

客户需求的商品品名、规格、数量、时间和地点。

（二）配送作业方面

（1）配送车辆、路线与人员。

(2) 满足客户时间性需求，结合运输距离而确定的送货提前期。

(3) 满足客户需求所选择的送达服务的具体组织方式和规范。

(三) 配送预算方面

配送计划应对以下配送成本支出项目作出合理预算：资本成本分摊、支付利息、员工工资福利、行政办公费用、商务交易费用、自有车辆设备运行费、外车费用、保险费或者残损风险、工具以及耗损材料费、分拣装卸搬运作业费、车辆燃油费等。

配送计划确定之后，还应将货物送达时间、品种、规格、数量等信息通知客户，使客户按计划准备接货。

二、制订配送计划的依据

(一) 客户订单

客户订单对配送商品的品种、规格、数量、送货时间、送达地点、收货方式等都有要求，因此客户订单是制订配送计划最基本的依据。

(二) 客户分布、送货路线、送货距离

客户分布是指客户的地理位置分布。客户位置离配送据点的距离长短，配送据点到达客户收货地点的路径选择，直接影响配送成本。

(三) 配送货物的体积、形状、重量、性能、运输要求

配送货物的体积、形状、重量、性能、运输要求，是决定运输方式、车辆种类、载重、容积、装卸设备的制约因素。

(四) 运输、装卸条件

道路交通状况、送达地点及其作业地理环境、装卸货时间、气候等对配送作业的效率也有相当大的约束作用。

三、影响配送计划制订的因素

(一) 配送对象

配送对象（客户）是分销商、配送中心、个人消费者或连锁店铺、百货公司、便利店、平价商店等业态中的一种或几种。不同客户的订货量不同，出货形态也不尽相同。比如，分销商、配送中心及连锁门店等的订货量较大，其出货形态可能大部分为整托盘出货（P>P），小部分为整箱出货（P<C），60%属于整箱出货（P>C），30%属于拆箱

出货（C>B）；便利店及平价商店的订货量较小，其出货形态可能30%属于整箱出货（P>C），70%属于拆箱出货（C>B）。

出货形态不一致，会影响理货、拣货、配货、配装、包装、送货、服务与信息等作业的人员、设备、工具、效率、时间和成本等方面，也就是说配送计划的内容会有所不同。

（二）配送物品种类

配送中心处理的货物品项数，多则成千上万种，少则数十数百种。品项数不同，配送的复杂性与困难度也不同。另外，配送中心所处理的货物种类不同，其特性也不完全相同。目前，配送的货品主要集中在食品、日用品、药品、家用电器、服饰、化妆品、汽车零件及书籍等方面，它们分别有其特性，配送中心的厂房硬件及物流设备的选择也不完全相同。

（三）配送数量或库存量

配送中心的出货数量、库存量、库存周期，既会影响配送中心的作业能力和设备的配置，也会影响配送中心的面积和空间的需求。因此，应对库存量和库存周期进行详细分析。

（四）配送物品价值

配送计划预算或结算时，配送成本的计算往往会按物品的比例进行计算。如果物品的单价高，则其百分比会比较低，客户能够负担得起；如果物品的单价低，则其百分比会比较高，客户会感觉负担较重。

（五）物流渠道

物流渠道大致有以下几种模式：

（1）生产企业→配送中心→分销商→零售商→消费者。

（2）生产企业→分销商→配送中心→零售商→消费者。

（3）生产企业→配送中心→零售商→消费者。

（4）生产企业→配送中心→消费者。

制订物流配送计划时，应根据配送中心在物流渠道中的位置和上下游客户的特点进行规划。

（六）物流服务水平

衡量物流服务水平的指标主要包括：订货交货时间、货品缺货率、增值服务能力等。配送中心应该针对客户的需求，制定一个合理的服务标准，使配送服务与配送成本均衡，并实现让客户满意。

（七）物流交货期

物流交货期是指从客户下订单开始，经过订单处理、库存查询、集货、流通加工、分拣、配货、装车、送货，直到交付货物的这一段时间。物流的交货时间依厂商的服务水准不同，可分为 2 小时、12 小时、24 小时、2 天、3 天、1 周等几种。

四、制订配送计划的步骤

（一）划分基本配送区域

首先对客户所在地的具体位置作系统统计，并将其作区域上的整体划分，再将每一个客户纳入不同的基本配送区域之中，以作为配送决策的基本参考。例如，按行政区域或交通条件划分配送区域。

（二）车辆配载

由于配送货物品种、特征的差异，为了提高送货效率、确保货物品质，在接到客户订单后，应首先对货物分类，确定送货方式或运输工具，比如根据食品、冷冻食品、服装、图书等进行分类配载。然后，根据货物的轻重缓急，做好车辆的初步配装工作。

（三）暂定配送先后顺序

根据客户订单的交货期要求，大致确定送货的先后次序，为后续车辆积载做准备工作，有效地保证送货时间，提高运作效率。

（四）车辆安排

车辆安排要解决的问题是安排什么类型、吨位的配送车辆，是使用自用的车还是外雇车。首先，了解有哪些车辆可供调派且符合要求，也就是了解这些车辆的容积和额定载重是否满足要求；其次，分析订单的货品信息，如重量、数量、体积、装卸要求、包装要求、运输要求等。综合考虑各方面的影响因素后，作出合适的车辆安排决策。

（五）决定每辆车负责的客户

作出配送车辆的安排，每辆车所负责的客户点的数量也就明确了。

（六）路线选择

知道了每辆车需负责的客户点后，根据各客户点的位置关联性及交通状况来作送货路线的选择，从而以最快的速度完成这些客户点的配送。除此之外，对于有些客户或客户所在环境有其送达时间限制的，也要加以考虑。例如有些客户不愿中午收货，或是有些道路在高峰时段不准卡车通行等，这些都必须尽量在选择路线时避开。

（七） 确定最终的配送顺序

做好车辆的调配安排及配送路线的选择后，根据各车辆的配送路线即可将客户的配送顺序确定下来。

（八） 车辆装载方式

确定了客户的配送顺序，接下来就是如何将货品装车和以什么次序装车的问题。原则上，知道了客户的配送顺序先后，只要将货品依“后送达、先上车”的顺序装车即可，但有时为妥善利用空间，可能还要考虑货品的性质（怕震、怕撞、怕湿）、形态、体积及重量等来作弹性置放。此外，这些出货品的装卸方式也有必要根据货品的性质、形态等来决策。

图 4—1 为配送计划决策因素图。

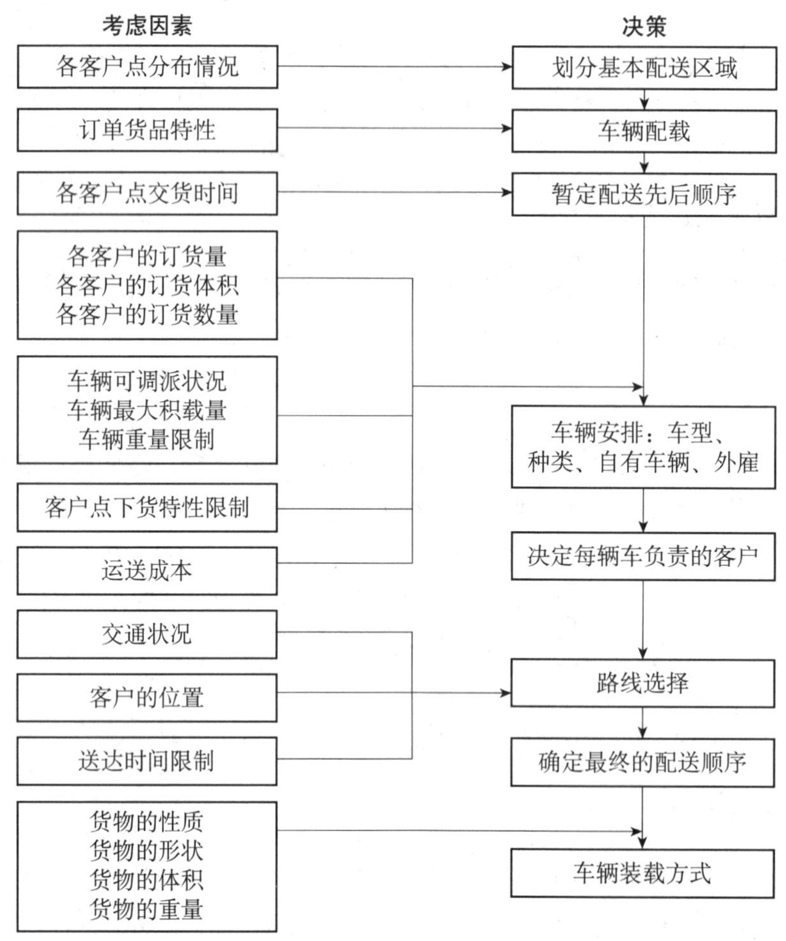

图 4—1 配送计划决策因素图

操作演练

操作任务

向学生演示制订配送计划的过程。

一、背景资料

高新物流配送中心地处武汉东湖开发区，需要在 2015 年 2 月 16 日为开发区的 3 个客户配送商品，配送商品的名称、规格、数量及时间要求如表 4—1 所示。3 个客户距高新物流配送中心的距离如图 4—2 所示。请为该配送中心制订一份配送作业计划，既要满足客户的时间要求，又要使配送成本最低。

表 4—1　配送商品情况一览表

客户名称	需求商品情况					需求时间
	品名	规格	数量	毛重	体积（厘米×厘米×厘米）	
A	龙井茶叶	0.5 千克/袋	50 箱	11 千克/箱	85×60×45	2 月 16 日上午 11 点前
	光明牛奶	0.25 千克/袋	100 箱	8.5 千克/箱	70×50×35	
	东北大米	50 千克/袋	40 袋	50 千克/袋	100×45×20	
	可口可乐	1.25 千克/瓶	65 箱	8.5 千克/箱	60×35×50	
	雪碧	1.25 千克/瓶	65 箱	8.5 千克/箱	60×35×50	
B	雕牌洗衣粉	1 千克/袋	50 箱	11 千克/箱	75×55×40	2 月 16 日上午 10 点前
	力士香皂	0.125 千克/块	40 箱	4.25 千克/箱	60×30×25	
	天元饼干	1 千克/盒	100 箱	6.5 千克/箱	90×80×70	
	可口可乐	1.25 千克/瓶	80 箱	8.5 千克/箱	60×35×50	
C	喜多毛巾	70 厘米×40 厘米	20 箱	10.5 千克/箱	75×45×50	2 月 16 日中午 12 点前
	可口可乐	1.25 千克/瓶	100 箱	8.5 千克/箱	60×35×50	
	光明牛奶	0.25 千克/箱	100 箱	8.5 千克/箱	70×50×35	
	雪碧	1.25 千克/瓶	100 箱	8.5 千克/箱	60×35×50	
	东北大米	50 千克/袋	20 袋	50 千克/袋	100×45×20	

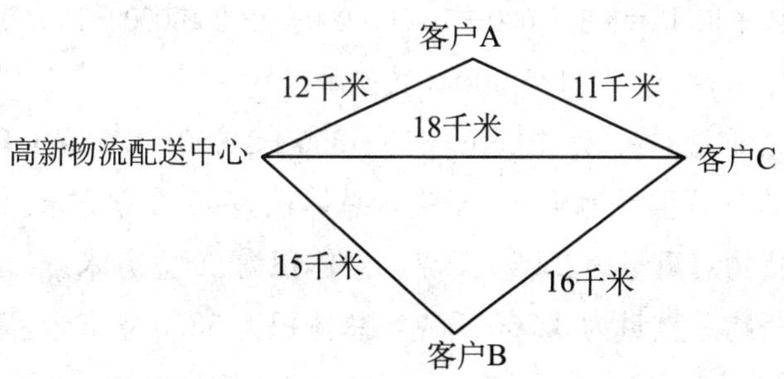

图 4—2　高新物流配送中心与 3 家客户的位置图

二、配送计划的制订分析过程

（一） 统计3家客户的配送货物的体积及重量

客户A：

龙井茶叶：T＝85×60×45×50＝11 475 000立方厘米　G＝11×50＝550千克

光明牛奶：T＝70×50×35×100＝12 250 000立方厘米　G＝8.5×100＝850千克

东北大米：T＝100×45×20×40＝3 600 000立方厘米　G＝50×40＝2 000千克

可口可乐：T＝60×35×50×65＝6 825 000立方厘米　G＝8.5×65＝552.5千克

雪碧：T＝60×35×50×65＝6 825 000立方厘米　G＝8.5×65＝552.5千克

配送所需总体积 T＝11 475 000＋12 250 000＋3 600 000＋6 825 000×2
＝40 975 000（立方厘米）

配送所需总重量 G＝550＋850＋2 000＋552.5＋552.5＝4 505（千克）

客户B：

雕牌洗衣粉：T＝75×55×40×50＝8 250 000立方厘米　G＝11×50＝550千克

力士香皂：T＝60×30×25×40＝1 800 000立方厘米　G＝4.25×40＝170千克

天元饼干：T＝90×80×70×100＝50 400 000立方厘米　G＝6.5×100＝650千克

可口可乐：T＝60×35×50×80＝8 400 000立方厘米　G＝8.5×80＝680千克

配送所需总体积 T＝8 250 000＋1 800 000＋50 400 000＋8 400 000
＝68 850 000（立方厘米）

配送所需总重量 G＝550＋170＋650＋680＝2 050（千克）

客户C：

喜多毛巾：T＝75×45×50×20＝3 375 000立方厘米　G＝10.5×20＝210千克

可口可乐：T＝60×35×50×100＝10 500 000立方厘米　G＝8.5×100＝850千克

光明牛奶：T＝70×50×35×100＝12 250 000立方厘米　G＝8.5×100＝850千克

雪碧：T＝60×35×50×100＝10 500 000立方厘米　G＝8.5×100＝850千克

东北大米：T＝100×45×20×20＝1 800 000立方厘米　G＝50×20＝1 000千克

配送所需总体积 T＝3 375 000＋10 500 000＋12 250 000＋10 500 000＋1 800 000
＝38 425 000（立方厘米）

配送所需总重量 G＝210＋850＋850＋850＋1 000＝3 760（千克）

客户A：配送货物总重量为4 505千克，总体积为41.3立方米。

客户B：配送货物总重量为2 050千克，总体积为69立方米。

客户C：配送货物总重量为3 760千克，总体积为38.5立方米。

（二） 选择配送车辆

根据上述订单货物重量和体积的统计数据，需两辆装载货物容积为 40 立方米左右的厢式货车进行配送，故选择东风牌天锦翼开启厢式货车。其货厢尺寸为 7.6 米×2.5 米×2.5 米，整备质量为 6 310 千克，额定质量为 5 800 千克，各类性能指标均达到同类产品先进水平，并有防雨、防尘、防晒、防盗、耐腐蚀等优点。

根据车辆参数计算可知：

配送车辆厢内容积＝7.6×2.5×2.5＝47.5（立方米）

可装载货物容积＝47.5×0.85＝40（立方米）

（三） 配送路线的安排

根据高新物流配送中心与 3 家客户的位置图，制定如下配送路线：

（1）配送中心——客户 B——配送中心。

（2）配送中心——客户 A——配送中心。

（3）配送中心——客户 C——配送中心。

三、配送计划

按照前文所述，客户 B 配送货物的体积最大，且配送时间最早，故先安排两辆配送卡车同时配送客户 B。配送完成后返回配送中心；然后一辆卡车配送客户 A 的货物，另一辆卡车配送客户 C 的货物，客户 A、C 的配送同时进行。根据东湖开发区统计局的相关数据，主干道平均车速统计为 43 公里/小时，为保险起见，被配送计划将配送车辆车速设为 40 公里/小时。货物装卸分别需时 30 分钟。

（一） 配送时间安排

8：00 1 号配送车开始装载客户 B 的货物，2 号配送车就位等待。

8：30 1 号配送车配装完成，准备发车并通知客户 B 做好收货准备，30 分钟后达到；同时，2 号车开始装货。

9：00 1 号车到达客户 B 后开始卸货；2 号车装载完成，准备发车并通知客户 B 做好收货准备，30 分钟后到达。

9：30 1 号车卸货完毕，准备返回配送中心并通知配送中心为客户 A 备货；2 号车到达客户 B，开始卸货。

10：00 1 号车到达配送中心，开始装载客户 A 的货物；2 号车卸载完成，准备返回配送中心，并通知配送中心开始为客户C备货。

10：30　1号车装载完成，准备发车并通知客户A做好收货准备，30分钟后达到；2号车返回配送中心，开始进行客户C装货作业。

11：00　1号车到达客户A并开始卸货；2号车装货完成，准备发车并通知客户C做好收货准备，30分钟后达到。

11：30　1号车卸货完成，准备返回配送中心；2号车到达客户C并开始卸货。

12：00　1号车回到配送中心；2号车卸货完成，准备返回配送中心。

12：30　2号车到达配送中心，本次配送任务完成。

（二）车辆装载

配载原则：下重上轻原则、易碎勿压原则、重心居中原则和异味隔离原则。

车辆配载示意图如图4—3至图4—5所示。

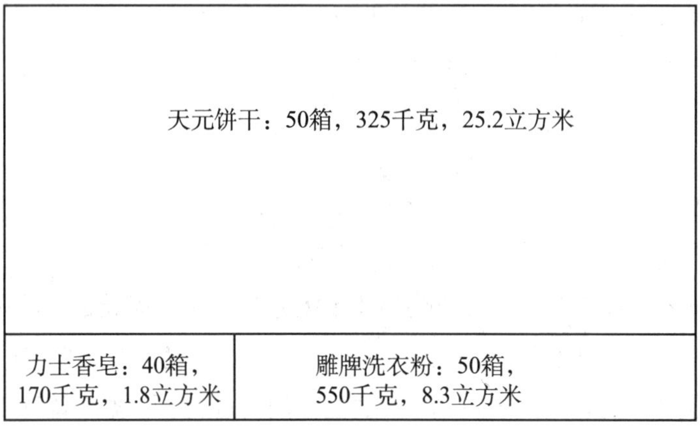

<table>
<tr><td colspan="2">天元饼干：50箱，325千克，25.2立方米</td></tr>
<tr><td>力士香皂：40箱，
170千克，1.8立方米</td><td>雕牌洗衣粉：50箱，
550千克，8.3立方米</td></tr>
</table>

1号配送车

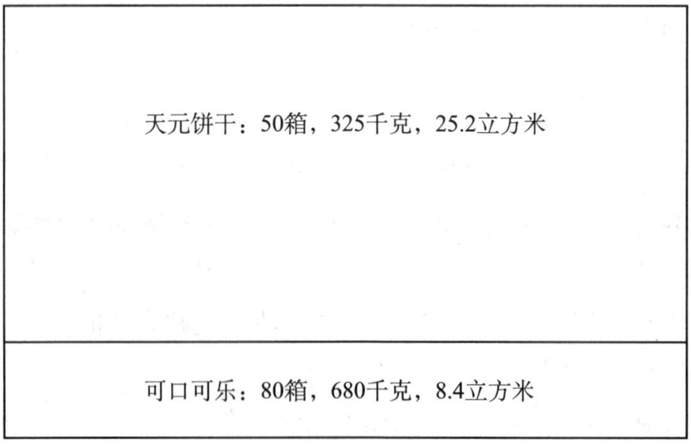

天元饼干：50箱，325千克，25.2立方米
可口可乐：80箱，680千克，8.4立方米

2号配送车

图4—3　客户B货物装载示意图

<table>
<tr><td>雪碧：65箱，
552.5千克，
6.9立方米</td><td rowspan="2">光明牛奶：
100箱，
850千克，
12.3立方米</td><td>龙井茶叶：50箱，550千克，
11.5立方米</td></tr>
<tr><td>可口可乐：65箱，
552.5千克，
6.9立方米</td><td>东北大米：40袋，2 000千克，
3.6立方米</td></tr>
</table>

图 4—4　客户 A 货物配载图

<table>
<tr><td>喜多毛巾：20箱，
210千克，
3.38立方米</td><td rowspan="2">可口可乐：
100箱，
850千克，
10.5立方米</td><td>光明牛奶：100箱，850千克，
12.3立方米</td></tr>
<tr><td>雪碧：100箱，
850千克，
10.5立方米</td><td>东北大米：20袋，1 000千克，
1.8立方米</td></tr>
</table>

图 4—5　客户 C 货物配载图

（三） 配送预算

配送预算是对完成本次配送任务各项成本支出所做的计划。配送成本主要包括如下内容：资本成本分摊、利息支付、员工工资福利、行政办公费用、交易费用、自有车辆设备费、保险费、分拣装卸作业费、燃油费等。

技能训练

实训目标

通过本任务的实训，让学生了解配送计划的主要内容，熟悉配送计划编制的步骤，掌握配送计划的编制方法，并能够根据具体业务来编制配送计划。

实训情境

高新物流配送中心接到 8 个客户的出库订单，8 个客户所需商品的名称、数量、重量、送货到达时间等如表 4—2 所示，高新物流配送中心与 8 个客户的位置及距离如图 4—6 所示。请完成这 8 个客户的配送作业计划。

表 4—2　　8 个客户送货订单一览表

客户	品名	数量	重量	体积（cm×cm×cm）	送货到达时间
A	鸡蛋	20 箱	10 千克/箱	60×45×50	2015 年 3 月 18 日下午 5 点前
	光明牛奶	25 箱	7 千克/箱	55×45×35	
	槐花蜂蜜	15 箱	15 千克/箱	75×50×45	
	金龙鱼色拉油	30 箱	12 千克/箱	60×30×45	
	香蕉	25 箱	8 千克/箱	60×45×35	
	苹果	15 箱	10 千克/箱	85×55×45	
B	鸡蛋	10 箱	10 千克/箱	60×45×50	2015 年 3 月 18 日下午 2 点前
	光明牛奶	35 箱	7 千克/箱	55×45×35	
	金龙鱼色拉油	20 箱	15 千克/箱	75×50×45	
	梨	20 箱	15 千克/箱	65×40×45	
	大米	30 袋	50 千克/袋	100×55×15	
	乐百氏纯净水	15 箱	10 千克/箱	80×50×25	
C	鸡蛋	12 箱	10 千克/箱	60×45×50	2015 年 3 月 18 日下午 4:30 点前
	光明牛奶	20 箱	7 千克/箱	55×45×35	
	槐花蜂蜜	12 箱	15 千克/箱	75×50×45	
	面粉	25 袋	50 千克/袋	100×55×15	
	香蕉	20 箱	8 千克/箱	60×45×35	
	橘子	10 箱	10 千克/箱	75×50×40	
D	维维豆奶	10 箱	7 千克/箱	65×40×50	2015 年 3 月 18 日下午 4 点前
	光明牛奶	24 箱	7 千克/箱	55×45×35	
	金龙鱼色拉油	22 箱	15 千克/箱	75×50×45	
	苹果	20 箱	10 千克/箱	85×55×45	
	大米	30 袋	50 千克/袋	100×55×15	
	鲜橙多	15 箱	9 千克/箱	80×50×35	
E	鸡蛋	15 箱	10 千克/箱	60×45×50	2015 年 3 月 18 日下午 2:30 点前
	槐花蜂蜜	20 箱	15 千克/箱	75×50×45	
	面粉	25 袋	50 千克/袋	100×55×15	
	香蕉	12 箱	8 千克/箱	60×45×35	
	橘子	20 箱	10 千克/箱	70×50×40	
	洪湖藕粉	20 箱	12 千克/箱	65×55×40	
F	光明牛奶	21 箱	7 千克/箱	55×45×35	2015 年 3 月 18 日下午 1:30 点前
	槐花蜂蜜	13 箱	15 千克/箱	75×50×45	
	面粉	26 袋	50 千克/袋	100×55×15	
	香蕉	24 箱	8 千克/箱	60×45×35	
	梨	17 箱	15 千克/箱	65×40×45	
	统一方便面	30 箱	6 千克/箱	70×48×52	
	鲜橙多	15 箱	9 千克/箱	80×50×35	
G	鸡蛋	18 箱	10 千克/箱	60×45×50	2015 年 3 月 18 日下午 2:30 点前
	金龙鱼色拉油	16 箱	15 千克/箱	75×50×45	
	梨	10 箱	15 千克/箱	65×40×45	
	大米	15 袋	50 千克/袋	100×55×15	
	乐百氏纯净水	20 箱	10 千克/箱	80×50×25	
	苹果	28 箱	10 千克/箱	85×55×45	

续前表

客户	品名	数量	重量	体积（cm×cm×cm）	送货到达时间
H	鸡蛋	12 箱	10 千克/箱	60×45×50	2015 年 3 月 18 日下午 1 点前
	槐树蜂蜜	14 箱	15 千克/箱	75×50×45	
	金龙鱼色拉油	20 箱	12 千克/箱	60×30×45	
	香蕉	10 箱	8 千克/箱	60×45×35	
	苹果	12 箱	10 千克/箱	85×55×45	
	面粉	20 袋	50 千克/袋	100×55×15	

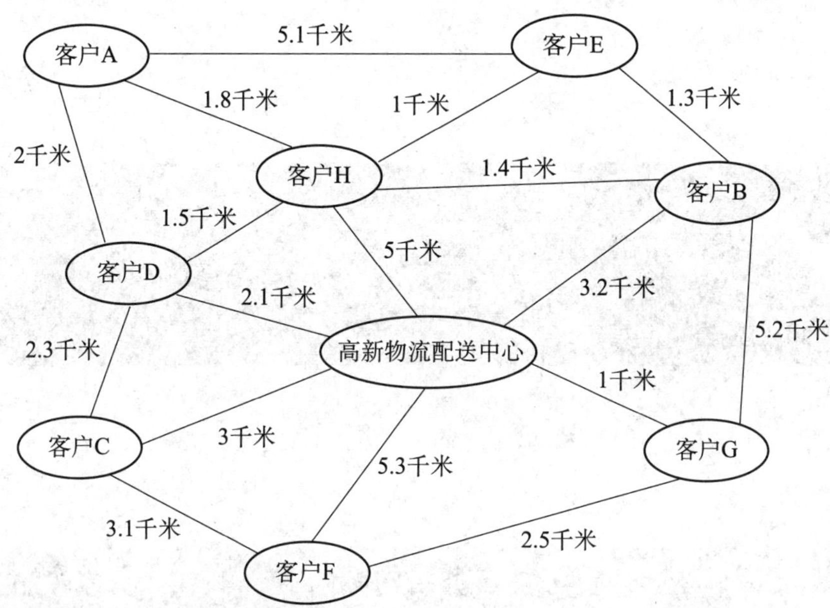

图 4—6　高新物流配送中心与 8 个客户的位置及距离

实训任务

（1）根据上述情境资料，划分基本的配送区域。

（2）根据货物的体积、重量、数量等信息配置适当的车辆。

（3）按流量、流向、距离等将商品进行配装。

（4）确定配送的先后顺序。

实训考核标准

对学生的实训结果给予考核，有利于激发学生的积极性。同时，通过考核找出实训过程中的不足并提出改进办法，有利于知识的总结和掌握。具体考核标准如表 4—3 所示。

表 4—3　　配送计划制订训练考评表

考核内容	考核标准	分值	实际得分
配送计划的制订	基本配送区域划分正确	30	
	车辆配置适当	20	
	车辆配装正确	30	
	送货顺序安排正确	20	
合　计		100	

任务二
优化配送路线

任务结构图

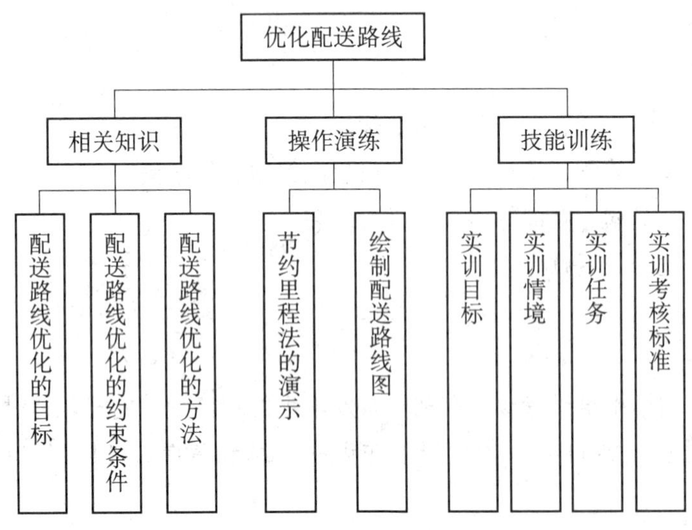

相关知识

一、配送路线优化的目标

配送路线合理与否对配送速度、成本、效益的影响颇大，因此，采用科学且合理的方法确定配送路线是配送活动中非常重要的一项工作。确定配送路线可以采取各种数学方法以及在数学方法的基础上发展和衍生出来的经验方法。无论采用何种方法，首先应确立目标，再考虑实现此目标的各种限制因素，在有约束条件的情况下寻找最佳方案，实现试图达到的目标。

目标的选择应根据配送的具体要求，配送中心的水平、实力及客观条件而定，通常有以下几种选择：

1. 效益最高

在以效益为目标时，一般是以企业当前的效益为主要考虑因素，同时兼顾长远的效益。效益是企业整体经营活动的综合体现，可以用利润来表示，因此在计算时是以利润的数值最大化为目标值的。但在拟定数学模型时，效益很难与配送路线建立函数关系，故一般很少采用这一目标。

2. 成本最低

计算成本比较困难，但成本和配送路线之间有密切的关系，在成本对最终效益起决定性作用时，选择成本最低为目标实际上就是选择以效益为目标，虽有所简化，但比较实用，因此是可以采用的。

3. 路程最短

如果成本和路程的相关性较强，而和其他因素微相关时，可以路程最短为目标，这样不仅可以大大简化计算，而且可以避免许多难以估量的影响因素。需要注意的是，有时候路程最短并不见得成本就最低。如果道路条件、道路收费影响了成本，单以最短路程为最优解是不合适的。

4. 吨公里最低

吨公里最低在长途运输时常被作为目标，在有多个发货站和多个收货站且是整车发到的情况下，选择以吨公里最低为目标可以取得满意的结果。该目标通常在采取共同配送方式时被选择。

5. 准时性最高

准时性是配送中重要的服务指标，以准时性为目标确定配送路线就是要将各客户的时间要求和运送先后次序的安排协调起来，这样有时难以顾及成本问题，甚至需要牺牲成本来满足准时性要求。当然，在这种情况下成本也不能失控，应有一定的限制。

6. 运力利用最合理

在运力非常紧张，运力与成本或效益又有一定关系时，为节约运力，充分运用现有运力，无须外租车辆或新购车辆，此时可以运力安排为目标，确定配送路线。

7. 劳动消耗最低

以油耗最低、司机人数最少、司机工作时间最短等劳动消耗为目标确定配送路线也有所应用，这是在某些特殊情况下（如供油异常紧张、油价非常高、意外事故导致人员减员、某些因素限制了配送司机人数等）必须选择的目标。

二、配送路线优化的约束条件

以上目标在实现时都受到许多条件的约束，必须在满足这些约束条件的前提下取得成本最低或吨公里最低的结果。一般而言，配送的约束条件有以下几项：

（1）满足所有收货人对货物品种、规格、数量的要求。

（2）满足收货人对货物发到时间范围的要求。

（3）在交通管制允许通行的时段（如城区公路白天不允许货车通行）内进行配送。

（4）各配送路线的货物量不得超过车辆容积及载重量的限制。

（5）在配送中心现有运力允许的范围之中。

三、配送路线优化的方法

配送路线优化的目标与送货作业的目标是一致的，都是让客户满意和尽可能降低成本。从路线的角度，让客户满意的体现就是尽可能缩短送货时间，以便尽快交付货物。要想时间短，可以从两个方面实现，即送货速度快或送货路程短。速度快往往意味着费用高，成本控制方面的压力较大；而路程短则可以在同等的时间内以相对经济的速度满足客户的要求。路程短可以使各项送货成本均得到一定程度的降低，因此通常配送路线的优化选择都是以路程最短为原则来进行的。下面介绍几种较常见的路线设计的方法：

（一）方案评价法

当对配送路线的影响因素较多，难以用某种确定的数学关系表达时，或难以以某种单项依据评定时，可以采取对配送路线方案进行综合评定的方法。采用该方法的步骤如下：

（1）拟定配送路线方案。先以某一项较为突出和明确的要求作为依据，例如以某几个点的配送准时性或司机习惯行驶路线等拟定几个不同的方案，方案要求提出路线、途经地点及车型等具体参数。

（2）对各方案引发的数据进行计算。如对配送距离、配送成本、配送行车时间等数据的计算，并将其作为评价依据。

（3）确定评价项目。决定从哪几个方面对各方案进行评价，如动用车辆数和司机数、油耗、总成本、行车难易程度、准时性及装卸车难易程度等方面，都可作为评价依据。

（4）对方案进行综合评价。

（二） 数学计算法

可以利用经济数学模型进行数量分析。例如，可以应用线性规划的数学模型求解最佳方案。

（三） 节约里程法

在实际工作中有时只需求近似解，不一定求得最优解，在这种情况下可采用节约里程法。

操作演练

操作任务

根据下列资料，演示节约里程法的计算过程并绘制最佳配送路线图。

一、背景资料

高新物流配送中心 P_0 向 5 个客户配送货物，其配送路线、配送中心与客户的距离以及客户之间的距离如图 4—7 所示。图中括号内的数字表示客户的需求量（单位：吨），路线上的数字表示两点之间的距离（单位：公里）。配送中心有 3 台最大载重量为 2 吨和 2 台最大载重量为 4 吨的卡车可供使用。

（1）试利用节约里程法制定最优的配送方案。

（2）设卡车行驶的速度平均为 40 公里/小时，试计算优化后的方案比单独向各客户配送可节约多少时间。

二、路线优化演示

第一步：制作运输里程表，列出配送中心到客户及客户间的最短距离，如表 4—4 所示。

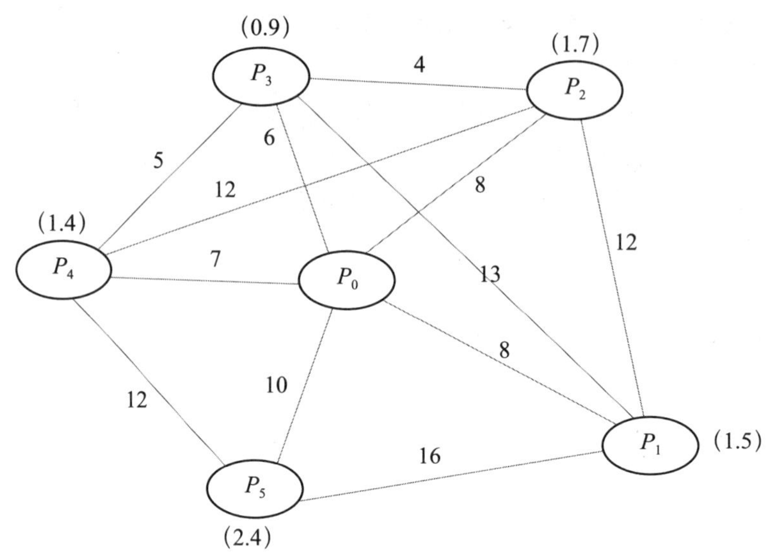

图 4—7 配送中心与客户之间的距离

表 4—4 最短距离表 单位：公里

需求量	P_0					
1.5	8	P_1				
1.7	8	12	P_2			
0.9	6	13	4	P_3		
1.4	7	15	9	5	P_4	
2.4	10	16	18	16	12	P_5

第二步：根据运输里程表，按节约里程法的相关公式，求得相应的节约里程数，如表 4—5 所示。

表 4—5 节约里程表 单位：公里

需求量	P_0					
1.5	8	P_1				
1.7	8	12（4）	P_2			
0.9	6	13（1）	4（10）	P_3		
1.4	7	15（0）	9（6）	5（8）	P_4	
2.4	10	16（2）	18（0）	16（0）	12（5）	P_5

第三步：将节约里程数进行分类，按从大到小的顺序排列，如表 4—6 所示。

表 4—6 节约里程排序表 单位：公里

序号	路线	节约里程	序号	路线	节约里程
1	P_2P_3	10	6	P_1P_5	2
2	P_3P_4	8	7	P_1P_3	1
3	P_2P_4	6	8	P_2P_5	0
4	P_4P_5	5	9	P_3P_5	0
5	P_1P_2	4	10	P_1P_4	0

第四步：根据载重量约束和所节约里程的大小，将各客户点连接起来，形成两条最

佳配送路线（见图 4—8），即 A、B 两个配送方案。

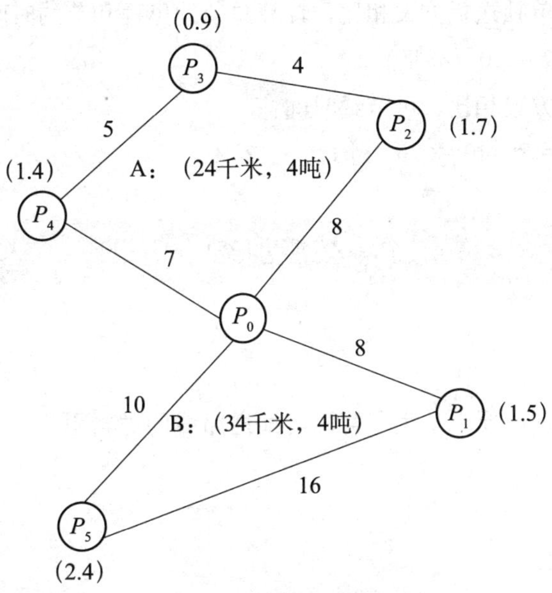

图 4—8　最佳配送路线

(1) 配送路线 A：$P_0 \to P_2 \to P_3 \to P_4 \to P_0$

运量 $Q_A = Q_2 + Q_3 + Q_4 = 1.7 + 0.9 + 1.4 = 4$（吨）

则：用一辆最大载重量为 4 吨的车运送，节约距离 $S_A = 10 + 8 = 18$ 公里。

(2) 配送路线 B：$P_0 \to P_5 \to P_1 \to P_0$

运量 $Q_B = Q_5 + Q_1 = 2.4 + 1.5 = 3.9$（吨）$< 4$（吨）

则：用一辆最大载重量为 4 吨的车运送，节约距离 $S_B = 2$ 公里。

第五步：确定单独送货的配送路线（见图 4—9）。

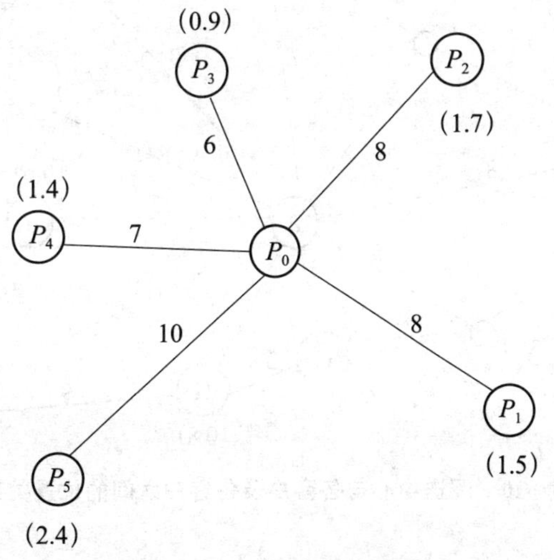

图 4—9　单独配送路线图

根据图 4—9 计算可得，初始方案的配送距离＝39×2＝78 公里。

第六步：与初始单独送货方案相比，计算总节约里程和节约时间。总节约里程为：

$\Delta S=S_A+S_B=20$（公里）

与初始单独送货方案相比，可节约时间：

$\Delta T=\Delta S/V=20/40=0.5$（小时）

技能训练

实训目标

通过本任务的实训，要求学生了解确定配送路线的逻辑思维，掌握确定配送路线的基本方法。

实训情境

高新物流配送中心 P 分别向 10 个客户 A～J 配送货物，该配送中心与各客户及各客户之间的位置关系如图 4—10 所示，两点间连线上的数字为两点间的路线长度（单位：公里），括号内的数字为各客户对某种商品的需求量。商品由配送中心统一采购并配送。高新物流配送中心备有最大载重量为 2 吨和 4 吨的货车，限定送货车辆一次巡回距离不超过 30 公里，假设送达时间均符合客户要求，请用节约里程法求解该配送中心的最优送货方案。

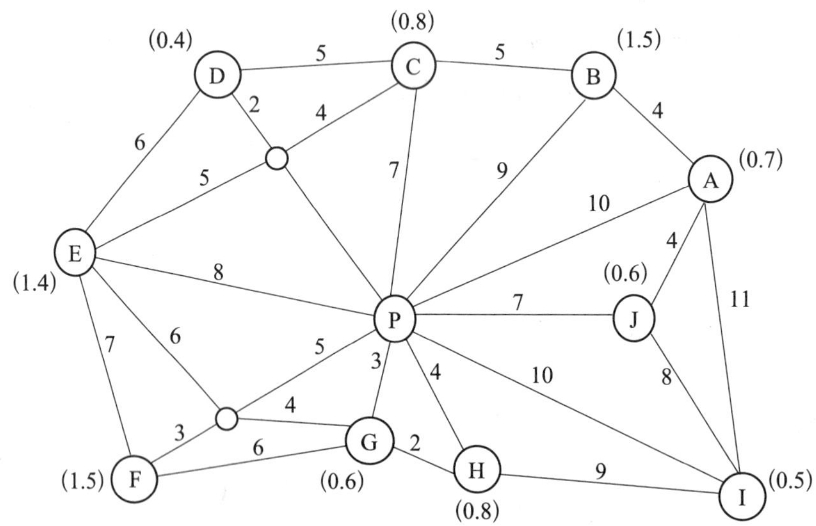

图 4—10　配送中心与各客户及各客户之间的位置关系图

实训任务

（1）根据图 4—10 计算出配送中心至各客户之间的最短距离。

（2）利用节约里程法计算出客户之间的节约里程。

（3）将节约里程按由大到小的顺序排列，使节约里程最多的点组合装车配送。

（4）根据节约里程排序和配送车辆载重及行驶里程等约束条件，绘制配送路线图。

实训考核标准

对学生的实训结果给予考核，有利于激发学生的积极性。同时，通过考核找出实训过程中的不足并提出改进办法，有利于知识的总结和掌握。具体考核标准如表 4—7 所示。

表 4—7　配送路线优化训练考评表

考核内容	考核标准	分值	实际得分
配送路线优化	最短距离计算正确	25	
	节约里程计算正确	25	
	配送点组合正确	20	
	最佳配送路线绘制正确	30	
合　　计		100	

同步测试

一、单选题

1. 用节约里程法计算时，下列哪项因素不是必需的？（　　）

A. 车辆类型　B. 配送距离　C. 各门店间的距离　D. 节约距离

2. 划分基本配送区域的依据是（　　）。

A. 客户分布情况　B. 送货时间

C. 配送商品特性　D. 交通状况

3. 用节约里程法计算时，所确定的配送目标是（　　）。

A. 距离目标　B. 吨公里目标　C. 成本目标　D. 时间性目标

4. 配送计划决策的第一步是（　　）。

A. 划分基本配送区域　B. 车辆配载

C. 暂定配送先后顺序　D. 车辆安排

5. 制订配送计划最基本的依据是（　　）。
A. 客户订单　B. 客户分布　C. 商品特性　D. 运输条件
6. 节约里程法的原理是（　　）。
A. 往返发货好　B. 巡回发货好
C. 往返发货、巡回发货都好　D. 往返发货、巡回发货都不好
7. 配送中心的位置应选在（　　）。
A. 运输费用最小的位置　B. 交通枢纽的位置
C. 总的吨公里数值最小的位置　D. 最接近客户的位置

二、多选题

1. 一份完整的、具有可操作性的配送计划由以下哪几个方面构成？（　　）
A. 客户订单方面　B. 配送作业方面　C. 配送预算方面
2. 车辆安排要考虑（　　）。
A. 车型　B. 车辆的种类　C. 货物的重量
D. 货物的数量　E. 包装的要求
3. 车辆装载要考虑（　　）。
A. 装车的次序　B. 货物的重量　C. 货物的数量
D. 车辆的容积　E. 货物的性质
4. 影响配送计划制订的因素有（　　）。
A. 客户　B. 配送货物种类　C. 配送数量
D. 配送货物价值　E. 物流渠道
5. 选择配送路线时明确要达到的目标可以是（　　）。
A. 成本最低　B. 路程最短　C. 吨公里最低
D. 准时性最高　E. 运力利用最合理
6. 配送路线优化与选择的方法有（　　）。
A. 经验判断法　B. 综合评分法　C. 最短路径法　D. 节约里程法
7. 衡量物流服务水平的指标有（　　）。
A. 订货交货时间　B. 货物缺损率　C. 增值服务能力
D. 运输延迟率　E. 发票错误率
8. 选择配送路线时需要考虑以下哪些因素？（　　）
A. 货物的性质　B. 货物的重量　C. 交通状况
D. 客户的位置　E. 送达时间限制

三、判断题

1. 配送基本区域的划分要根据各客户点的分布情况。(　　)

2. 配送车辆的安排要解决的问题是安排什么类型、吨位的配送车辆，是使用自有车辆还是外雇车辆。(　　)

3. 配送的先后顺序是由客户的交货时间决定的。(　　)

4. 物流交货期是指从客户下订单开始，经过订单处理、库存查询、集货、流通加工、分拣、配货、装车、送货，直到交付货物的这一段时间。(　　)

5. 配送路线的选择不能以时间为目标。(　　)

四、简答题

1. 配送方案包括哪些内容?

2. 制订配送计划要考虑哪些因素?

3. 简述最短路径法和节约里程法的原理和算法。

五、案例分析题

案例一　可口可乐的“新配方”——营销物流配送

在竞争激烈且残酷的饮料市场上，可口可乐公司勇立潮头，靠的已不只是口味和神秘的配方，其独特的商业运作正在不断勾兑出取胜市场的“新配方”——物流营销，利用强大的物流销售网络直接触及市场终端，这也被一些业内人称为可口可乐公司为长期把控市场而隐藏的一记重拳。

一、市场掌控

可口可乐公司在中国拥有三大合作伙伴——嘉里、太古和中粮，共36家灌装厂分布在全国的不同区域，而相应灌装的产品也在各划分区域内销售，严格禁止串货（跨区销售）。同时，三大合作伙伴除了经营生产，还要负责每个分厂所处地区的销售工作。可口可乐公司会给三大合作伙伴规定产品的最低限价，但是其不参与分配每瓶饮料的利润，只收取“浓缩液”费用，因而对于各合作伙伴分厂来说，卖得越多，赚得也越多。

可口可乐公司针对销售终端把控极紧，竞争对手在饮料零售市场稍有动作，可口可乐公司可以第一时间察觉，这主要归功于严格的渠道销售管理。可口可乐公司在全中国推行GDP管理方式（是指将国内生产总值作为衡量标准的一种管理方式）开发合作伙伴，把中间商一层一层地剥离掉，推行直销。虽然销售网络中仍然存在批发，但批发商不是垄断性的大批发，可口可乐公司采取肢解措施将批发商控制在很小的规模内，所有的超市全部直接送货。可口可乐公司对超市、大中型零售商的直销方式，大大提高了其市场感应能力。

营销和物流总是矛盾的。如果在销售环节设立大批发商，生产出的可口可乐全部送到批发商手里，再由批发商销售，这样做，可口可乐公司的物流成本很低，但是公司无法完全控制市场。为了全面控制市场，可口可乐公司的物流全部由自身灌装厂完成。可口可乐公司秉承一个理念——绝不放弃任何一个小的零售商，哪怕是最小型的夫妻店。为此，可口可乐公司推行了 GKP（金钥匙伙伴）计划，在一定区域内找一家略大的零售商，可口可乐公司将货直接运送给 GKP，再由 GKP 完成最后对超小型零销商的配送工作，GKP 送货费用由可口可乐公司及其合作伙伴支付。GKP 负责的全部是规模小于两三人的夫妻式小店，而所有的超市和大一点的零售商全部掌握在可口可乐公司的手中，而且超市的数量以及名单在公司内部也是限级别掌握的。

20 世纪八九十年代，可口可乐刚刚进入中国之时，在宣传报道中，不少领域探索过可口可乐神秘配方的高深，其意图在于引导消费者产生对可口可乐的消费兴趣，但在可口可乐公司内部，其实早已经把对市场的感应能力定格为核心竞争力。只不过更多的广告人将大众的目光吸引到漂亮的营销创意之上，没有意识到可口可乐公司胜利的主要原因。

二、物流包袱

一句“直销”说来容易，但真正能够完成，而且在有效地控制成本的前提下完成，就相当不易了。国内外，具有直销优势的饮料业巨头不在少数，敢于染指的屈指可数，目前国内饮料巨头乐百氏、娃哈哈、康师傅、统一等，基本无人敢于效仿可口可乐公司的做法。

饮料业的天然特性制约着自办物流，而快速消费品的特点是生产集中、销售分散。考虑到规模效应，生产集中可降低制造成本；而消费人群覆盖面最为广泛，销售分散会导致物流成本急剧增加。此外在产品特点上，饮料物流的成本是非常大的，体积庞大，单位货值较小，以一辆 8 吨的运输卡车为例，拉一车可乐可能只有 8 000 多元的货值，与彩电、冰箱或者手机的货值相比，有天壤之别。

而且饮料运输的损耗更为严重，快速消费品对消费及时程度的要求极高。运输过程中对货龄（从生产日期到目前的时间）的要求已经发展到近乎苛刻的地步。一般在大型超市，货龄超过 1 周的，大型超市就不会要了，超过 1 个月货龄的雪碧会成为滞销品。可口可乐公司与大型超市有一个约定，超过一定时间的货可以免费更换，这也造成了很大的损失。外部要求苛刻，内部要求同样严格。目前可口可乐使用 PET 瓶（塑料瓶），根据 PET 材料的特性，会跑气，里面二氧化碳的压力随保存时间增加会逐渐降低，货龄越长，品质越低，口感越次。为了保证质量，可口可乐公司会到市场进行抽检，抽检到不合格的，会对灌装厂提出警告。但是真正做到货龄不超过1周，难度相当大。

如此一系列因素，造成做水的不愿意运水。但这也为一些做水的提供了千载难逢的好机会，例如可口可乐公司。当它解决了全行业的包袱，并且将包袱转变为核心竞争力后，它的行业地位还有谁能撼动呢？

问题：

1. 简述可口可乐公司营销物流配送的情况？
2. 可口可乐公司物流配送的特点是什么？

案例二　宝来家网上超市的配送方案设计

一、上门自提

1. 上门自提的步骤

(1) 客户在宝来家网上超市提交的订单如选择的送货方式是上门自提，请关注订单的物流状态，待显示“已发货”后方可前往相应的自提点（其他物流状态请勿前来自取）。

(2) 客户到达自提点后，请将订单编号提供给前台自提人员。

(3) 前台自提人员找货期间，请客户到休息室等候，货物备齐后前台人员会提醒客户到前台确认。

(4) 客户在提货单上签字确认，并到付款台支付货款、开具发票。

(5) 客户凭已付款的提货单到提货处自提货物。

2. 上门自提的注意事项

(1) 自提时间：周一至周日，09:00—19:00（如遇国家法定节假日，则以宝来家网上超市所发布的放假时间为准，届时请大家关注）。

(2) 商品到达自提点后，我们将为您保留3天，超过3天不上门提货，则视为默认取消订单。

(3) 钱、货需客户当面点清，离开提货前台后宝来家将不再对钱、货数量负责。

(4) 货物价保需客户在自提时当场提出，离开提货前台后宝来家不再对自提货物提供价保服务。

(5) 发票。

1) 普通发票：每张订单需在自提当日开具发票，宝来家不提供累计开具发票的服务。

2) 增值税发票：选择POS机刷卡，不能开具增值税发票。增值税发票当日无法开具，需订单完成后3个工作日左右宝来家按订单地址将增值税发票快递给客户。如订单中地址有误，请及时通知宝来家客服人员。

3. 上门自提的特殊说明

上门自提的订单，请在规定的时间内到自提点提取货物。上门自提订单原则上免收配送费用，但如果一个ID账号在一个月内有1次以上或一年内有3次以上，在规定的时间内无理由不履约提货，我司将在相应的ID账户里扣除50个积分作为运费。时间计算方法为：成功提交订单后向前推算30天为一个月，成功提交订单后向前推算365天为一年，不以自然月和自然年计算。

对于上门自提的客户，宝来家网上超市可以接受现金、支票和POS机刷卡三种付款方式。选择支票支付方式，需要客户自行将支票内容填写完整（货款在5 000元及以上，需货款到账后方可提货）。POS机刷卡只支持带有银联标识的银行卡。

4. 自提点

（1）适用范围：南宁，可到公司总部或相应自提点自行提取（大家电产品限物流中心自提点）。

（2）配送费用：无须支付配送费用。

二、配送范围及费用

宝来家网上超市以普通快递、EMS和平邮等配送方式支持“同城配送”（门对门）、“区内配送”（门对门或点对点）以及“区外配送”（门对门或点对点）。

具体配送范围和费用设置如下：

1. 普通快递

配送范围和费用设置如下：

（1）“同城配送”——南宁市区内普通快递费用设置，如表4—8所示。

表4—8　　同城配送费用标准

送货区域	时效	单张订单金额满68元	单张订单金额不满68元
南宁市区内（青秀区、兴宁区、西乡塘区、江南区、良庆区）	12小时	免费	8元

（2）“区内配送”——广西壮族自治区内的普通快递费用统一设置，如表4—9所示。

表4—9　　区内配送费用标准

送货区域	时效	重量低于2千克（元）	续重（元/千克）
广西壮族自治区内（一、二、三、四级城市）	24小时	12	1.5

参考：

一级城市：桂林、柳州、梧州、北海、玉林。

二级城市：钦州港、防城港、贵港、贺州、崇左、百色、河池、来宾。

三级城市：武鸣、宾阳、横县、凭祥、东兴、灵山、浦北、桂平、平南、博白、北流、岑溪、藤县、苍梧、昭平、柳江、荔浦、灵川、兴安、临桂、宜州、田阳、田东、德保、靖西。

四级城市：扶绥、上林、马山、隆安、兴业、陆川、容县、钟山、富川、恭城、灌阳、全州、资源、龙胜、平乐、永福、阳朔、蒙山、象州、柳城、三江、融安、融水、鹿寨、金秀、武宣、合山、忻城、都安、东兰、环江、凤山、天峨、巴马、大化、南丹、罗城、西林、凌云、乐业、田林、隆林、那坡、天等、大新、宁明、龙州、上思。

(3)“区外配送”——广西壮族自治区外的普通快递费用设置，如表4—10所示。

表4—10　　区外配送费用标准

送货区域	时效	首重1千克（元）	续重（元/千克）
广东、云南、贵州、海南、四川、重庆、湖南、江西、福建、湖北、安徽、上海、浙江、甘肃、陕西、河南、江苏、山西、山东、内蒙古、河北、北京、天津、辽宁、吉林、黑龙江	直发24小时 不直发48小时	15	8
西藏、青海、新疆、宁夏	72小时		

参考：

“直发”是指从广西南宁走航空路线直接发往外地各省市，包括贵阳、长沙、成都、西安、上海、北京等。

普通快递配送时间：除非客户特别要求，订单发货当天不计算在配送时间内。

注：不足1千克按1千克计算。

国家法定节假日不送货，顺延至节后第一天送货。

如果您所在的地区不在送货上门的范围内，可以选择平邮或EMS。

2. EMS

EMS即中国邮政特快专递服务，是邮政部门开办的一项邮递类业务。配送范围和费用设置及配送时间如表4—11和表4—12所示。

表4—11　　EMS配送范围和费用标准

包裹重量（千克）/送货区域	0.5千克	1千克	1.5千克	2千克	2.5千克	续重（元/千克）
北京、天津、河北、山东、内蒙古、山西、辽宁、河南、吉林、安徽、江苏、黑龙江、陕西、宁夏、上海、湖北、浙江、甘肃、江西、湖南	20	26	32	38	44	4
福建、四川、重庆、青海、广东、贵州、广西、云南、海南	20	29	38	47	56	6
新疆、西藏	20	35	50	65	80	10

表 4—12　　EMS 全国配送时间

序号	地区	配送时间（天）	序号	地区	配送时间（天）
1	北京	4～5	16	湖南	4～5
2	天津	4～5	17	广东	3～5
4	河北	5～6	18	海南	5～6
5	山西	5～6	19	四川	5～6
6	内蒙古	7～8	20	贵州	5～6
7	辽宁	6～7	21	陕西	7～8
8	吉林	7～8	22	甘肃	7～8
9	黑龙江	7～8	23	青海	7～8
10	江西	4～5	24	宁夏	7～8
11	山东	4～5	25	上海	4～5
12	河南	4～5	26	云南	4～5
13	湖北	4～5	27	安徽	4～5
14	江苏	4～5	28	福建	4～5
15	浙江	4～5	29	新疆、西藏	7～8

国家法定节假日不送货，顺延至节后第一天送货。

表 4—12 中的配送时间为从广西南宁发往目的地所需的时间。资费与时效按照 EMS 的标准。

3. 平邮

平邮即邮政国内普通包裹，是邮政部门开办的一项邮递类业务。用户购物不满 68 元，每单包裹的挂号费为 3 元。配送范围和费用设置如表 4—13 所示。

表 4—13　　南宁平邮至各地的价格及时间

序号	地区	价格（元）	时效（天）	序号	地区	价格（元）	时效（天）
1	北京	3.8 元/千克 +3 元	7～10	16	河南	2.9 元/千克 +3 元	7～10
2	天津	3.9 元/千克 +3 元	7～10	17	湖北	2.1 元/千克 +3 元	7～10
3	河北	3.5 元/千克 +3 元	7～10	18	湖南	1.7 元/千克 +3 元	7～10
4	山西	3.8 元/千克 +3 元	7～10	19	广东	2.1 元/千克 +3 元	7～10
5	内蒙古	4.7 元/千克 +3 元	10～15	20	广西	3.5 元/千克 +3 元	7～10
6	辽宁	5.0 元/千克 +3 元	7～10	21	海南	1.5 元/千克 +3 元	10～15
7	吉林	5.3 元/千克 +3 元	10～15	22	四川	2.9 元/千克 +3 元	10～15
8	黑龙江	5.7 元/千克 +3 元	10～15	23	西藏	7.4 元/千克 +3 元	15～30
9	江苏	3.6 元/千克 +3 元	5～7	24	贵州	5.0 元/千克 +3 元	10～15
10	浙江	2.9 元/千克 +3 元	5～7	25	陕西	3.6 元/千克 +3 元	7～10
11	安徽	3.8 元/千克 +3 元	5～7	26	甘肃	4.4 元/千克 +3 元	10～15
12	福建	2.9 元/千克 +3 元	7～10	27	青海	4.7 元/千克 +3 元	15～20
13	江西	2.1 元/千克 +3 元	7～10	28	新疆	6.8 元/千克 +3 元	15～30
14	山东	3.8 元/千克 +3 元	7～10	29	宁夏	5.0 元/千克 +3 元	15～30
15	贵州	1.5 元/千克 +3 元	5～7	30	云南	2.4 元/千克+3 元	10～15

广西壮族自治区外普通包裹邮寄：

(1) 包裹以 1 千克为计算资费的单位，即每件包裹重量尾数不满 1 千克的，应进整按 1 千克计算资费。

(2) 每件包裹的资费＝每千克资费×包裹重量＋包裹挂号费（3.00 元）。

表 4—13 中的配送时间为从广西南宁发往目的地所需的时间。

如果是大中型城市，交通路况较好的地区，一般在 7～15 天可以到达；如果是偏远地区，则需要差不多一个月的时间。

接受查询的最短时限：自交寄之日起 30 天后方可办理查询。

受理查询的有效期：自邮件交寄之日一年内，过期不办理。

问题：

1. 简述宝来家网上超市配送计划的内容。
2. 宝来家网上超市是如何划分配送区域和确定配送时间的？

项目五
配送成本与绩效评价

【项目引入】

高新物流配送中心接受武汉市政府的委托，负责2015年春节期间烟花爆竹的配送任务。由于烟花爆竹要特许的专卖点才能销售，对配送的要求相当严格，而政府希望以最低的配送成本完成此次市政任务。据统计，武汉市区及郊区的特许经销商总计21 000户，其中市内网点15 120户，占全部销售点的72%；郊区网点5 880户，占全部销售点的28%。通过对各经销商订单的初步统计，市内需要的总配送量为15 600箱，郊区需要的总配送量为4 400箱。

配送部经理接到任务后，紧急召集大家部署本次的配送任务。重点强调要以最低的配送成本来完成本次任务，并要对整个配送工作进行绩效考核。

【项目分析】

要想以最低的配送成本完成本次配送任务，并在配送绩效考核工作中取得优秀业绩：首先必须熟悉配送成本的计算项目及流程，并能够准确计算配送成本；其次要了解配送绩效考核的关键指标，并掌握各关键指标的含义及评价要点和规范。为此，本项目的相关知识将分解为两个学习任务：

学习任务	学习目标
一、配送成本核算	(1) 了解配送成本的构成 (2) 熟悉配送成本的核算范围和步骤 (3) 掌握配送成本的核算方法
二、配送作业绩效评价	(1) 了解配送中心物流活动分析的主要内容 (2) 熟悉配送各作业绩效评价指标 (3) 能够准确对各指标进行分析

【项目实施】

任务一　配送成本核算

任务二　配送作业绩效评价

任务一
配送成本核算

任务结构图

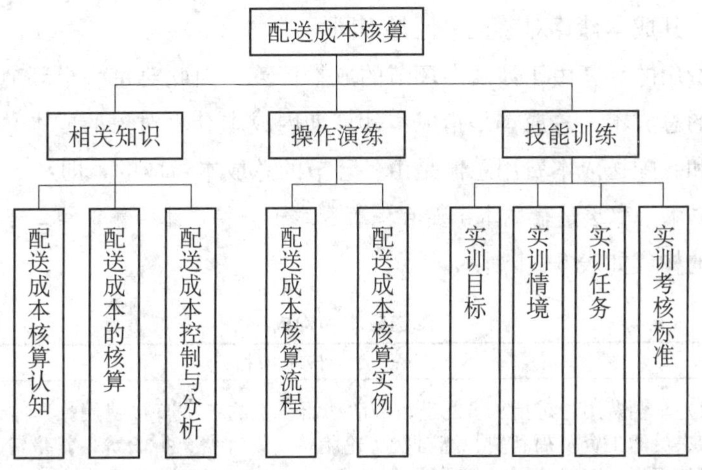

相关知识

一、配送成本核算认知

（一）配送成本及配送成本核算

1. 配送成本的含义

配送成本是指在配送活动的备货、储存、分拣、配货、送货、送达服务及配送加工等环节所发生的各项费用的总和，是配送过程中所消耗的各种活劳动和物化劳动的货币表现。配送成本包含和配送相关的诸如人工费用、作业消耗、物品损耗、利息支出、管理费用等一系列费用。

2. 配送成本核算的意义

配送成本核算是指企业根据配送成本核算资料，运用特定的成本核算方法，对企业配送成本的发生过程和结果进行分类、汇总、核算的一项工作。通过配送成本核算可以掌握各项成本计划的完成情况，评价企业的成本管理水平，研究和掌握企业配送成本的变动规律，改善配送成本预测、决策、预算和控制，改善企业成本管理水平，从而提高企业的竞争力和经济效益。

（二）配送成本核算的内容

配送成本核算是多环节的核算，是各个配送环节或活动的集成。在实际核算时，涉及哪个配送活动，就应该对哪个配送活动进行核算。配送各个环节的成本费用核算都具有各自的特点，其成本计算对象及单位都不同。

配送成本费用的计算由于涉及多环节的成本计算，因此对每一个环节都应当计算各成本计算对象的总成本。总成本是指成本计算期内成本计算对象的成本总额，即各成本项目的金额之和。配送成本费用总额是由各环节的总成本组成的，即：

配送成本＝配送运输成本＋储存保管成本＋分拣成本＋配装成本＋流通加工成本

配送成本的构成如表 5—1 所示。

表 5—1　配送成本的构成

构成	成本项目
配送运输成本	(1) 车辆费用：是指从事配送运输活动而发生的各项直接费用。具体包括：司机及司乘人员的工资及福利费、燃料费、轮胎费、修理费、折旧费、养路费、保险费、行车事故损失、车船使用税等项目。 (2) 配送间接费用：是指配送过程中发生的不能直接计入成本计算对象的站、队经费，具体包括：站、队人员的工资及福利、办公费、水电费、折旧费等内容，但不包括管理费。
储存保管成本	(1) 仓储费：是指货物储存保管业务所发生的费用。具体包括：仓储管理人员工资及福利，货物在保管和保养过程中的材料费、维修保养费、折旧费、劳动保护费、动力照明费等。 (2) 进出库费：是指货物进出库过程中所发生的费用。具体包括：进出库人工费、劳动保护费、设备折旧费以及大修理费、照明费、材料费、管理费。 (3) 服务费用：配送中心在对外保管服务过程中所消耗的各种费用。具体包括：代运费、机修费、验收费、代办费、管理费等。
分拣成本	(1) 分拣人工费：分拣人员的工资及福利等。 (2) 分拣设备费：设备的折旧费、修理费、燃料消耗等。

续前表

构成	成本项目
配装成本	(1) 配装材料费：是指货物包装花费在材料上的费用，常见的材料有木材、纸、自然纤维、合成纤维、塑料等。 (2) 配装机械费：包装机械的折旧费、修理费、保养费及燃料动力消耗等。 (3) 配装技术费：是指为了保证物资不受外界不良影响采取一定的技术（缓冲、防震、防潮、防锈等）所支出的费用。 (4) 配装辅助费：包装标记、标志的印刷及拴挂物等。 (5) 配装人员费：从事包装工作的工人及有关人员的费用。
流通加工成本	(1) 流通加工材料费：在流通加工过程中投入的材料费。 (2) 流通加工人工费：在流通加工过程中从事加工活动的管理、生产人员的人工费用。 (3) 流通加工设备费：流通加工设施、设备的费用。 (4) 流通加工其他费用：流通加工过程中消耗的电力、燃料、油料等的费用。

在实际应用中，应该根据配送的具体流程归集成本。不同的模式，其成本构成差异较大；在相同的配送模式下，由于配送物品的性质不同，其成本构成的差异也很大。

二、配送成本的核算

企业配送成本的大小，一般取决于计算范围、核算对象和费用项目三方面的因素。确定不同的前提条件，会引起截然不同的结果。各企业应该根据各自不同的情况和管理需要来决定本企业配送成本的计算范围。本任务根据配送流程及配送环节，以配送运输成本、储存保管成本、分拣成本、配装成本和流通加工成本作为配送成本的计算范围。

（一）配送运输成本的计算

1. 配送运输成本项目

配送运输成本是指配送车辆在完成配送货物的过程中所发生的各种车辆费用和配送间接费用。

（1）配送车辆费用。配送车辆费用是指配送车辆从事配送生产所发生的各项费用，具体包括：

1）工资。是指支付给配送车辆司机的基本工资、附加工资及工资性津贴。

2）职工福利费。是指按规定的工资总数及规定比例计提的职工福利费。

3）燃料。是指配送车辆运行所耗用燃料，如汽油、柴油等的费用。

4）轮胎。是指配送车辆耗用的外胎、内胎、垫带的费用支出以及轮胎的翻新费用和修补费。

5）修理费。是指配送车辆进行各级保养和修理所发生的工料费、修复旧件费用和行车耗用的机油费用。

6）大修。是指配送车辆计提的大修费用，以及车辆大修竣工后应该调整的费用差异和车辆实际大修费用大于或小于定额大修费用而形成的差异应调整增加或减少的费用。

7）折旧。是指配送车辆按规定计提的折旧费。

8）公路运输管理费。是指按规定向运输管理部门缴纳的营运车辆管理费。

9）车船使用费税。是指企业按规定向税务部门缴纳的营运车辆使用税。

10）行车事故损失。是指配送车辆在配送过程中，因行车肇事所造成的事故损失。

11）其他。是指不属于以上各项的车辆费用。如行车杂支、随车工具费、防滑链条费、中途故障救济费、司机和助手劳动保护用品费、车辆清洗费、冬季预热费、由配送方负担的过桥费等。

（2）配送间接费用。配送间接费用是指配送运输管理部门，为管理和组织配送运输所发生的各项管理费用和业务费用。具体包括：

1）配送运输管理部门管理人员的工资及福利费。

2）配送运输部门为组织运输活动所发生的管理费用及业务费用，如取暖费、水电费、办公费、差旅费、保险费等。

3）配送运输部门固定资产的折旧费、修理费用。

4）直接用于生产活动，构成营运成本但不能直接计入成本项目的其他费用。

上述车辆费用和配送间接费用构成了配送运输成本项目。配送运输成本在配送总成本构成中所占的比重很大，应进行重点管理。

2. 配送运输成本的核算

配送运输成本的核算是指配送车辆在配送生产过程中所发生的费用，按照规定的成本计算对象和成本项目，计入配送运输成本。具体方法如下：

（1）工资及职工福利费。根据工资分配汇总表和职工福利费计算表中各车型分配的金额计入成本。

（2）燃料。根据燃料发出凭证汇总表中各车型耗用的燃料金额计入成本。配送车辆在本企业以外的油库加油，其领发数量不作为企业购入和发出处理的，应在发生时按照配送车辆领用数量和金额计入成本。

（3）轮胎。轮胎外胎采用一次摊销法的，根据轮胎发出凭证汇总表中各车型领用的金额计入成本；采用按行驶胎公里提取法的，根据轮胎摊提费计算表中各车型应负担的摊提额计入成本。发生轮胎翻新费时，根据付款凭证直接计入各车型成本或通过待摊费用分期摊销。内胎、垫带根据材料发出凭证汇总表中各车型成本领用的金额计入成本。

（4）修理费。辅助生产部门对配送车辆进行保养和修理的费用，根据辅助营运费用分配表中分配给各车型的金额计入成本。

（5）折旧。根据固定资产折旧计算表中按照车辆种类提取的折旧金额计入各分类成本。

(6) 养路费及运输管理费。配送车辆应缴纳的养路费和运输管理费，应在月终计算成本时，编制配送营运车辆应缴纳养路费及管理费计算表，据此计入配送成本。

(7) 车船使用税、行车事故损失和其他费用。如果是通过银行转账、应付票据、现金支付，则根据付款凭证等直接计入有关的车辆成本：如果是在企业仓库内领用的材料物资，则根据材料发出凭证汇总表、低值易耗品发出凭证汇总表中各车型领用的金额计入成本。

(8) 营运间接费用。根据营运间接费用分配表计入相关的配送车辆成本。

3. 配送运输成本计算表

物流配送企业在月末应编制配送运输成本计算表，以反映配送总成本和单位成本。配送运输成本计算表的格式如表 5—2 所示。

表 5—2　配送运输成本计算表

编制单位：　　　　年　月　　　　单位：元

项目	配送车辆合计	配送营运车辆		
		A 型车	B 型车	C 型车
一、车辆费用				
工资				
职工福利费				
燃料				
轮胎				
修理费				
折旧				
养路费				
运输管理费				
行车事故损失				
其他				
二、配送间接费用				
三、配送运输总成本				
四、周转量（千吨公里）				
五、单位成本(元/千吨公里)				
六、成本降低额				
七、成本降低率（%）				

其中：

(1) 配送运输总成本：是指成本计算期内成本计算对象的成本总额，即各成本项目金额之和。

(2) 单位成本：是指成本计算期内各成本计算对象完成单位周转量的成本额。

(3) 成本降低额：是指用该配送成本的上年度实际单位成本乘以本期实际周转量计算的总成本，减去本期实际总成本的差额。它是反映该配送运输成本由于成本降低所产生的节约金额的一项指标。其计算公式如下：

成本降低额＝上年度实际单位成本×本期实际周转量－本期实际总成本

（4）成本降低率：是指该配送运输成本的降低额，与上年度实际单位成本乘以本期实际周转量计算的总成本之比。它是反映该配送运输成本降低幅度的一项指标。其计算公式如下：

成本降低率＝成本降低额/（上年度实际单位成本×本期实际周转量）×100%

（二） 储存保管成本的计算

1. 储存保管成本项目

储存保管成本按支付方式可以分为两类：

（1）对外支付的保管费，主要是指仓库租赁费，它可以全额直接计入仓储配送成本。

（2）企业内部发生的储存保管费用，具体包括：

1）材料消耗费。包括与包装材料、消耗工具、器具设备、燃料等相关的费用。

2）工资及职工福利费。包括工人的标准工资、奖金、津贴及按规定计提的福利费等。

3）燃料动力费。包括水费、电费、燃气费等。

4）保险费。是指仓储物资为防止偷盗、火灾等损失的财产保险费。

5）修缮维护费。是指仓库及设备的修缮维护费。

6）仓储搬运费。是指仓储物资进出库的搬运费。

7）仓储保管费。包括仓储折旧等。

8）仓储管理费。包括仓库行政管理人员工资、办公费、消防费等。

9）易耗品。包括劳动保护用品、办公用品等。

10）资金占用利息。是指仓储物资占用资金的利息。

11）税金。是指营业税金及附加等。

2. 仓储成本的核算

仓储成本的核算是指配送中心仓储活动在配送生产过程中所发生的费用，按照规定的成本计算对象和成本项目，计入配送仓储成本。具体方法如下：

（1）材料消耗费。根据材料发出凭证汇总表的金额全额计入配送成本。

（2）工资及职工福利费。根据工资分配汇总表和职工福利费计算表，按人数比例计算配送仓储部门应分摊的费用并计入配送成本。

（3）燃料动力费。根据燃料动力消耗凭证汇总表，按面积占比计算配送仓储部门应分摊的费用并计入配送成本。

（4）保险费。根据保险费用凭证汇总表，按面积占比计算配送仓储部门应分摊的费用并计入配送成本。

(5) 修缮维护费。根据辅助营运费用分配表，按面积占比计算配送仓储部门的费用并计入配送成本。

(6) 仓储搬运费。根据辅助营运费用分配表，按面积占比计算配送仓储部门的费用并计入配送成本。

(7) 仓储保管费。根据固定资产折旧计算表，按面积占比计算配送仓储部门的费用并计入配送成本。

(8) 仓储管理费。根据管理费用汇总表，按仓储费用占比计算配送仓储部门的费用并计入配送成本。

(9) 易耗品。根据低值易耗品发出凭证汇总表，按仓储费占用比计算配送仓储部门的费用并计入配送成本。

(10) 资金占用利息。根据财务费用汇总表，按仓储费用占比计算配送仓储部门的费用并计入配送成本。

(11) 税金。根据应付税金汇总表，按仓储费用占比计算配送仓储部门的费用并计入配送成本。

3. 仓储成本计算表

物流配送企业在月末应编制配送环节仓储成本计算表，以反映仓储总成本。仓储成本计算表的格式如表5—3所示。

表5—3　　仓储成本计算表

编制单位：　　年　月　　单位：元

项目	合计	配送仓库	
		A仓库	B仓库
仓库租赁费			
材料消耗费			
工资津贴费			
燃料动力费			
保险费			
修缮维护费			
仓储搬运费			
仓储保管费			
仓储管理费			
易耗品费			
资金占用费			
税金等			
仓储成本合计			

(三) 分拣成本的计算

分拣成本是指分拣机械及人工在完成货物分拣过程中所发生的各种费用。

1. 分拣成本项目

（1）分拣直接费用。

1）工资。是指按规定支付给分拣作业人员的标准工资、奖金、津贴等。

2）职工福利费。是指按规定的工资总额和提取标准计提的人工费用。

3）修理费。是指分拣机械进行保养和修理所发生的工料费用。

4）折旧。是指分拣机械按规定计提的折旧费。

5）其他。是指不属于以上各项的费用。

（2）分拣间接费用。分拣间接费用是指配送分拣管理部门为管理和组织分拣作业，需要由分拣成本负担的各项管理费用和业务费用。

分拣直接费用和分拣间接费用构成了配送环节的分拣成本。

2. 分拣成本的核算

配送环节分拣成本的核算是指分拣过程所发生的费用，按照规定的成本计算对象和成本项目，计入分拣成本。具体方法如下：

（1）工资及职工福利费。根据工资分配汇总表和职工福利费计算表中分配的金额计入分拣成本。

（2）修理费。辅助生产部门对分拣机械进行保养和修理的费用，根据辅助生产费用分配表中分配的分拣成本金额计入成本。

（3）折旧。根据固定资产折旧计算表中按分拣机械提取的折旧金额计入成本。

（4）其他。根据低值易耗品发出凭证汇总表中分拣成本领用的金额计入成本。

（5）分拣间接费用。根据配送管理费用分配表计入分拣成本。

3. 分拣成本计算表

物流配送企业在月末应编制配送环节分拣成本计算表，以反映分拣总成本。分拣成本计算表的格式如表 5—4 所示。

表 5—4　　分拣成本计算表

编制单位：　　　　年　月　　　　单位：元

项目	合计	分拣品种				
		货物 A	货物 B	货物 C	货物 D	货物 E
一、分拣直接费用						
工资						
职工福利费						
修理费						
折旧						
其他						
二、分拣间接费用						
分拣总成本						

（四）配装成本的计算

配装成本是指在完成配装货的过程中所发生的各种费用。

1. 配装成本项目

（1）配装直接费用。

1）工资。是指按规定支付的配装作业工人的标准工资、奖金、津贴。

2）职工福利费。是指按规定的工资总额和提取标准计提的人工费用。

3）材料。是指配装过程中消耗的各种材料，如包装纸、包装箱、塑料袋等。

4）辅助材料。是指配装过程中耗用的辅助材料，如标志、标签等。

5）其他。是指不属于以上各项费用，如配装工人的劳保用品费等。

（2）配装间接费用。配装间接费用是指配送配装管理部门为管理和组织配装作业所发生的各项费用，由配装成本负担的各项管理费用和业务费用。

配装直接费用和配装间接费用构成了配装成本。

2. 配装成本的核算

配装成本的核算是指配装过程中所发生的费用，按照规定的成本计算对象和成本项目计入配装成本。具体方法如下：

（1）工资及职工福利费。根据工资分配汇总表和职工福利费中分配的配装成本金额计入成本。

（2）材料费用。根据材料发出凭证汇总表、领料单及领料登记表等原始凭证中配装成本耗用的金额计入成本。

（3）辅助材料费用。根据材料发出凭证汇总表、领料单中的金额计入成本。

（4）其他费用。根据材料发出凭证汇总表、低值易耗品发出凭证中配装成本领用的金额计入成本。

（5）配装间接费用。根据配送间接费用分配表计入配装成本。

3. 配装成本计算表

物流配送企业在月末应编制配送环节配装成本计算表，以反映配装总成本。配装成本计算表的格式如表 5—5 所示。

表 5—5　　配装成本计算表

编制单位：　　　　年　月　　　　单位：元

项目	合计	配装品种				
		货物 A	货物 B	货物 C	货物 D	货物 E
一、配装直接费用						
工资						
职工福利费						

续前表

项目	合计	配装品种				
		货物 A	货物 B	货物 C	货物 D	货物 E
材料费						
辅助材料费						
其他						
二、配装间接费用						
配装总成本						

（五） 流通加工成本的计算

1. 流通加工成本项目

（1）直接材料费用。流通加工成本中的直接材料费用是指在流通加工产品加工的过程中，直接消耗材料、辅助材料、包装材料以及燃料和动力等所产生的费用。与工业企业相比，流通加工过程中的直接材料费用占流通加工成本的比重不大。

（2）直接人工费用。流通加工成本中的直接人工费用是指直接进行加工生产的生产工人的工资总额和按工资总额提取的职工福利费，生产工人工资的总额包括计时工资、计件工资、奖金、津贴和补贴、加班工资、非工作时间的工资等。

（3）制造费用。流通加工成本中的制造费用是物流中心设置的生产加工单位为组织和管理生产加工所发生的各项间接费用，主要包括流通加工生产单位管理人员的工资及提取的职工福利费，生产加工单位房屋、建筑物、机器设备等的折旧和修理费，生产单位固定资产租赁费、机物料消耗、低值易耗品摊销、取暖费、水电费、办公费、差旅费、保险费、检验费、季节性停工和机器设备修理期间的停工损失，以及其他制造费用。

2. 流通加工成本的核算

（1）直接材料费用的核算。在直接材料费用中，材料和燃料费用的金额是根据全部领料凭证汇总编制的耗用材料汇总表确定的；外购动力费用是根据有关凭证确定的。

（2）直接人工费用的核算。计入产品成本中的直接人工费用的金额，是根据当期工资结算汇总表和职工福利费计算表来确定的。

（3）制造费用的核算。制造费用是通过设置制造费用明细账，按照费用发生的地点来归集的。制造费用明细账按照加工生产单位开设，并按照费用明细账项目设专栏组织核算。流通加工制造费用的格式可以参考工业企业制造费用的一般格式。流通加工环节的折旧费用、固定资产修理费用等占流通加工成本的比重较大，其费用归集尤其重要。

3. 流通加工成本计算表

物流配送企业在月末应编制配送环节的流通加工成本计算表，以反映配送总成本和单位成本。流通加工成本计算如表 5—6 所示。

表 5—6　流通加工成本计算表

编制单位：　年　月　单位：元

项目	合计	配装品种				
		产品 A	产品 B	产品 C	产品 D	产品 E
直接材料费用						
直接人工费用						
制造费用						
合计						

三、配送成本控制与分析

（一）配送成本控制的意义

配送企业所取得的收入是指通过降低配送过程中的成本费用，从而和客户一起共同分享的利润。配送成本控制不仅是客户考虑的内容，也是配送企业考虑的内容，因此进行配送成本控制显得尤为重要。配送是一个多环节物流活动的集成，在实际运行中会有一些不合理的情况出现。不合理配送的表现形式主要有：

（1）资源筹措不合理。配送是通过筹措资源的规模效益来降低资源筹措成本，使配送资源筹措成本低于客户自己的筹措资源成本，从而取得优势的。如果不是集中多个客户需要批量筹措资源，而仅仅是为一两个客户代购代筹，对客户来讲，非但不能降低资源筹措费用，反而要多支付一笔配送企业的代办费，这显然是不合理的。

（2）库存决策不合理。配送应实现集中库存总量低于各客户分散库存总量，从而大大节约社会财富，同时降低客户实际平均分摊库存负担。因此，配送企业必须依靠科学管理来实现一个低总量的库存，否则就会出现只是转移库存，而未解决库存降低的不合理现象。

（3）配送中心布局不合理。近年来，物流企业上马很快，部分物流企业缺乏总体规划和充分的市场调查，导致配送中心布局不合理，重复建设，成本较高。

（4）送货中的不合理运输。配送与客户自提比较，尤其对于多个小客户来讲，可以集中配装一车送几家，这比一家一户自提，可大大节省运力和运费。如果不能利用这一优势，仍然是一户一送，而车辆达不到满载，则属于不合理配送。

（5）价格不合理。总的来说，配送的价格应低于客户自己完成物流活动的总和，这样才会使客户有利可图。有时候，由于配送有较高的服务水平，价格较高，客户是可以接受的，但这不是普遍的原则。如果配送价格普遍高于客户自己完成物流活动的费用，损伤了客户的利益，就是一种不合理的表现。价格制定得过低，使配送企业处于无利或亏损状态下运行，这样会损伤配送企业自身，也是不合理的。

（6）经营观念的不合理。在配送实施过程中，由于一些经营观念不合理，致使配送优势无从发挥，甚至还损坏了配送的形象。这是在开展配送时尤其需要避免的不合理现象。例如，配送企业利用配送手段，向客户转嫁资金、库存困难；在库存过大时，强迫客户接货，以缓解自己的库存压力；在资金紧张时，长期占用客户资金；在资源紧张时，将客户委托资源挪作他用以获利等。

以上几种不合理的配送形式，都会增加配送的成本费用，会使配送企业丧失成本领先的竞争优势。另外，配送成本是由物流多环节的成本费用构成的，对配送成本的控制也是对各环节成本的分项控制。因此，对配送成本的控制要有系统的观点，将配送成本费用控制在预定范围内。

（二） 配送成本控制的基本程序

1. 制定成本控制标准

成本控制标准是控制成本费用的重要依据，物流配送成本标准应按实际的配送环节分项制定，不同的配送环节，其成本项目是不同的。制定配送作业的成本控制标准，业务数量标准通常由技术部门研究确定，费用标准由财务部门和有关责任部门研究确定，同时尽可能吸收负责执行标准的职工参加各项标准的制定，从而使制定的标准符合实际配送活动的要求。

2. 揭示成本差异

成本控制标准制定后要与实际费用相比较，及时揭示成本差异。成本差异的计算与分析也要与所制定的成本项目进行比较。

3. 成本反馈

在成本控制的过程中，要将成本差异的情况及时反馈给有关部门，以便及时控制与纠正。

（三） 配送成本控制的策略

物流活动的最终实现必须通过配送才能完成。配送不仅可以增加产品的价值，还有助于提高企业的竞争力，但完成配送活动是需要付出代价的，即需要配送成本。对配送的管理就是在配送目标即达到一定的客户服务水平与配送成本之间寻求平衡；在一定的配送成本下尽量提高客户服务水平，或在一定的客户服务水平下使配送成本最小。配送成本控制的策略主要有以下几方面：

1. 优化配送作业

优化配送作业的策略主要有合并策略、差异化策略、混合策略、标准化策略以及延迟策略等。

（1）合并策略。合并策略包含两个层次：一个是配送方法上的合并，另一个则是共同配送。

1）配送方法上的合并。企业在安排车辆完成配送任务时，充分利用车辆的容积和载重量，做到满载满装，是降低成本的重要途径。如实行合理的轻重配装、容积大小不同的货物搭配装车，不但可以在载重方面达到满载，而且可以充分利用车辆的有效容积，取得最优效果。

2）共同配送。共同配送是一种产权层次上的共享，也称集中协作配送。它是几个企业联合起来集小量为大量，共同利用同一配送设施的配送方式，其标准运作形式是：在中心机构的统一指挥和调度下，各配送主体以经营活动（或以资产为纽带）联合行动，在较大的地域内协调运作，共同对某一个或某几个客户提供系列化的配送服务。

(2) 差异化策略。差异化策略的指导思想是：产品特征不同，客户服务水平也不同。当企业拥有多种产品线时，不能对所有产品都按同一种客户服务标准来配送，而应按产品的特点、销售水平来设置不同的库存、不同的运输方式以及不同的储存地点。忽视产品的差异性会增加不必要的配送成本。

(3) 混合策略。混合策略是指一部分配送业务由企业自身完成。采用混合策略，合理安排企业自身完成的配送业务和外包给第三方物流完成的配送业务，能使配送成本最低。与混合策略相对的是纯策略，是指配送活动要么全部由企业自身完成，要么完全外包给第三方物流完成。采用纯策略易形成一定的规模经济，并使管理简化，但由于产品品种多变、规格不一、销量不等等情况，因此采用纯策略的配送方式若超出一定限度，不仅不能取得规模效益，反而会造成规模不经济。

(4) 标准化策略。标准化策略就是尽量减少因品种多变而导致的附加配送成本，尽可能多地采用标准零部件、模块化产品。如服装制造商按统一规格生产服装，直到顾客购买时才按顾客的身材调整尺寸大小。采用标准化策略要求厂家从产品设计开始就站在消费者的立场去考虑怎样节省配送成本，而不要等到产品定型生产出来了才考虑采用什么技巧降低配送成本。

(5) 延迟策略。传统的配送计划安排中，大多数的库存是按照对未来市场需求的预测量设置的，这样就存在预测风险。当预测量与实际需求量不符时，就会出现库存过多或过少的情况，从而增加配送成本。延迟策略的基本思想是：对产品的外观、形状及其生产、组装、配送应尽可能推迟到接到客户订单后再确定。一旦接到订单就要快速反应，因为采用延迟策略的一个基本前提是信息传递要非常快。

2. 提高配送作业效率

(1) 商品入库、出库的效率化。在配送作业中，伴随着订发货业务的开展，商品检验作业也在集约化的中心内进行。特别是近几十年来，随着条形码的广泛普及以及便携式终端性能的提高，物流作业效率得到大幅提高。即在客户订货信息的基础上，在进货商品上要求贴附条形码，商品进入中心时用扫描仪读取条形码检验商品；或在企业发货信息的基础上，在检验发货商品的同时加贴条形码。这样，企业的仓库保管以及发货业务就可以都在条形码管理的基础上进行。

（2）保管、装卸作业的效率化。从事现代配送中心再建的企业都极力在中心内导入自动化作业，在实现配送作业快速化的同时，削减作业人员，降低人力费。特别是以往需要大量人力的备货或标价等流通加工作业，如何实现自动化是很多企业面临的重要课题。如今，为了提高作业效率，除了改善作业内容外，很多企业所采取的方法是极力使各项作业标准化，进而最终实现人力资源的节省。

（3）备货作业的效率化。配送中心中最难实行自动化的是备货作业，由于产业不同、商品的形状不同，备货作业的自动化有难有易。从整个产业来看，各企业在推动自动化时虽然会遇到各种难题，但都极力通过利用信息系统节省人力资源，构筑高效的备货自动化系统。备货自动化中最普及的是数码备货，它可以不使用人力，而是借助信息系统有效地进行作业活动。具体来讲，数码备货系统就是在由信息系统接受客户订单的基础上，向分拣员发出数码指示，从而按指定的数量和种类正确、迅速地备货的作业系统。实行自动化备货作业后，各个货架或货棚顶部装有液晶显示装置，该装置标示商品的分类号以及店铺号，作业人员可以很迅速地查找到所需商品。如今，很多先进的企业即使使用人力，也都纷纷采用数码技术以提高备货作业的效率。

（4）分拣作业的效率化。对于不同的经济主体，分拣作业的形式是不同的。对于厂商而言，如果是客户工厂订货，则产品生产出来后直接运送给客户，基本上不存在分拣作业；相反，如果是预约订货，那么就需要将商品先送到仓库，等接受客户订货后，再进行备货、分拣，配送到指定客户手中。此外，对于那些拥有全国产品销售网的厂商，产品生产出来后运送到各地的物流中心，各地物流中心在接受当地订货的基础上，分别进行备货、分拣作业，然后直接向客户配送产品。

3. 建立顺畅的信息系统

降低配送中心的成本有多种方法和策略。物流成本管理就是借助顺畅的信息系统、导入自动化仪器、构筑信息系统等手段，力图做到配送中心内作业的机械化，节省人力资源，简化订货、发货作业，最终降低物流成本，缩短商品在途时间，进而真正做到商物分离，使营业人员专心于经营活动，提高经营绩效。下面以场所管理和来说明顺畅的信息系统是如何降低物流成本的。

配送中心内的场所管理分为两种形态：

一种是利用信息系统事先将货架进行分类、编号，并贴附货架代码，对各货架内的商品事先加以确定，这是一种固定型场所管理。在固定型场所管理方式下，各货架内装载的商品长期是一致的，这样从事商品备货作业较为容易。同时，信息管理系统的建立也较为方便，这是因为只要第一次将货架编号以及商品代码输入计算机，就能很容易地掌握商品出入库动态，从而省去不断进行在库商品统计的烦琐业务。与此同时，在商品发货以后，利用信息系统能很方便地掌握账目以及实际商品的残余在库量，及时补充安全在库量。

另一种管理方式是流动型管理，即所有商品按顺序摆放在空的货架中，不事先确定各类商品专用的货架。流动型管理方式由于各货架内装载的商品是不断变化的，在登录商品变更时出差错的可能性较大。

固定型管理和流动性管理各有一定的适用范围。一般来讲，固定型管理适用于非季节性商品；而季节性商品或流行性变化剧烈的商品，由于周转较快，出入库频繁，更适合采用流动型管理。

4. 引入目标成本管理

配送中心的经营总目标从表面上看，可能是以更高的服务质量且以更低的成本来完成向各个客户的配送。但这只是管理上的目标，还应从更深的层次去分析，即从财务会计的角度去分析，并且导入目标成本管理，设定一些具体指标，如成本、现金流量、净投资回报率、库存、净利润等来进行具体的控制。其要点如下：

（1）在同一技术水平下，为了实现这些目标中的某些目标，应尽量减小对其他目标的影响。

（2）实现这些目标时，要以总目标的经济效益为基准。

（3）把目标管理的重点放在控制影响成本降低的瓶颈因素上。

5. 利用作业成本法进行核算

在作业成本法下，以客户作为成本对象进行成本计算，能分析出企业向特定客户销售的获利能力。利用作业成本法计算相应成本，该类成本被称为“客户成本”。客户成本不仅包括生产环节发生的成本，还包括销售环节和其他相关环节发生的成本。客户成本计算完毕后，再将所有与客户相关的收入和成本进行比较。这种分析能使管理人员了解各客户对企业盈利水平的影响，有助于企业选择合适的客户类型。

6. 实行责任中心管理

随着企业规模的扩大，企业应把配送中心作为一个责任中心来对待，并考虑划分出若干责任区域并指派下属经理——配送经理进行管理。责任中心是指企业中具有一定权力并承担相应工作责任的各级组织和各个管理层次。

为了指导各责任中心管理者作出决策，并评估其经营业绩和该中心的经营成果，企业实施责任中心管理的关键是制定一个业绩计量标准，包括制定决策规则、标准和奖励制度。利用这个标准，企业可以传达希望各中心应该如何做，并对它们的业绩进行判断和评价。

业绩计量标准制定的工作大体上可以从两方面入手：一方面，详细规定各中心允许的和可被采纳的行为规范，并限制中心经理可以选择的行动方案。比如指定供应商，禁止处理某些资产，限定项目投资的最高额度等。另一方面，必须建立一套完善的奖励制度以激励中心经理，促使其行动达到最优化。

影响公司最高管理层实行责任中心管理，导致业绩计量标准调节机能失调的因素有：

（1）目标不一致。比较理想的计量标准应该与企业总目标保持高度一致。但是在复杂而不确定的环境下，任何单一的业绩计量标准都不可能保证分散经营的分部目标与企业总目标保持完美的协调一致。原因在于：

1）计量标准的选择带有人为因素，它与企业战略目标的相关性主要是靠高层管理者的主观判断。

2）大多数计量标准是以内部业绩，而不是以外部机会为基础的，但有时候外部机会恰恰是影响企业总目标实现的关键因素。

3）单一计量标准没有考虑到各中心当前活动对未来经营所带来的后果。

（2）关系不协调。各中心的业务活动之间是相互作用的，一个独立单位的业务活动可能不仅影响自身的业绩计量，还会影响其他单位的业绩计量。因此，各中心之间转移价格的制定通常是最容易引起争议的。

（3）避免过度消费。在责任中心管理中，因为各自负责任的考核标准不同，往往无法避免浪费现象的产生。如拥有费用支配权力的下级管理人员耗费无度，比如花巨资装修办公室、雇用大量的临时工、无节制的职位消费。这些支出尽管会降低自身业绩，但只要从过度消费中获得的实惠远远超过业绩奖励，就很难杜绝这种“寻租”行为。

（四）配送各环节成本控制方法的选择

配送各环节成本控制应该在控制配送总成本的基础上分项控制，由于各环节成本项目的差异很大，在选用成本控制标准时应遵循合适的原则，对不同的环节应采用不同的成本控制标准。

配送运输一般按优化的配送路线进行配送，但受驾驶水平、道路条件、车辆性能等因素的影响，其不确定因素很大，因此，对配送运输成本的控制应采用计划成本控制。

配送的仓储、分拣、配装及流通加工等环节应采用标准成本控制，虽然各环节的成本项目具有一定的差异，它们的控制标准可按直接材料费用、直接人工费用和制造费用分别制定。执行每一项控制标准都要考虑数量与单价这两个基本因素。

1. 标准成本的制定

物流配送各环节的标准成本应按配送的实际环节进行制定，在进行标准成本制定的过程中要充分考虑各环节的实际情况。物流配送各环节的标准成本、业务数量标准，通常由技术部门研究确定，费用标准由财务部门和有关责任部门研究确定，同时尽可能吸收负责执行标准的职工参加各项标准的制定，以使所制定的标准符合实际配送活动的要求。

配送各环节标准成本可按直接材料、直接人工和制造费用三个成本项目分别制定。

(1) 直接材料标准成本的制定。配送成本构成中的直接材料标准成本的制定，一方面应从技术部门取得各作业过程的技术文件，提供各作业过程所需的各种材料的消耗量(如配送流通加工成本中的加工材料的消耗量)；另一方面，应从供应部门取得每种材料的标准单价，主要包括运杂费和买价等。直接材料标准成本的计算公式如下：

$$配送各环节直接材料标准成本=直接材料标准数量\times直接材料标准价格$$

(2) 直接人工标准成本的制定。配送成本构成中的直接人工标准成本的制定：标准工作时间是按产品的加工工序、搬运装卸工序、拣选及配装工序等来制定的。标准价格是采用预算工资率，即每一标准工时应分配的工资乘以职工工时标准来确定。各工序消耗的标准时间，由各作业部门和工程技术部门来提供，而预算工资率一般由人力资源部门来提供。直接人工标准成本的计算公式如下：

$$配送各环节直接人工标准成本=直接人工标准数量\times直接人工标准价格$$

(3) 制造费用标准成本的制定。制造费用标准成本的制定，需考虑数量标准与费用率标准两个因素。制造费用的数量标准是指正常生产条件下生产单位产品所需的标准工作时间。制造费用的费用率标准是指每一标准工时所负担的制造费用。制造费用分为固定性制造费用预算和变动性制造费用预算两部分。费用率标准的计算公式如下：

$$固定性制造费用标准分配率=\frac{固定性制造费用预算}{标准总工时}$$

$$变动性制造费用标准分配率=\frac{变动性制造费用预算}{标准总工时}$$

根据制造费用用量和费用分配率，制造费用标准成本的计算公式如下：

$$固定性制造费用标准成本=固定性制造费用分配率\times标准工时$$

$$变动性制造费用标准成本=变动性制造费用分配率\times标准工时$$

2. 标准成本差异分析

标准成本差异是标准成本同实际成本的差额。实际成本低于标准成本的差异为节约差异，实际成本高于标准成本的差异为超支差异。由于标准成本是根据消耗数量与价格两个基本因素计算而得出的，因此差异的分析也要从消耗数量与价格这两个因素入手。

(1) 直接材料成本差异分析。直接材料成本差异分析分为直接材料数量差异和直接材料价格差异。直接材料数量差异是直接材料实际用量同标准用量之间的差异。计算公式为：

$$直接材料数量差异=(实际用量-标准用量)\times标准价格$$

出现差异之后要进行差异分析，并及时采取纠偏措施。造成数量差异的主要原因，包括用料上的浪费和因质量事故造成的材料损失等，同时要考虑采购部门购入材料的质量及仓储保管质量。

直接材料价格差异是指直接材料的实际价格同标准价格之间的差异。计算公式为：

直接材料价格差异＝（实际价格－标准价格）×实际用量

直接材料价格差异由采购部门负责。造成价格差异的原因主要包括市场价格的变化、采购批量的增减、采购费用的升降等。

（2）直接人工差异分析。直接人工差异分析分为直接人工效率差异和直接人工工资率差异分析。直接人工效率差异是指直接人工实际工时同标准工时之间的差异。计算公式为：

直接人工效率差异＝（实际工时－标准工时）×标准工资率

直接人工工资率差异是指直接人工实际工资率与标准工资率之间的差异。计算公式为：

直接人工工资率差异＝（实际工资率－标准工资率）×实际工时

造成直接人工成本差异的原因主要包括工资水平的提高、工艺改进引起工时的变化、劳动生产率的升降等。

（3）制造费用差异分析。制造费用差异是制造费用的实际发生额与标准发生额之间的差异，制造费用小部分与当期生产量发生联系，而大部分则与企业的生产规模发生联系。因此，对制造费用要按变动性制造费用与固定性制造费用进行差异分析。变动性制造费用差异要从耗用差异与效率差异两部分进行分析。计算公式为：

变动性制造费用耗用差异＝（实际分配率－标准分配率）×实际工时

变动性制造费用效率差异＝（实际工时－标准工时）×标准分配率

固定性制造费用数额的大小，一般与一定的生产规模相联系，故分析固定性制造费用差异，不仅要对耗用差异、效率差异进行分析，还要对生产能力利用的差异进行分析。计算公式为：

固定性制造费用效率差异＝（实际工时－标准工时）×标准分配率

固定性制造费用能力差异＝固定性制造费用预算数－（实际工时×标准工时）

固定性制造费用耗用差异＝固定性制造费用实际发生额－固定性制造费用预算数

（五）配送成本分析

配送成本分析的方法多种多样，具体选用哪种方法，取决于企业成本分析的目的、费用和成本形成的特点、成本分析所依据的资料性质等。配送成本是由多环节的成本组成的，因此，对配送成本的分析也应当按照各环节成本进行分项分析。通过分析能够真正揭示配送费用预算和成本计划的完成情况，查明影响计划或预算完成的各种因素变化的影响程度，寻求降低成本、节约费用途径的方法。

现以配送环节的配送运输成本为例进行分析。配送运输成本汇总表是反映配送环节在一定时期（年、季、月）内成本构成、成本水平和成本计划执行情况的综合性指标报表。利用配送运输成本汇总表，可以分析、考核各项计划的执行情况和各种消耗定额的完成情况，研究降低成本的途径，从而不断改善经营管理，提高配送盈利水平。

1. 配送运输成本汇总表的编制

配送运输成本汇总表是总括反映配送部门在月度、季度、年度内配送车辆成本的构成、水平和成本计划执行结果的报表。配送运输成本汇总表的示例如表 5—7 所示。

表 5—7　　配送运输成本汇总表

编制单位：　　　　年　月　　　　单位：元

项目	行次	计划数	本期实际数	本年累计实际数
一、车辆费用	1	5 217 100		5 139 188
1. 工资	2	258 700		258 265
2. 职工福利费	3	28 700		28 696
3. 燃料	4	1 683 400		1 670 141
4. 轮胎	5	462 000		455 372
5. 保养	6	851 200		835 996
6. 大修	7	487 000		477 960
7. 折旧	8	394 500		380 938
8. 养路费	9	904 600		883 645
9. 公路运输管理费	10	85 000		83 985
10. 行车事故损失	11	32 000		34 240
11. 其他	12	30 000		29 950
二、配送间接费用	13	967 000		933 254
三、配送总成本	14	6 184 100		6 072 442
四、周转量（千吨公里）	15	43 452		43 395
五、单位成本（元/千吨公里）	16	142.32		139.93
六、成本降低额	17	65 601		168 684
七、成本降低率（%）	18	1.05		2.73
补充资料（年表填列）	19			
上年周转量	20			42 689
上年单位成本（元/千吨公里）	21			143.83
配送总行程（千车公里）	22	115		10 999
燃料消耗：汽油/柴油（升/百吨）	23	7.3		7.36
历史最高水平：单位成本	24			

配送运输成本汇总表内的有关数据说明：

（1）表 5—7 中列有配送车辆的车辆费用和配送间接费用以及各成本项目的计划数、本期实际数和本年累计实际数。计划数只在每年的 12 月填列，本期实际数根据“配送支出”账户明细账月终余额填列。周转量根据统计部门提供的资料填列。其中，成本降低额和成本降低率按以下公式计算：

配送运输成本降低额＝配送车辆上年实际单位成本×本年配送实际周转量－本年配送实际总成本

配送运输成本降低率＝配送成本降低额/配送车辆上年实际单位成本×本年实际配送周转量

另外，表5—7中还列出了一些补充资料，包括上年周转量、上年单位成本及配送总行程等项目，以供成本分析之用。

2. 配送运输成本汇总表的分析

配送运输成本汇总表的分析主要是根据表中所列数值，采用比较分析法，计算并比较本年计划、本年实际与上年实际成本升降情况，结合有关统计、业务、会计核算资料和其他调查研究资料，查明成本水平变动的原因，提出进一步降低成本的建议。

现以表5—7所列数值为例进行分析：

(1) 本年度计划配送成本要求比上年实际配送成本降低1.05%，成本降低额为65 601元。实际成本降低168 684元，成本降低率为2.73%。成本降低额大幅度超过计划要求，配送单位成本的降低是主要原因。

(2) 车辆费用和配送间接费用的实际数均低于计划数，表明企业在节约开支方面是有成绩的。

(3) 养路费计划为904 600元，实际为883 645元。实际数低于计划数，应进一步分析原因。

(4) 行车事故损失，计划数是32 000元，实际数为34 240元。虽然实际数与计划数相差不大，但应引起重视，仔细分析原因。

对配送运输成本的一般分析，只能了解成本水平升降的概略情况，为了进一步揭示成本变动的具体原因，需要从以下几个方面作比较深入的分析：

1) 各种燃料、材料价格和一些费用比率（如折旧率、大修理基金提存率、养路费率等）变动对成本水平的影响。

2) 各项消耗定额和费用开支标准变动对成本水平的影响。

3) 配送车辆数及其载重量变动和车辆运用效率对成本水平的影响等。

操作演练

操作任务

向学生演示配送成本的核算工作流程，并演示配送成本核算应用实例。

一、绘制配送成本的核算工作流程图

配送成本的核算工作流程如图5—1所示。

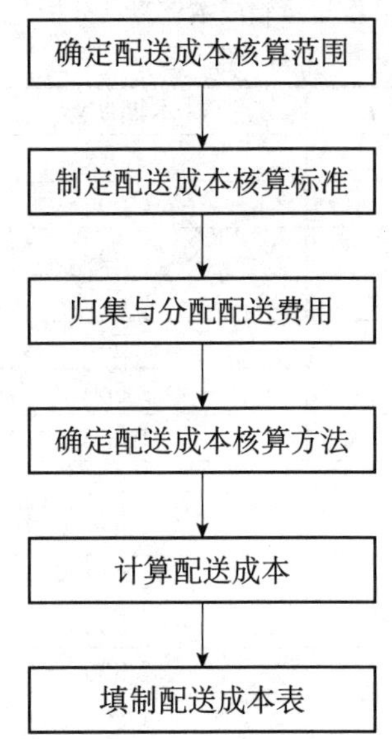

图 5—1　配送成本的核算工作流程图

二、配送运输成本核算应用实例

高新物流配送中心配送部门的有关配送运输成本资料如下：

（1）配送车辆：原始价值为 20 万元，预计净残值率为 5%，预计总行驶里程为 76 万公里，当月实际行驶里程为 5 000 公里，企业按行驶里程法计提折旧。

（2）燃料消耗：油耗按 18 升/百公里计算，吨公里附加按 1 升/百吨公里计算，假设柴油价格为 6 元/升。

（3）修理费：该月完成对车辆的大修理，共发生修理费 5 400 元。

（4）人工费：为该车配备专职驾驶员，工资费用率为 0.5 元/公里。

（5）保险费：支付全年的机动车交通事故责任强制保险 4 480 元，商业第三者责任险 3 600 元，车损险 2 000 元。

（6）其他按月支付的费用：车辆维修费 680 元，轮胎费 560 元，保养费 370 元，运输管理费 800 元，其他支出 2 800 元。

（7）当月完成配送运输任务共计 60 000 吨公里，实际发生差旅费 500 元，支付路桥费 6 300 元。

（8）本月由配送业务负担的配送业务管理费为 1 890 元。

上年配送运输总成本及周转量如表 5—8 所示。

表 5—8 配送运输成本计算及分析

编制单位： 年 月 单位：元

成本项目	本期实际	上期实际
一、车辆直接费用		
职工工资	4 000	
职工福利费	560	
燃料费	9 000	
轮胎费	560	
修理费	1 500	
折旧费	1 250	
公路运输管理费	800	
保险费	840	
路桥费	6 300	
差旅费	500	
其他费用	2 800	
二、营运间接费用	1 890	
三、配送运输总成本	30 000	31 200
四、配送周转量（千吨公里）	60	65
五、单位成本（元/千吨公里）	500	550
六、成本降低额	3 000	
七、成本降低率（%）	9%	

根据上述资料，计算并分析表 5—8。

计算过程：

（1）职工工资：5 000×0.8=4 000 元。

（2）职工福利费：4 000×14%=560 元。

（3）燃料费：(18×50+600×1）×6=9 000 元。

（4）轮胎费：560 元。

（5）修理费：(5 400÷12）+680+370=1 500 元。

（6）折旧费：每公里折旧额=20×（1−4%）÷78=0.25 元/公里；本月折旧额=5 000×0.25=1 250 元。

（7）公路运输管理费：800 元。

（8）保险费：(4 480+3 600+2 000）÷12=840 元。

（9）路桥费：6 300 元。

（10）差旅费：500 元。

（11）其他费用：2 800 元。

（12）营运间接费用：1 890 元。

分析：通过计算可知、本期成本比上期成本降低了 3 000 元，是由于本期单位成本降低了 50（=500—550）元/吨公里所致。

技能训练

实训目标

通过本任务的实训，让学生熟悉配送成本核算作业流程，掌握配送成本的构成内容及核算方法，培养、提高学生的配送成本核算业务技能。

实训情境

高新物流配送中心接受武汉市政府委托，负责 2015 年春节期间 20 000 箱烟花爆竹的配送任务。烟花爆竹要特许的专卖点才能销售，武汉市区及郊区总计经销商 21 000 户，其中市区网点 15 120 户，郊区网点 5 880 户。市区总配送量为 15 600 箱，郊区总配送量为 4 400 箱。共有送货车 90 台，其中，市区送货车辆 47 台，市区送货周期为 2 天，每周期行驶总里程为 2 820 公里；郊区送货车辆 43 台，郊区送货周期为 3 天，每周期行驶总里程为 6 880 公里。每个网点的配送成本是有差异的，特别是市区和郊区的专卖点的成本差异很大。根据下列配送各环节的成本资料（见表 5—9 至表 5—12），完成实训任务。

表 5—9 **仓储保管费用明细表** 单位：元

成本项目	成本	市区成本	郊区成本
工资	35 000		
租金	97 000		
修理	90 000		
防火防潮	72 000		
合计	294 000		

表 5—10 **打码费用明细表** 单位：元

成本项目	成本	市区成本	郊区成本
工资	52 000		
租金	39 000		
修理	82 000		
防火防潮	48 000		
合计	221 000		

表 5—11 **分拣配货费用明细表** 单位：元

成本项目	成本	市区成本	郊区成本
工资	74 000		
出库单	126 000		
合计	200 000		

表 5—12 **送货费用明细表** 单位：元

成本项目	成本	市内成本	郊区成本
工资	985 000		
燃料费	265 000		
租金	584 000		
折旧	584 000		
修理	294 000		
保险	210 000		
使用税	2 000		
其他	230 000		
合计	3 154 000		

实训任务

（1）分组：每组由 1 名组长和 6 名成员构成，每个成员由组长分配相应的实训任务。

（2）主要实训任务：

1）根据配送量比来分配各项仓储保管费用（见表 5—9）。

2）根据配送量比来分配各项打码费用（见表 5—10）。

3）根据配送量比来分配各项分拣配货费用（见表 5—11）。

4）根据配送总里程比来分配各项送货费用（见表 5—12）。

5）计算高新物流配送中心本次配送任务的总成本。

6）分别计算市区和郊区的配送总成本及单位成本，并说明市区配送和郊区配送哪一个更划算。

实训考核标准

对学生的实训结果给予考核，有利于激发学生的积极性。同时，通过考核找出实训过程中的不足并提出改进办法，有利于知识的总结和掌握。具体考核标准如表 5—13 所示。

表 5—13 **配送成本核算训练考评表**

考核内容	考核标准	分值	实际得分
配送成本核算	仓储费用分配正确	10	
	打码费用分配正确	10	
	分拣配货费用分配正确	10	
	送货费用分配正确	20	
	总成本计算正确	20	
	市区和郊区配送成本计算正确	30	
合　　计		100	

任务二
配送作业绩效评价

任务结构图

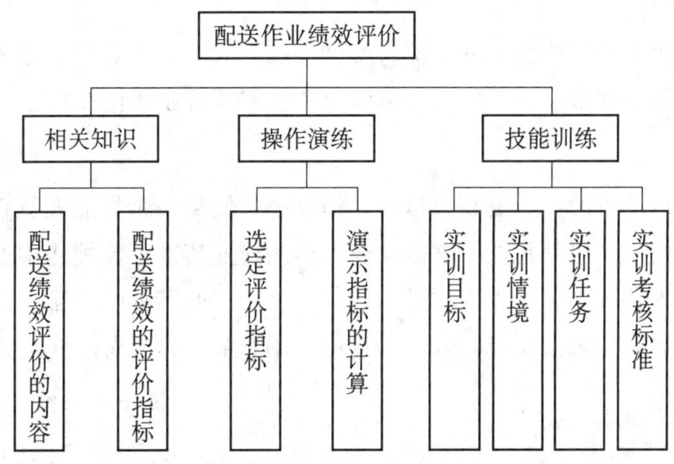

相关知识

一、配送绩效评价的内容

配送中心绩效评价能够正确判断配送中心的实际经营水平，提高经营能力，改善管理，从而增加配送中心的整体效益。配送中心绩效评价通常包括以下几个方面。

（一） 设施空间利用率

设施空间利用率用于衡量整个配送中心空间设施是否已充分利用。

所谓设施，是指除人员、设备以外的一切硬件，包括办公室、休息室、仓储区、拣货区、收货区和出货区等区域空间，以及一些消防设施等周边硬件。

所谓设施空间利用率，是指空间的利用度、有效度。一句话，提高单位土地面积的使用率，要考虑货架、仓储区的储存量、每天理货场地的配货周转次数等。

（二） 人员利用率

人员利用率用于衡量每一个人员是否尽到自己最大的能力。

对于人员作业效率的考核分析，是每一个企业经营评价的重要指标。人员利用率评价主要从以下三个方面着手。

1. 人员编排

要求人员的分配达到最合理的程度，避免忙闲不均，包括上班作息时间的安排。通常要考虑四个方面的问题：工作需要性、工作量、人员流动性、加班合理性。

2. 员工待遇

员工待遇是企业支付给员工的工资及各种福利。其中，工资包括基本工资、计时或计件工资。员工待遇通常与员工的工作绩效及企业的经营业绩相关。

3. 人员效率

人员效率管理的目的在于提高人员的工作效率，使每一个作业人员在作业期间都能发挥最大的生产效率。也就是说，掌握操作人员的作业速度，使配送中心的整体水平处理量相对提高。人员效率一般以工时进行评估，由于工时不如生产部门容易掌握，因此除工时外，配送中心也可以销货收入、出货量、作业单元数等来评价人员效率。

（三） 设备利用率

设备利用率用于衡量资产设备是否已发挥最大产能。

配送中心的设备主要用于保管、搬运、存储、装卸、配送等物流作业活动。由于各种作业有一定的时间性，设备工时不容易计算，通常通过增加设备利用时间和提高设备单位时间内的处理量来提高设备利用率。

（四） 商品、订单效率

商品、订单效率用于衡量商品销售贡献是否达到预期目标。

配送中心应该抓好以下几项工作：

（1）通过对配送中心出货情况的分析，提示采购人员调整水平结构。

（2）根据客户需求快速拆零订单。

（3）严格控制配送中心的库存，留有存货以减少缺货率；同时，保证避免过多的存货造成企业资金积压、商品质量出问题等损失。

（五） 作业规划管理能力

作业规划管理能力用于衡量目前管理阶层所作的决策规划是否合适。

规划是一种方法，用于拟定根据决策目标应采取的行动。规划的目标是为整个物流活动过程选择合理的作业方式、正确的行动方向。

要想得到最佳的产出效果，规划管理人员必须事先决定作业过程中最有效的资源组合，只有这样才能配合环境设计出最好的资源方式，来执行物流运作过程中的每一个环节的工作。

（六） 时间效率

时间效率用于衡量每一项作业是否已掌握最佳时间。

时间是衡量效率最直接的因素，最能反映整体作业能力的高低。例如，每小时分拣了多少商品、每小时处理了多少订单等。

评价时间效率，主要在于掌握单位时间内收入、产出量、作业单元数及各作业时间比率等情况。

（七） 成本率

成本率用于衡量各项作业的成本费用是否合理。

配送中心的物流成本是指直接或间接用于收货、储存保管、拣货配货、流通加工、信息处理和配送作业的费用总和。

（八） 质量水平

质量水平用于衡量配送中心服务质量是否达到令客户满意的水准。

质量不仅包括商品的质量，还包括各项物流作业的质量，如耗损、缺货、呆滞品、维修、退货、延迟交货、事故、误差率等。

对于物流质量的管理，一方面要建立合理的质量标准，另一方面需多加重视存货管理及对作业过程的监督，尽可能避免不必要的损耗、缺货、不良品率等，以降低成本，提高客户的服务质量。

二、配送绩效的评价指标

（一） 进出货作业绩效评价指标

1. 进出货作业的含义

（1）进货作业。进货作业主要包括接收商品、装卸搬运、码托盘、核对商品的数量及质量和签单。

（2）出货作业。出货作业是指将分拣完的商品，做好复核检查，并根据各辆卡车或配送路径将商品搬运至理货区，然后装车待配送。

2. 配送中心管理人员应该考虑的问题

（1）进出货作业人员的工作量安排是否合理？

（2）进出货装卸设备的利用率如何？

（3）站台停车泊位的利用率如何？

（4）供应商进货时间是否合理？

（5）客户、门店要求交货的时间集中度控制如何？

3. 进出货作业绩效评价

（1）站台使用。

1）站台使用率。站台使用率用于考核站台的使用情况，是否因站台数量不足或规划不佳造成拥挤或低效。计算公式为：

$$站台使用率=\frac{进出货车次装卸货停留总时间}{站台泊位数\times 工作人数\times 每天工时数}$$

采用进出货站台分开的配送中心，可分别计算站台使用率。计算公式为：

$$进货站台使用率=\frac{进货车次装卸货停留总时间}{站台泊位数\times 工作人数\times 每天工时数}$$

$$出货站台使用率=\frac{出货车次装卸货停留总时间}{站台泊位数\times 工作人数\times 每天工时数}$$

2）站台高峰率。站台高峰率的计算公式为：

$$站台高峰率=\frac{高峰车次}{站台泊位数}$$

【指标分析】

情况1：若站台使用率偏高，则表示站台停车泊位数量不足，造成交通拥挤。可采用以下措施加以改进：

1）增加停车泊位数。

2）做好时段管理。让进出配送中心的车辆能有序地行驶、停靠、进行装卸货作业。

3）增加进出货人员，加快作业速度，减少每辆车停留装卸的时间。

情况2：若站台使用率低，站台高峰率高，则表示虽车辆停靠站台的平均时间不多，站台停车泊位数量仍有余量，但在高峰时段进出货仍存在拥挤现象，此种情况主要是没有控制好进出货时段引起的。关键是将进出货车辆的到达作业时间错开。可采取以下措施加以改进：

1）应要求供应商依照计划准时送货，规划对客户交货的出车时间，尽量降低高峰时段的作业量。

2）若无法与供应商或客户达成共识分散高峰期流量，则应特别安排人力在高峰时段作业，以保持商品快速装卸和搬运。

（2）人员负担和时间耗用。考核进出货人员工作分配及作业速度，以及目前的进出货时间是否合理。计算公式为：

$$每人每小时处理进货量=\frac{进货量}{进货人数\times每日进货时间\times工作人数}$$

$$每人每小时处理出货量=\frac{出货量}{出货人数\times每日出货时间\times工作人数}$$

$$进货时间率=\frac{每日进货时间}{每日工作时间}$$

$$出货时间率=\frac{每日出货时间}{每日工作时间}$$

若进出货人员共用，则计算公式为：

$$每人每小时处理进出货量=\frac{进货量+出货量}{进出货人数\times每日进出货时间\times工作人数}$$

$$进出货时间率=\frac{每日进货时间+每日出货时间}{每日工作时间}$$

【指标分析】

情况1：若每人每小时处理进出货量高，且进出货时间率也高，则表示进出货人员平均每天的负担不轻，原因是配送中心目前的业务量过大，可考虑增加进出货人员，以减轻每人的工作负担。

情况2：若每人每小时处理进出货量低，但进出货时间率高，则表示虽配送中心一日内的进出货时间长，但每位人员进出货负担却很轻。原因是：进出货作业人员过多或商品进出货处理比较繁杂，进出货人员作业效率较低。可采取以下措施加以改进：缩减进出货人员；对于功效差的问题，应随时督促、培训，同时尽量想办法减少劳力及装卸次数（尽量实现托盘化、机械化）。

情况3：若每人每小时处理进出货量高，但进出货时间率低，则表示上游进货和下游出货的时间可能集中在某一时段，以致作业人员必须在此时段承受较高的作业量。可考虑平衡人员的劳动强度并避免车辆太多造成站台泊位拥挤，还可以采取措施分散进出货作业时间。

（3）设备利用率。设备利用率用于评估每台进出货设备承担的工作量是否合理、达标。计算公式为：

$$每台进出货设备每天装卸量=\frac{进货量+出货量}{装卸设备数\times工作天数}$$

【指标分析】

若此指标值较低，则表示设备利用率差，资产过于闲置，应积极开拓业务，增加进出货量。如果业务工作量无法扩大，则应考虑将部分装卸设备移作他用（如出租等）。

（二） 储存作业绩效评价指标

储存作业的主要责任在于把将来要使用或者要出货的产品妥善保存，这不仅要求善于利用空间，有效地利用配送中心的每一平方米储存面积，而且要加强对库内存货的管理，做到既保证降低商品的缺品率，又不因库存过多而产生呆废料。

储存作业绩效评价指标主要包括储存空间利用率、库存周转率、库存管理费率、呆废货品率等。

（1）储存空间利用率。储存空间利用率相关指标的计算公式为：

$$储位容积使用率=\frac{存货总体积}{储位总容积}$$

$$储区面积率=\frac{储区面积}{配送中心建管面积}$$

$$可使用保管面积率=\frac{可保管面积}{储区面积}$$

$$单位面积保管量=\frac{平均库存量}{可保管面积}$$

$$平均每品项所占储位数=\frac{货架储位数}{总品项数}$$

平均每品项所占储位数若能规划在0.5～2.0，即使无明确的储位编码，也能迅速存取商品，不至于造成储存、拣货作业人员找寻困难，也不会产生同一品项库存过多的问题。

（2）库存周转率。这是考核配送中心货品库存量是否适当和经营绩效的重要指标。计算公式为：

$$库存周转率=\frac{出货量}{平均库存量}=\frac{营业额}{平均库存}$$

【指标分析】

周转率越高，可存周转期越短，表示用较少的库存完成同样的工作，使积压或被库存占用资金减少，也就是说，资金的使用率提高，企业利润也随货品周转率的提高而增加。

提高库存周转率可采取以下措施：

1）缩减库存量，即通过配送中心自行决定采购、补货的时机及库存量。

2）建立预测系统。

3）增加出货量和营业额。

4）用准时制（JIT）系统控制库存。

（3）库存管理费率。库存管理费率可用库存管理费来计算，它是衡量配送中心单位存货的库存管理费用。计算公式为：

$$库存管理费率=\frac{库存管理费用}{平均库存量}$$

【指标分析】

应对库存管理费用的内容逐一检查和分析，寻找问题并予以改进，尽可能减少库存管理费用。库存管理费用通常包括以下六种费用：

1）仓库租金。

2）仓库管理费用，如入出库验收、盘点等人事费，警卫费，仓库照明费，空调费，建筑物、设备及器具的维修费。

3）保险费。

4）损耗费，如变质、破损、盘损等费用。

5）货品淘汰费用，如流行商品过时、季节性商品换季等造成的损失。

6）资金费用，如货品变价损失、机会成本损失等。

（4）呆废货品率。呆废货品率用来测定配送中心货品损耗影响资金积压的情况。计算公式为：

$$呆废货品率=\frac{呆废货品件数}{平均库存量}=\frac{呆废货品金额}{平均库存金额}$$

【指标分析】

配送中心发生呆废料一般是由验收疏忽、产品变质、仓储保管、存货长期积压、订单取消或客户退货、变更设计、新产品或替代品出现、市场需求变化等因素引起的。

降低呆废货品率，可采取以下措施：

1）验收时力求严格把关，防止不合格货品混入。

2）研讨储存方法、设备与养护条件，防止货品变质，重视对货品有效期的管理。

3）随时掌握库存水平，特别是滞销品的处置，减少呆废品积压资金和占用库存。

（三）盘点作业绩效评价指标

1. 盘点作业应考虑的问题

通过定期或不定期地盘点库存，能及早发现问题，以免在日后出货时造成更大的损失。在盘点作业中，常把盘点过程中所发现的存货数量不符的情况作为评估重点。

盘点人员应该重点考虑以下几个问题：

1）盘点过程中，实际存量和账面存量的差异是多少。

2）这些差异发生在哪些品项。

3）每次循环盘点过程中，有几次确实存在误差。

4）平均每品项货品发生误差的次数是多少。

2. 盘点作业绩效评价指标

盘点作业相关指标的计算公式为：

$$盘点数量差错=实际库存数-账面库存数$$

$$盘点数量差错率=\frac{盘点数量误差}{实际库存数}$$

$$盘点品项误差率=\frac{盘点误差品项数}{盘点实施品项数}$$

【指标分析】

情况1：当盘点数量差错率高，但盘点品项误差率低时，表示虽然发生误差的货品品项在减少，但发生误差品项的数量却有增加的趋势。此时，应检查负责这些品项的人员是否尽责，同时思考这些货品的置放区域是否得当、是否有必要加强管理等。

情况2：当盘点数量差错率低，但盘点品项误差率高时，表示虽然整个盘点误差量有下降趋势，但发生误差的货品种类却在增多，误差品项太多将使后续的更新修改工作更加麻烦，且更可能影响出货速度，因此要加强管制。

$$平均每件盘差品金额=\frac{盘点误差金额}{盘点误差量}$$

【指标分析】

若该指标高，则表示高价位货品的误差发生率较大，可能是配送中心没有实施物品重点管理的结果，对配送中心的营运将造成不利影响。因此，最好的改善方式是严格实行商品的ABC管理。

$$盘差次数比率=\frac{盘点误差次数}{盘点执行次数}$$

【指标分析】

若该比率逐渐降低，则表示不论是货品出入库的精确度还是平时存货管理的方式都有很大的进步，盘差次数减少。

$$平均每品项盘差次数率=\frac{盘差次数}{盘差品项数}$$

【指标分析】

若该比率高，则表示盘点发生误差的情况大多集中在相同的品项，此时必须对这些品项提高警觉，并深入查找原因。

（四）订单处理作业绩效评价指标

从接到客户订单到准备着手拣货之间的作业阶段，称为订单处理。它包括接单、客户资料的确认、存货查询、单据处理等。

订单处理作业的绩效评价指标有订单分析、订单延迟率、订单货件延迟率、紧急订单响应率、缺货率、短缺率、客户取消订单率和客户抱怨率等。

1. 订单分析

通过对日均受理订单数、每订单平均订货数量、每订单平均营业额和日均商品单价的分析，观察每天的变化情况，以拟定客户管理策略及业务发展计划。相关指标的计算公式为：

$$日均受理订单数=\frac{订单数量}{工作天数}$$

$$每订单平均订货数量=\frac{出货量}{订单数量}$$

$$每订单平均营业额=\frac{营业额}{订单数量}$$

$$日均商品单价=\frac{营业额}{商品数量}$$

2. 订单延迟率

订单延迟率用于衡量交货的延迟状况。计算公式为：

$$订单延迟率=\frac{延迟交货订单数}{订单数量}$$

【指标分析】

订单延迟率越低越好，要降低订单延迟率，可以从以下几个方面着手：

1）找出作业瓶颈，加以解决。

2）研究物流系统前后作业能否相互支持或同时进行，谋求作业的均衡性。

3）掌握库存情况，防止缺货。

4）合理安排配送时间。

5）掌握路况。

3. 订单货件延迟率

订单货件延迟率用于衡量配送中心是否应该实施客户重点管理，以使自己有限的人力、物力得到最有效的利用。计算公式为：

$$订单货件延迟率=\frac{延迟交货量}{出货量}$$

【指标分析】

应考虑实施客户 ABC 分析，以确定客户的重要程度，进而采取重点管理。例如，根据订单资料，按客户的购买量占配送中心营业额的百分比来进行客户 ABC 分析，对 A 类客户实施重点管理，尽可能减少重要客户延迟交货的次数，以提高服务水平。

4. 紧急订单响应率

紧急订单响应率是分析配送中心快速订单处理能力及紧急插单业务的需求情况。计算公式为：

$$紧急订单响应率=\frac{未超过 12 小时出货订单}{订单数量}$$

【指标分析】

要想提高紧急订单响应率，需要做到以下几个方面：

1）制定快速作业处理流程及操作规程。

2）制定快速进货计费标准。

3）减少紧急插单的概率。

5. 缺货率

缺货率用于衡量存货控制决策是否合理，是否应该调整订货点及订购量的基准。计算公式为：

$$缺货率=\frac{接单缺货率}{出货量}$$

【指标分析】

可以从以下几个方面来降低缺货率：

1）加强库存管理。

2）登录并分析存货异常情况。

3）掌握采购、补货时机。

4）督促供应商准时送货。

6. 短缺率

短缺率的计算公式为：

$$短缺率=\frac{出货短缺数}{出货量}$$

【指标分析】

可以从以下几个方面来降低短缺率：

1）注重每次作业的质量。

2）做好每一作业环节的复核工作。

7. 客户取消订单率和客户抱怨率

客户取消订单率和客户抱怨率的相关计算公式分别为：

$$客户取消订单率=\frac{客户取消订单数}{订单数量}$$

$$客户抱怨率=\frac{客户抱怨次数}{订单数量}$$

【指标分析】

客户取消订单率和客户抱怨率过高的原因在于以下几个方面：

1）产品品质不良。

2）服务态度不佳。

3）交货延迟。

4）同业竞争激烈。

5）客户素质较差。

配送中心应针对以上原因，特别是自身原因，制定相关的改进措施与办法。

（五）拣货作业绩效评价指标

每张客户订单都至少包含一项以上的商品，将这些不同种类、不同数量的商品从配送中心取出并集中在一起，称为拣货作业。由于拣货作业多数依靠人工配合简单机械化设备，属于劳动力密集型作业，因此，必须重视对拣货人员的负担及效率的评估。

拣货的时程及拣货的策略往往是决定接单出货时间长短的最主要因素，而拣货的精确度更是影响出货质量的重要环节。拣货是配送中心中最复杂的作业，其耗费成本的比例不小，因此，控制拣货成本也是管理人员最关心的重点。衡量拣货作业绩效的评价指标主要有：

1. 人均作业能力

人均作业能力用于衡量拣货的作业效率，以便找出在作业方法及管理方式上存在的问题。计算公式为：

$$人均每小时拣货品项数=\frac{订单总笔数}{拣货人员数\times每天拣货时间\times工作天数}$$

【指标分析】

提升拣货效率的方法有以下五种：

1）合理规划拣货路径。

2）合理配置储位。

3）确定高效的拣货方式。

4）合理安排拣货人员数量及工况。

5）提高拣货的机械化、电子化程度。

2. 批量拣货时间

批量拣货时间用于衡量每批次平均拣货所需的时间，可供日后分批策略参考。计算公式为：

$$批量拣货时间=\frac{每日拣货时数\times工作天数}{拣货分批次数}$$

若批量拣货时间短，则表示拣货的反应很快，即订单进入拣货作业系统乃至完成拣取所花费的时间很短，这特别有利于处理紧急订货。

3. 每订单投入拣货成本

一般来说，拣货成本包括人工成本、拣货设备的折旧费、资讯处理成本等。相关指标的计算公式为：

$$每订单投入拣货成本=\frac{拣货投入成本}{订单数量}$$

$$每件商品投入拣货成本=\frac{拣货投入成本}{拣货单位累计总件数}$$

4. 拣货差错率

拣货差错率是用于衡量拣货作业质量的指标。计算公式为：

$$拣货差错率=\frac{拣取错误笔数}{订单总笔数}$$

【指标分析】

降低拣货差错率的主要措施如下：

1）选择最合理的拣货方式。

2）加强对拣货人员的培训。

3）引进条形码、拣货标签或电脑辅助拣货系统等自动化技术，以提升拣货精确度。

4）改善现场照明度。

5）检查拣货的速度。

（六）配送作业绩效评价指标

配送是指从配送中心将商品送达客户处的活动。有效的配送离不开适当的配送人员、适合的配送车辆以及每趟车最佳运行路径等因素的配合。因此，人员、车辆及配送时间、规划方式，都是配送中心管理人员在配送方面应该考虑的重点问题。

因配送造成的成本费用支出及因配送路线不合理引起的交货延迟，也是必须注意的问题。

配送作业绩效评价指标主要包括人均作业量、车辆平均作业量、空驶率、车辆运行状况、外车比例、配送成本、配送延迟率等。

1. 人均作业量

人均作业量用于评价配送人员工作能力及作业绩效。计算公式为：

$$人均作业量=\frac{出货量}{配送人员数}$$

2. 车辆平均作业量

车辆平均作业量的计算公式为：

$$车辆平均作业量=\frac{配送总件数}{自车数量+外车数量}$$

3. 空驶率

空驶率的计算公式为：

$$空驶率=\frac{空车行驶里程}{配送总里程}$$

【指标分析】

要降低空驶率，关键在于做好回程顺载工作，可从回收物流着手，例如托盘、笼车、容器和拣货周转箱的回收，原材料的再生利用（如废纸板箱）以及退货处理等。

4. 车辆运行状况

车辆运行状况相关指标的计算公式为：

$$\text{配送车辆利用率}=\frac{\text{配送总车次}}{\text{自车数量}-\text{外车数量}\times\text{工作天数}}$$

$$\text{平均每车次配送吨公里数}=\frac{\text{配送总距离}\times\text{配送总重量}}{\text{配送总车次}}$$

5. 外车比例

外车比例用于评价外车使用数量是否合理。外车比例相关指标的计算公式为：

$$\text{外车比例}=\frac{\text{外车数量}}{\text{自车数量}+\text{外车数量}}$$

$$\text{季节品比率}=\frac{\text{本月季节品存量}}{\text{平均库存量}}$$

【指标分析】

一般使用外雇车辆的原因在于应付季节性商品和节假日商品与平日形成的旺淡季供货状况的需求。若季节性商品比例过高，则表示配送中心淡旺季的出货量差别很大，应尽量考虑多雇用外车、减少自车的数量。若季节性商品的比例很低，则表示配送中心淡旺季的出货量差别不大，应选择使用自车来提高配送效率。

6. 配送成本

配送成本相关指标的计算公式为：

$$\text{配送成本比率}=\frac{\text{自车配送成本}+\text{外车配送成本}}{\text{配送总费用}}$$

$$\text{单位货品的配送成本}=\frac{\text{自车配送成本}+\text{外车配送成本}}{\text{货品出库总量}}$$

$$\text{每车次配送成本}=\frac{\text{自车配送成本}+\text{外车配送成本}}{\text{配送总车次}}$$

【指标分析】

若采用单独运行策略时的配送成本偏高，则应考虑采取共同配送策略，以降低较远距离、较少出货量而造成的过高配送成本。

7. 配送延迟率

配送延迟率考核配送的准点率。计算公式为：

$$\text{配送延迟率}=\frac{\text{配送延迟车次}}{\text{配送总车次}}$$

【指标分析】

造成配送延迟率过高的原因有：车辆或设备故障，路况不佳，供应商供货延迟或缺货以及拣货作业延迟等。

操作演练

操作任务

向学生演示配送作业绩效评价指标的选定及计算过程。

高新物流配送中心本期配送业务相关数据统计结果如表5—14所示。

表5—14 高新物流配送中心本期相关数据统计表

项目	相关信息
配送作业人数	100人
配送人员工资	1元/公里+0.5元/件
配送车辆	50辆，利用率为80%
配送商品总件数	300 000件
配送总里程	120公里/天，空驶率为40%
车辆工作天数	25天/月
车辆折旧	0.5元/公里
车辆的保险	500元/车
车辆的修理费、路桥费等	800元/车
油耗	15升/百公里，平均油价为6元/升
配送总费用	950 000元

一、选定评价指标

为了对高新物流配送中心配送作业效率进行考核，管理人员根据现有统计资料，决定对下列指标进行计算分析，主要包括：人均作业量、车辆平均作业量、空驶率、配送车辆利用率、配送成本比率、单位货品的配送成本、每车次配送成本。

二、演示指标的计算

1. 配送作业的主要指标的计算

人均作业量＝出货量/配送人员数＝300 000/100＝3 000（件）

车辆平均作业量＝配送总件数/车辆数＝300 000/50＝6 000（件）

空驶率＝空车行驶里程/配送总里程＝40%

配送车辆利用率＝配送总车次/车辆数×工作天数＝50×80%×30/50×25＝96%

2. 车辆配送成本相关指标的计算

人工费＝120×25×1×100＋300 000×0.5＝450 000（元）

折旧费＝120×25×50×0.5＝75 000（元）

燃料费＝120×25×50÷100×15×6＝135 000（元）

保险费＝500×50＝25 000（元）

修理及路桥费＝800×50＝40 000（元）

车辆配送成本＝450 000＋75 000＋135 000＋25 000＋40 000＝725 000（元）

配送成本比率＝车辆配送成本/配送总费用＝725 000/950 000＝76.32%

单位货品的配送成本＝车辆配送总成本/货品出库总量＝725 000/300 000
＝2.42（元/件）

每车次配送成本＝车辆配送总成本/配送总车次＝725 000/（50×80%×30）
＝604.17（元/次）

技能训练

实训目标

通过本任务的实训，让学生了解配送活动绩效评价的主要内容，熟悉评价配送各作业活动的关键指标，掌握各指标的计算方法并能对该指标进行有效的分析，培养和提高学生的绩效分析能力。

实训情境

承接本项目任务一“配送成本核算”中的“实训情境”。

实训任务

（1）分组：每组由1名组长和6名成员构成，每个成员由组长分配相应的实训任务。

（2）主要实训任务：

1）根据本项目任务一“技能训练”的结果，计算人均作业量。

2）根据本项目任务一“技能训练”的结果，计算车辆平均作业量。

3）根据本项目任务一“技能训练”的结果，分别计算市区和郊区的配送成本比率。

4）根据本项目任务一“技能训练”的结果，分别计算市区和郊区的单位货品的配送成本。

5）根据本项目任务一“技能训练”的结果，分别计算市区和郊区的每车次配送成本。

实训考核标准

对学生的实训结果给予考核，有利于激发学生的积极性。同时，通过考核找出实训过程中的不足并提出改进办法，有利于知识的总结和掌握。具体考核标准如表5—15所示。

表5—15　配送绩效分析训练考评表

考核内容	考核标准	分值	实际得分
配送绩效分析	人均作业量计算正确	10	
	车辆平均作业量计算正确	10	
	市区和郊区的配送成本比率计算正确	30	
	市区和郊区的单位货品的配送成本计算正确	30	
	市区和郊区的每车次配送成本计算正确	20	
合　计		100	

同步测试

一、单选题

1. 仓库的减少会导致配送距离变长，运输费用进一步增加，这属于配送成本的（　　）特征。

A. 隐蔽性　　B. 效益背反　　C. 系统性　　D. 乘数效应

2. 假定销售额为1 000元，配送成本为100元。如果配送成本降低10%，就可以得到10元的利润。假如这个企业的销售利润率为2%，则创造10元的利润，需要增加500元的销售额，即降低10%的配送成本所起的作用相当于销售额增加（　　）。

A. 50%　　B. 40%　　C. 30%　　D. 10%

3.（　　）是衡量效率最直接的因素，最能反映整体作业能力的高低。

A. 质量　　B. 人员　　C. 服务　　D. 时间

4.（　　）表示虽然配送中心一日内的进出货时间长，但每位人员进出货负担却很轻。

A. 每人每小时处理进出货量高，进出货时间率也高

B. 每人每小时处理进出货量高，进出货时间率低

C. 每人每小时处理进出货量低，进出货时间率高

D. 每人每小时处理进出货量低，进出货时间率也低

5.（ ）是考核配送中心货品库存量是否适当和经营绩效的重要指标。

A. 储存空间利用率 B. 库存周转率

C. 存货管理费率 D. 呆废货品率

6. 当（ ）时，表示虽然发生误差的货品品项减少，但发生误差品项的数量却有增加的趋势。此时，应检查负责这些品项的人员是否尽责，同时思考这些货品的放置是否得当、是否有必要加强管理等。

A. 盘点数量差错率高，盘点品项误差率低

B. 盘点数量差错率低，盘点品项误差率高

C. 盘点数量差错率低，盘点品项误差率低

D. 盘点数量差错率高，盘点品项误差率高

7.（ ）是用于衡量拣货作业质量的指标。

A. 人均作业能力 B. 拣货差错率

C. 批量拣货时间 D. 每订单投入拣货时间

8.（ ）是用于衡量存货控制决策是否合理，是否应该调整订货点及订购量的基准。

A. 缺货率 B. 订单延迟率 C. 紧急订单响应率 D. 短缺率

9. 用于衡量配送中心是否应该实施客户重点管理，以使自己有限的人力、物力得到最有效的利用的指标是（ ）。

A. 订单货件延迟率 B. 订单延迟率

C. 紧急订单响应率 D. 缺货率

10. 用于衡量拣货作业的效率，以便找出在作业方法及管理方式上存在的问题的指标是（ ）。

A. 批量拣货时间 B. 拣货差错率

C. 人均作业能力 D. 每订单投入拣货成本

二、多选题

1. 配送的主体活动是运输、分拣、配货及配载，其中（ ）是配送的独特要求，也是配送过程中特有的活动。

A. 运输 B. 分拣 C. 配货 D. 配载

2. 狭义的配送成本是指配送环节所特有的成本费用，具体包括（ ）。

A. 配送运输成本　　B. 分拣成本

C. 配装成本　　D. 流通加工成本

3. 若站台使用率偏高，则表示站台停车泊位数量不足，造成交通拥挤，可采用（　　）措施加以改进。

A. 增加停车泊位数　　B. 做好时段管理

C. 增加进出货人员　　D. 减少每辆车的停留装卸时间

4. 储存作业效率化指标主要包括（　　）等。

A. 储存空间利用率　B. 库存周转率　C. 存货管理费率　D. 呆废货品率

5. 订单处理作业的效率化指标包括（　　）。

A. 订单延迟率　B. 缺货率　C. 人均作业能力　D. 客户抱怨率

6. 订单分析的相关指标包括（　　）。

A. 订单延迟率　　B. 日均受理订单数

C. 每订单平均订货数量　　D. 日均商品价格

7. 要想提高紧急订单响应率，需要做到（　　）。

A. 制定快速作业处理流程及操作规程　　B. 增加紧急插单的概率

C. 减少紧急插单的概率　　D. 制定快速送货计费标准

8. 在订单处理作业中，应从以下哪些方面来降低缺货率？（　　）

A. 加强库存管理　　B. 分析存货异常情况

C. 掌握采购及补货时机　　D. 督促供应商准时送货

9. 提升拣货效率的方法包括（　　）。

A. 合理规划拣货路线　　B. 合理配置储位

C. 采用高效的拣货方式　　D. 合理安排拣货人员

10. 下列哪些工作可以降低空驶率？（　　）

A. 容器回收　B. 优化路线　C. 退货处理　D. 单独配送

三、判断题

1. 配送实现了集中库存总量等于各客户分散库存总量。（　　）

2. 配送加工等同于流通加工。（　　）

3. 配送以较低的集中库存总量取代了较高的分散库存总量，并提高了供应保证程度，可以使企业实现低库存或零库存。（　　）

4. 若站台使用率高，站台高峰率低，则表示车辆停靠站台的平均时间不长，站台停车泊位数量仍有余量，但在高峰时段进出货仍存在拥挤现象。（　　）

5. 周转率越低，可存周转期越短，表示用较少的库存完成同样的工作，使积压或被

库存占用的资金减少，也就是说，资金的使用率高，企业利润也随货品周转率的提高而增加。（ ）

6. 要降低空驶率，关键在于做好回程顺载工作。（ ）

7. 若季节性商品的比例过高，则表示配送中心淡旺季的出货量差别很大，应选择使用自车来提高效率。（ ）

8. 造成配送延迟率过低的原因包括车辆或设备故障，路况不佳，供应商供货延迟或缺货以及拣货作业延迟等。（ ）

9. 单价比较高的货品，其采购次数较多时费用较省；单价较低的货品，一次采购量大时较为便宜。（ ）

10. 如果想以低库存作为最终目标，且不会发生缺货现象，则产出与投入平衡率最好控制在1左右。（ ）

四、简答题

1. 什么是配送成本？
2. 配送成本的特征有哪些？
3. 配送成本的构成要素有哪些？
4. 配送成本的影响因素有哪些？
5. 为什么要对配送中心的各项工作进行绩效评价？
6. 如何对进出货作业进行绩效管理？
7. 储存作业的绩效评价指标有哪些？
8. 拣货作业的绩效评价指标有哪些？
9. 配送作业的绩效评价指标有哪些？
10. 配送中心经营管理综合评价指标有哪些？

五、案例分析

某配送公司的包装成本管理措施

某配送公司为了降低其包装成本，针对其包装材料进行了改革。

其一，改善原材料成本。一般瓦楞纸板的成本，原材料（面纸和瓦楞纸）就占了70%以上，在沿海几个竞争激烈的地区还攀升到接近80%，其他固定费用才占20%左右。因此，改善原料的成本才是真正控制利润的关键。

其二，现金买纸。以现金交易降低原材料售价，但采用该措施对现金的需求量较大，以目前资金回笼需3个月来计算，3倍营业额的资金压力相当大。

其三，大量买纸。以购买量来降低原材料售价，同样资金需求量高，库存压力大，风险很高。

其四，使用替代材质。例如，用125克的A级纸代替175克的B级纸，在物理指标的测量上能达到一样的目的，但所用的原材料可能较便宜，如何代替既考验客户的接受程度，也考验厂商的智慧。

其五，在生产设备上进行控管。在现有设备上进行有效的控制管理，如通过使用计算机生产管理系统来节省原材料，数量的控制以及温度的控制等，虽然投资不大，但节省的费用可达3%～5%。

问题：

1. 该公司包装成本管理措施是否具有可行性？为什么？
2. 包装成本由哪些内容构成？如何降低包装成本？

项目六
配送管理信息系统与 RDC 运作

【项目引入】

小李今年大学毕业，被分配到高新物流配送中心工作。小李在大学期间表现非常优秀，通过考试取得了计算机二级、助理物流师等相关证件，还参加过湖北省物流技能大赛并获得一等奖，所以领导非常重视对小李的培养。通过对小李为期2周的培训考核，领导发现小李的计算机操作能力很强，所以决定为小李定岗为公司信息系统管理员。一方面是由于公司原先的信息系统管理员职务变动，公司需要补充人员；另一方面是公司因业务需要决定新增RDC运作系统。面对领导的赏识，小李既高兴，又深感责任重大，如何才能不辜负领导的希望呢?

【项目分析】

小李通过认真考虑，深感要想顺利成为一名优秀的信息系统管理员，除了向其他同事请教外，还必须对本公司的系统进行认真钻研：熟悉配送中心信息系统的功能模块及操作流程，尤其要了解RDC运作系统的特点，熟悉公司RDC运作系统的构架及服务范围，并能够熟练地操作RDC运作系统。为此，本项目将分解为两个学习任务：

学习任务	学习目标
一、配送管理信息系统	(1) 了解配送管理信息系统的含义及作用 (2) 熟悉配送管理信息系统的功能结构 (3) 掌握配送管理信息系统的操作步骤 (4) 熟练地操作配送管理信息系统
二、RDC运作实例	(1) 了解RDC的含义及运作特点 (2) 熟悉RDC的运作构架及服务范围 (3) 能够弄清楚RDC的运作流程 (4) 会操作RDC运作系统

【项目实施】

任务一　配送管理信息系统

任务二　RDC运作实例

任务一
配送管理信息系统

任务结构图

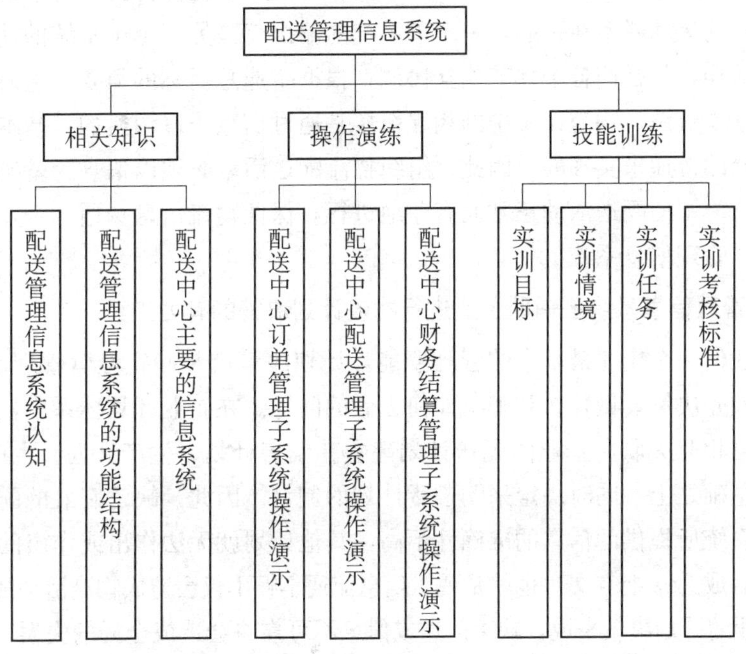

相关知识

一、配送管理信息系统认知

(一) 配送管理信息系统的含义

配送管理信息系统（Distribution Management Information System，DMIS）是以计算机和通信技术为基础，为企业各级管理人员提供配送辅助决策的信息系统。确切地说，配送管理信息系统是指处理企业的现行配送业务，控制企业的物流管理活动，预测企业的购销趋势，为企业进行物流配送决策提供信息，给决策者提供一个分析问题、构造模型和模拟决策过程的人机系统的集成。

配送管理信息系统是企业物流信息集成系统的子模块之一，是企业物流管理现代化的重要标志。

（二） 配送管理信息系统在企业物流管理中的作用

配送管理信息系统与其他企业物流信息系统一样，为了使本系统协调、高效地运转，必须有效地采用现代化的管理方法，合理地调度人、财物及设备，才能达到预期的目标。

1. 配送管理信息系统是组织企业物流活动的基础

企业整个物流过程是一个多环节（子系统）的复杂系统。物流系统中的各个子系统通过物资实体的运动联系在一起，一个子系统的输出就是另一个子系统的输入。合理组织物流配送活动，就是使各个环节相互协调，根据企业总目标的需要，适时、适量地调度系统内的基本资源。物流系统中的相互衔接是通过信息予以沟通的，基本资源的调度也是通过信息的传递来实现的。因此，组织物流配送活动必须以信息为基础，一刻也不能离开信息。为了使配送活动正常而有序地进行，保证物流信息畅通，企业必须建立符合实际的配送管理信息系统。

2. 配送管理信息系统是辅助企业进行物流计划决策的有力工具

计划是任何一个企业最基本的管理职能。计划决策就是确定经营管理活动的目标，编制计划是预先决策要做什么和解决如何去做的问题。在企业计划体系中，物流系统计划很多，并且相互关联，企业的配送计划建立在销售计划、生产计划、生产用料计划、库存计划的基础之上，同时决定采购进货计划的制订。因此，缺乏有效的配送信息或配送管理信息系统所提供的信息的准确性不高，其他计划就无法作出或作出的计划完全脱离实际，最后成为一纸空文。也就是说，信息流通不畅不仅会造成物流活动的混乱，而且对于整个企业的计划决策来说，缺乏信息或信息不可靠将会造成全局的失误。配送活动信息的准确性对物流活动的影响是局部性的，而对整个企业的计划决策则是全局性的。

3. 配送管理信息系统是进行物流控制的手段

在企业管理中，为了使计划能够顺利地实现，控制是不可缺少的，它是系统管理方法的核心。控制与计划不同，它的中心已不是在构造未来之上，而是更多地立足于不久之前和现在以及系统移动的具体发展趋势。

控制包括三个方面的内容：规定完成的标准，对照标准检查执行情况，纠正偏差。其中，标准并不一定是计划，而是对完成计划的具体要求，它可以是定量的，也可以是定性的。

显然，在物流系统的控制过程中必须掌握反映标准和执行情况的信息，利用这些信息对物流进行控制。控制的方法有两种：一种是利用信息指挥调度，即物流按照信息规定的路线、任务、时间以及各项标准的要求而流动；另一种是利用信息的反馈作用，即利用执行过程中或是在偏离预期标准后产生的信息反馈，随时与标准信息进行比较，找出出现差异的原因所在，协助用户企业准确预测商品需求，从而修正配送作业计划，在保证用户或销售的基础上，尽量使用户企业实现“零库存”。

(三) 配送管理信息系统的基本功能

配送管理信息系统是物流系统中的一个子系统，它渗透在物流系统的每一部分。从输入和输出的关系来看，配送管理信息系统可以简单地定义为：输入时配送及相关的物流数据，经过加工处理，构成了输出时的物流信息系统。根据这个定义，在人工管理中也存在手工的信息系统，只是人们没有意识到或不去重点研究它。在这里，配送管理信息系统主要是指以计算机进行配送信息处理为基础的人机系统。配送管理信息系统的基本功能归纳为：数据的收集和录入、贮存、传输、加工处理与输出。

二、配送管理信息系统的功能结构

系统功能的设置一般根据配送过程中各项作业活动及活动期间的相关性来划分功能模块，作业内容相关性较大者或所需数据相关性较大者在进行系统设计时可以作为一个子系统。以一个社会服务型配送中心为例，配送管理信息系统由六个子系统组成，如图6—1所示。

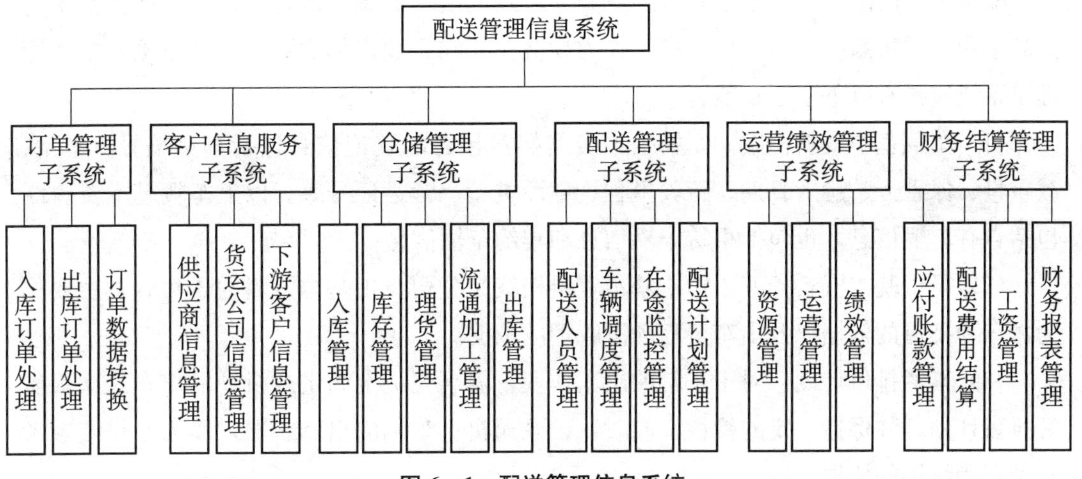

图 6—1 配送管理信息系统

三、配送中心主要的信息系统

(一) 配送中心的订单管理子系统

订单处理通常先收集和汇总客户的订单，当确认无法按客户要求的时间及数量交货时，业务部门需进行协调。每日的订单处理和与客户的经常沟通是业务部的主要职责，还需统计该时段的订货数量，确定调货、分配、出货程序及数量。退货数据也在此阶段处理。另外，业务部需制定报价计算方式，管理报价历史，确定客户订购最小批量、送货间隔、订货方式或订购结账截止日期。

订单处理有人工处理和计算机处理两种形式。目前主要是用计算机处理，这种方式不但速度快、效率高，而且成本低。

配送中心收到客户订单后，进行订单处理的主要内容如下：

（1）检查订单是否全部有效，即信息是否完全准确。

（2）信用部门审查客户的信誉。

（3）市场销售部门把销售额记入有关销售人员的账下。

（4）会计部门记录有关的账务。

（5）库存管理部门选择和通知距离客户最近的仓库分拣客户所订的货物、包装备运，并及时登记公司的库存控制总账，扣减库存。同时，将货物及托运单送交运输商。

（6）运输部门安排货物运输，将货物从仓库发运至收货地点，同时完成收货确认，即签收。配送中心在订单处理完毕后，将发货单寄给客户，一般也由信息网络完成。

（二）配送中心的配送管理子系统

配送中心的配送管理子系统是物流服务时效性水平的集中体现。该子系统接受来自上游采购和销售系统的指令性信息，作为物流作业和企业内部成本核算的依据，配送管理子系统应具有以下主要功能：

（1）车辆基本资料档案。车辆基本资料档案包含的登记信息包括车辆编号、车型、载重量、保管人、购入日期、行驶里程、驾照类型、营运证号等。以上车辆基本资料既包括自有车辆信息，也包括租赁车辆信息和契约车辆信息。

（2）司机基本资料档案。司机基本资料档案是公司员工基本资料的子集合，主要作为派车和排班的依据以及出车行程动态管理的依据。

（3）车辆排班计划。对于正常的出车作业，需事先拟定固定或机动的出车班次，做好排班计划，并保持一定的弹性。同时，记录司机、车辆的出勤状况，作为工作绩效考核及车辆维护的依据。

（4）派车（车辆调度）管理信息。派车管理除了考虑车辆的载重、容积外，还需考虑出货顺序，配送点与配送点之间的运输时间，客户的特殊要求（如在特殊时段收货），以及在满足派车总需求的基础上企业配送能力的合理调度和车辆资源的优化配置，保证配送作业的正常运行和成本控制。车辆派出、租用和状态的记录属于运营活动的历史记录，也是企业成本核算的重要参考资料。另外，该系统还应动态地反映车辆在途的状态（如何时到达某地、在途位置、预计返回时间等）。

（5）出货签收单据资料档案。配送的过程中可能会出现预先无法控制的情况，无论出于何种原因，只要客户没有按发票记载的内容接货，都应由司机协助客户注明原因，并由客户和司机共同签字。货物返回后输入退货记录，以便进行后续处理。

（6）主要承运商资料档案。长期合作的主要承运商信息档案，包括承运商名称、车辆数量、类型、车号、装载量、行驶里程、营运证号等。

（7）车辆维护、审检记录。车辆维护、审检的相关记录。

（8）车辆里程、油耗管理。单车行驶里程、油耗的历史记录。

（9）运输人员管理。运输人员的基本情况档案、上岗信息、业绩考核等。

（三）配送中心的财务结算管理子系统

一般物流配送中心的财务结算管理子系统的主要功能如图 6—2 所示。

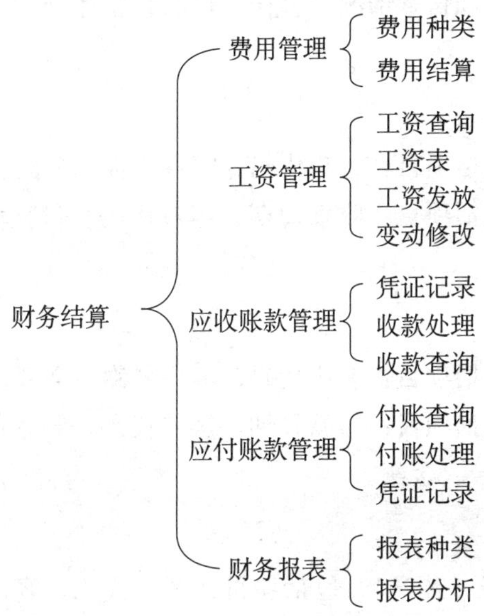

图 6—2　财务结算功能及内容

财务结算管理子系统主要对客户的仓储费、运输费、过境和过桥费等费用进行结算处理，同时对承运单位作运费支出处理。主要包括费用种类、结算方式、收款处理、付款处理、应收账款查询、应付账款查询、客户业绩查询、客户业绩统计等功能。

该子系统的主要功能包括运输费确认、收款处理、付款处理、应收账款处理、应付账款处理、收款查询、付款查询、应收账款查询、应付账款查询、销应收账款查询、销应付账款查询。

1. 运输费确认

根据车辆的运费情况和客户结算的方式，确认本次业务的费用。

2. 收款处理

进行收款维护处理。包括项目：收款日期、收款序号、客户、业务员、业务部门、现属单位、收款类型、收款名称、凭证号、付款单位、单位名称、付款单位账号、收款金额、备注等。

3. 付款处理

进行付款维护处理。

4. 应收账款处理

根据业务的费用收入和收款情况，进行应收账款销账处理，可分为自动销账和人工销账。

5. 应付账款处理

根据业务的费用支出和付款情况，进行应付账款销账处理，可分为自动销账和人工销账。

6. 收款查询

（1）收款汇总表。包括项目：客户代码、客户名称、金额。

（2）收款明细表。包括项目：收款日期、客户代码、付款单位名称、收款方式、凭证号、金额。

7. 付款查询

（1）付款汇总表。包括项目：客户代码、客户名称、金额。

（2）付款明细表。包括项目：付款日期、客户代码、收款单位名称（车属单位、车牌号）、付款方式、凭证号、金额。

8. 应收账款查询

（1）应收账款汇总表（客户）。包括项目：客户代码、客户名称、上日积存、当日应收、当月累计应收、当日到位、当月累计到位。

（2）应收账款汇总表（业务员）。包括项目：业务员代码、业务员名称、上日积存、当日应收、当月累计应收、当日到位、当月累计到位。

（3）应收账款汇总表（部门）。包括项目：部门代码、部门名称、上日积存、当日应收、当月累计应收、当日到位、当月累计到位。

（4）应收账款汇总表（受理点）。包括项目：受理点代码、受理点名称、上日积存、当日应收、当月累计应收、当日到位、当月累计到位。

（5）应收账款明细表。应收账款明细表可以按期输出，也可以按日输出，可以通过应收账款明细表查询往来账款的日报表。

9. 应付账款查询

（1）应付账款汇总表：按客户、业务员、部门、受理点、车属单位、车牌号进行分类汇总。

（2）应付账款明细表：按车属单位、车牌号进行分类排序。

10. 销应收账款查询

（1）销应收账款汇总表：用来反映已销账的应收账款的汇总表。

（2）销应收账款明细表：用来反映已销账的应收账款的明细表。

11. 销应付账款查询

（1）销应付账款汇总表：用来反映已销账的应付账款的汇总表。

（2）销应付账款明细表：用来反映已销账的应付账款的明细表。

操作演练

操作任务 1

根据下列资料，演示配送中心订单管理子系统的操作。

一、资料

聊城洪顺食品有限公司是一家食品销售配送公司，主要从事销售和配送业务。该公司位于开发区红梅区域，采用先进的食品配送管理信息系统以为客户提供优质、高效的配送服务。一天，该公司客服部接到家乐超市发来的订货单，但仓储部人员在查询家乐超市所需货物的库存后，发现不能满足发货需求，于是又向供应商友德公司进购一批货物。家乐超市的订货单及入库通知单分别如表 6—1 和表 6—2 所示。

表 6—1　　**订货单**

订单号：YD20090828001

客户名称：家乐超市　　联系人：王芳　　电话：15832283568

交货地址：开发区小孤山区域　　订货日期：2009/8/10　　送货日期：2009/8/13

序号	商品名称	规格	单位	订货数量	单价（元）	小计金额（元）
1	欣和伴侣酱油	1.0L	瓶	5	18	90
合计：￥90.00		合计人民币（大写）：　万　仟　佰　拾　元　角　分				

客户签名：　　业务负责人：　　联系电话：

表 6—2　　入库通知单

入库时间：2009/8/12

序号	商品名称	食品编号	食品规格	单位	进货单价（元）	入库数量
1	V12	000402	340ml	瓶	5.1	100
2	欣和辣椒酱	000502	500 克	盒	6.5	480
3	欣和辣椒酱	000503	1 500 克	盒	16	123
4	欣和辣椒酱	000504	2 500 克	盒	25	36
5	欣和伴侣酱油	000601	1.0L	瓶	9	240
6	欣和辣椒酱	000505	14 千克	桶	125	24

供应商：友德公司

二、配送中心订单管理子系统操作演示

步骤一：基本信息管理

(1) 使用指定的用户名和密码登录食品配送管理系统，进入【基本信息】管理界面，如图 6—3 所示。

图 6—3　【基本信息】管理界面

(2) 进入【基本信息】界面后根据本操作任务中的资料依次新增【公司信息】、【食品信息】、【区域信息】、【配送员信息】以及【订户资料】。进入【公司信息】界面新增公司信息，如图 6—4 所示。

(3) 进入【食品信息】界面，在【录入窗口】（以方框标出）中新增食品信息，如图 6—5 和图 6—6 所示。

(4) 接着，进入【区域信息】界面，录入新增区域信息，如图 6—7 所示。

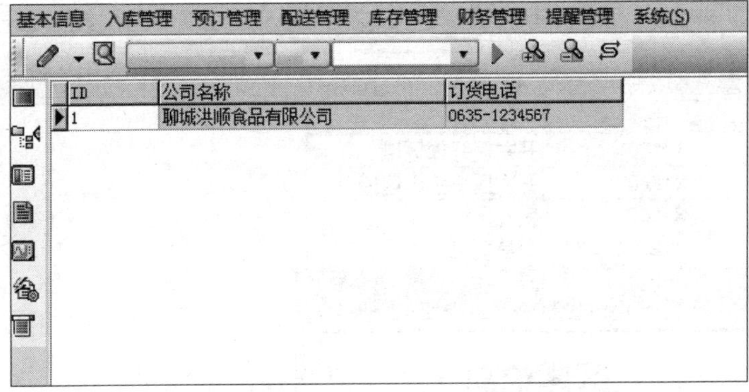

图 6—4　新增公司信息

基本信息 入库管理 预订管理 配送管理 库存管理 财务管理 提醒管理 系统(S)

录入窗口

ID	食品种类	食品编号	食品名称	食品规格	进价	单位	上限库存	下线库存
1	奶品类	0001	牧场鲜奶	1000ml	23.50	瓶	20	2
2	冷冻品	000201	鲶鱼		15.00	袋	10	10
3	饮品类	000402	V12	340ml	5.10	瓶	500	100
4	饮品类	000401	V12	100ml	2.40	瓶	2000	100
5	辣椒酱类	000501	欣和辣椒酱	500g	3.80	袋	1000	100
6	辣椒酱类	000502	欣和辣椒酱	500克	6.50	盒	500	100
7	辣椒酱类	000503	欣和辣椒酱	1500克	16.00	盒	500	50
8	辣椒酱类	000504	欣和辣椒酱	2500克	25.00	盒	300	50
9	酱油类	000601	欣和伴侣酱油	1.0L	9.00	瓶	300	50
10	酱油类	000602	欣和伴侣酱油	1.8L	16.00	瓶	300	50
11	酱油类	000603	欣和伴侣酱油	15L	120.00	桶	200	50
12	辣椒酱类	000505	欣和辣椒酱	14千克	125.00	桶	100	12
13	酱油类	000605	欣和原酱油	1.0L	9.00	瓶	100	24
14	饮品类	000403	康师傅矿物质水	550ml	0.80	瓶	50	20
15					0.00		0	0

图 6—5　新增食品信息 1

图 6—6　新增食品信息 2

图 6—7 新增区域信息

（5）进入【配送员信息】界面，录入新增配送员信息，如图 6—8 所示。

图 6—8 新增配送员信息

(6) 进入【订户资料】界面，录入新增订户资料，如图 6—9 所示。

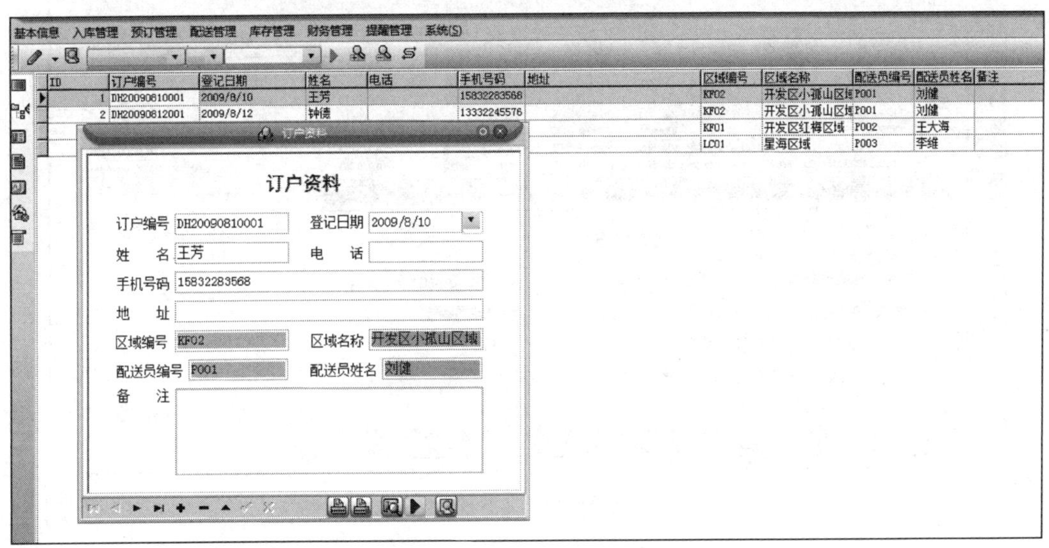

图 6—9　新增订户资料

步骤二：入库订单处理

(1) 进入【入库管理】界面，在【食品入库】中新增入库订单，并打印食品入库单，如图 6—11、图 6—12 和表 6—3 所示。

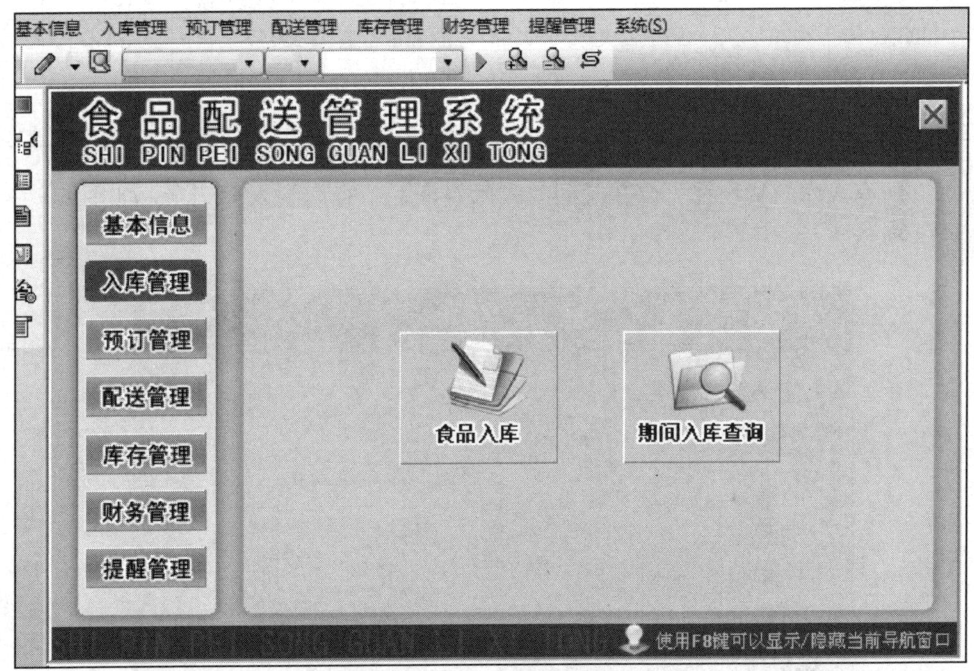

图 6—11　入库管理界面

图 6—12 入库登记

表 6—3 食品入库单

入库序号	入库时间	食品种类	食品编号	食品名称	食品规格	单位	有效期至	进货单价
RK20090810001	2009/8/12	饮品类	000402	V12	340ml	瓶	2010/4/22	5.10
RK20090811001	2009/8/12	辣椒酱类	000502	欣和辣椒酱	500 克	盒	2009/12/10	6.50
RK20090811002	2009/8/12	辣椒酱类	000503	欣和辣椒酱	1 500 克	盒	2010/2/10	16.00
RK20090813001	2009/8/12	辣椒酱类	000504	欣和辣椒酱	2 500 克	盒	2010/8/13	25.00
RK20090821001	2009/8/12	酱油类	000601	欣和伴侣酱油	1.0L	瓶	2010/8/13	9.00
RK20090823001	2009/8/12	辣椒酱类	000505	欣和辣椒酱	14 千克	桶	2010/8/23	125.00

（2）所有入库的货物都可以在【期间入库查询】中查询到入库记录，如图 6—13 和图 6—14 所示。

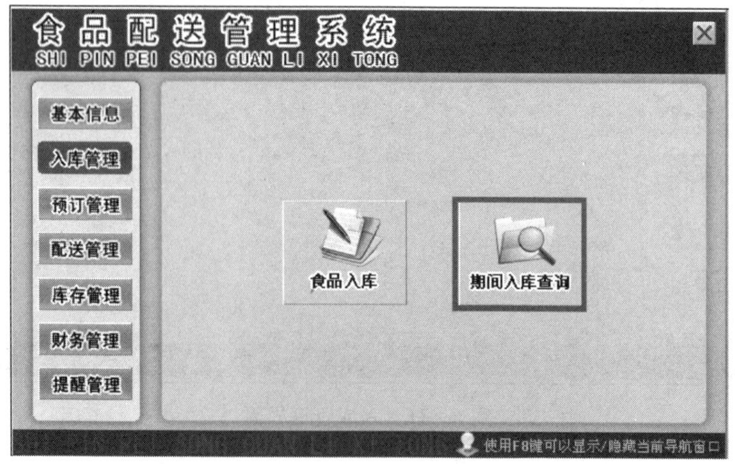

图 6—13 期间入库查询 1

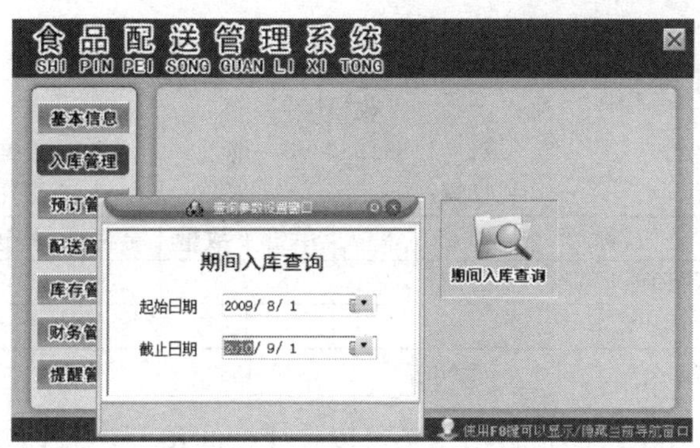

图 6—14　期间入库查询 2

(3) 通过【期间入库查询】可打印出期间入库统计单，如表 6—4 所示。

表 6—4　　　　　　　　　　　　**期间入库统计单**

起始日期：2009/8/1　　　　　　　　　　　　　　　　　　截止日期：2010/9/1

入库序号	入库时间	食品种类	食品编号	食品名称	食品规格	单位	进货单价	入库数量
RK20090810001	2009/8/12	饮品类	000402	V12	340ml	瓶	5.1	120
RK20090801001	2009/8/12	辣椒酱类	000502	欣和辣椒酱	500 克	盒	6.5	480
RK20090801002	2009/8/12	辣椒酱类	000503	欣和辣椒酱	1 500 克	盒	16	123
RK20090801001	2009/8/12	辣椒酱类	000504	欣和辣椒酱	2 500 克	盒	25	36
RK20090802001	2009/8/12	酱油类	000601	欣和伴侣酱油	1.0L	瓶	9	240
RK20090802001	2009/8/12	辣椒酱类	000505	欣和辣椒酱	14 千克	桶	125	24
合计								1 023

步骤三：预订管理（出库订单处理）

(1) 进入【预订管理】界面，在【预订登记】中根据本操作任务中的资料内容新增预订信息，如图 6—15 所示。

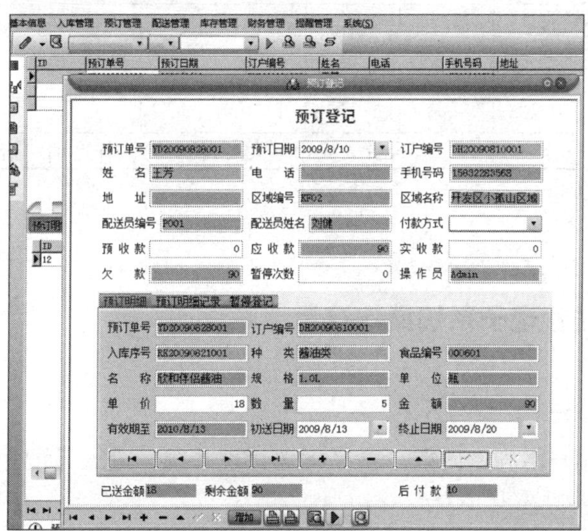

图 6—15　新增预订信息

（2）订户的预订信息处理完毕后，打印收据，如表6—5所示。

表6—5 收据

姓　名：王芳　电话：　手机：15832283568　地址：　收据编号：YD20090828001
预收款：0　应收款：90　实收款：0　欠款：90　操作员：Admin

种类	食品编号	名称	规格	单位	单价	数量	金额	初送日期	终止日期
酱油	000601	欣和伴侣酱油	1.0L	瓶	18	5	90	2009/8/13	2009/8/20
合计：						5	90		

公司名称：聊城洪顺食品有限公司　订货电话：0635—1234567

（3）同样，所有有记录的预订信息都可以在【期间预订查询】中查询。

操作任务2

根据下列资料，演示配送中心配送管理子系统的操作。

一、资料

聊城洪顺食品有限公司的仓储人员在查询家乐超市所需货物的库存后，发现可以满足发货需求。聊城洪顺食品有限公司根据客户需求，选择合适车辆进行装配发货，发货单如表6—6所示。

表6—6 发货单

配送单号：PS20090828001
客户名称：家乐超市　联系人：王芳　电话：15832283568
交货地址：开发区小孤山区域　接单日期：2009/8/10　送货日期：2009/8/13

序号	商品名称	规格	单位	订货数量	单价（元）	小计金额（元）
1	欣和伴侣酱油	1.0L	瓶	5	18	90
合计：¥90.00		合计人民币（大写）：　万　仟　佰　拾　元　角　分				

审批日期：　审批人：　审批意见：
发货日期：　发货人：

二、配送中心配送管理子系统操作演示

步骤一：配送登记

（1）用指定的用户名和密码登录食品配送管理系统，进入【配送管理】界面，如图6—16所示。

（2）根据本操作任务的资料内容，将家乐超市所需的货物配送至指定的收货地址，进入【配送登记】界面填写相关信息，如图6—17所示。

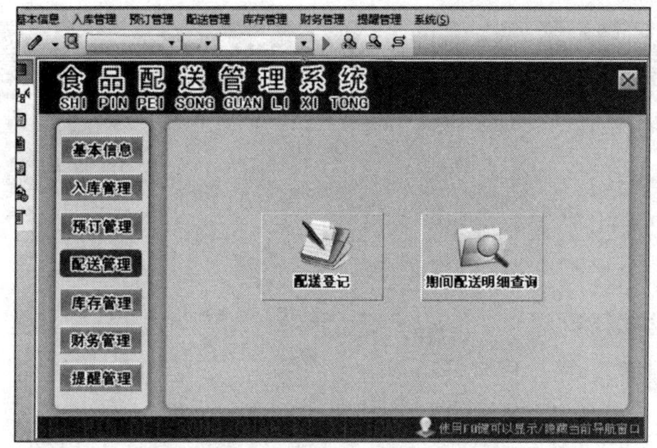

图 6—16　进入【配送管理】界面

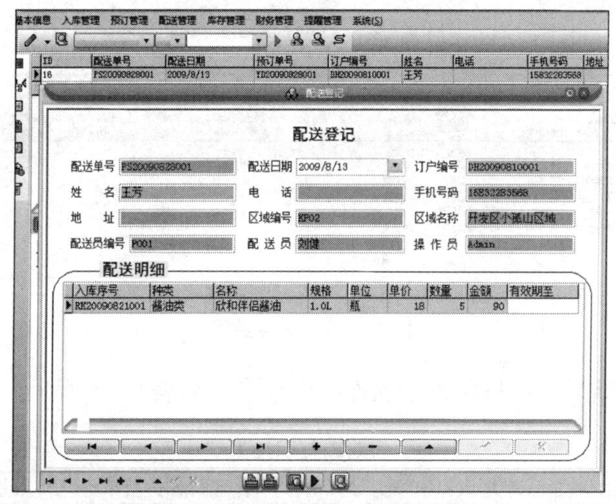

图 6—17　登记配送信息

步骤二：打印配送单

（1）配送信息登记完成后，打印配送单，如表 6—7 所示。

表 6—7　　配送单

姓名：王芳　　电话：15832283568　　配送日期：2009/8/13

地址：　　操作员：Admin

种类	名称	规格	单位	单价（元）	数量	金额（元）
酱油类	欣和伴侣酱油	1.0L	瓶	18	5	90
合计					5	90

公司名称：聊城洪顺食品有限公司　　订货电话：0635—1234567

（2）同样，所有有记录的配送信息都可以在【期间配送明细查询】中查询。

步骤三：库存查询

（1）为了保证随时掌握库存数量情况，在【库存管理】中可以进行库存查询，如图 6—18 和图 6—19 所示。

图 6—18 【库存管理】界面

入库序号	入库时间	食品种类	食品编号	食品名称	食品规格	进货单价	入库数量	进货总额	有效期至	出库数量	出库总额	余存数量	余存总额
RK20090810001	2009/8/12	饮品类	000402	V12	340ml	5.1	120	612	2010/4/22	1	612	119	606.9
RK20090811001	2009/8/12	辣椒酱类	000502	欣和辣椒酱	500克	6.5	480	3120	2009/12/10	1	6.5	479	3113.5
RK20090811002	2009/8/12	辣椒酱类	000503	欣和辣椒酱	1500克	16	123	1968	2010/2/10	0	0	123	1968
RK20090813001	2009/8/12	辣椒酱类	000504	欣和辣椒酱	2500克	25	36	900	2010/8/13	0	0	36	850
RK20090821001	2009/8/12	酱油类	000601	欣和伴侣酱油	1.0L	9	240	2160	2010/8/13	5	45	235	2115
RK20090823001	2009/8/12	辣椒酱类	000505	欣和辣椒酱	14千克	125	24	3000	2010/8/23	0	0	24	3000

图 6—19 库存查询

（2）根据查询结果，可打印出当前库存明细表，如表 6—8 所示。

表 6—8　　当前库存明细表

入库序号	入库时间	食品种类	食品编号	食品名称	食品规格	进货单价	入库数量	进货总额	有效期至
RK20090810001	2009/8/12	饮品类	000402	V12	340ml	5.1	120	612	2010/4/22
RK20090811001	2009/8/12	辣椒酱类	000502	欣和辣椒酱	500 克	6.5	480	3 120	2009/12/10
RK20090811002	2009/8/12	辣椒酱类	000503	欣和辣椒酱	1 500 克	16	123	1 968	2010/2/10
RK20090813001	2009/8/12	辣椒酱类	000504	欣和辣椒酱	2 500 克	25	36	900	2010/8/13
RK20090821001	2009/8/12	酱油类	000601	欣和伴侣酱油	1.0L	9	240	2 160	2010/8/13
RK20090823001	2009/8/12	辣椒酱类	000505	欣和辣椒酱	14 千克	125	24	3 000	2010/8/23
合计							1 023	11 760	

操作任务 3

根据下列资料，演示配送中心财务结算管理子系统操作。

一、资料

聊城洪顺食品有限公司根据家乐超市的需求，在家乐超市要求的送货日期将货物送到指定的收货地址。该公司要求家乐超市在 2009 年 8 月 15 日付款 50 元，余款于下次订货后再付清。

二、配送中心财务结算管理子系统操作演示

（1）用指定的用户名和密码登录食品配送管理系统，进入【财务管理】界面，如图 6—20 所示。

图 6—20　【财务管理】界面

（2）根据订户的付款情况，在【后付款订户】中新增后付款订户信息，如图 6—21 所示。

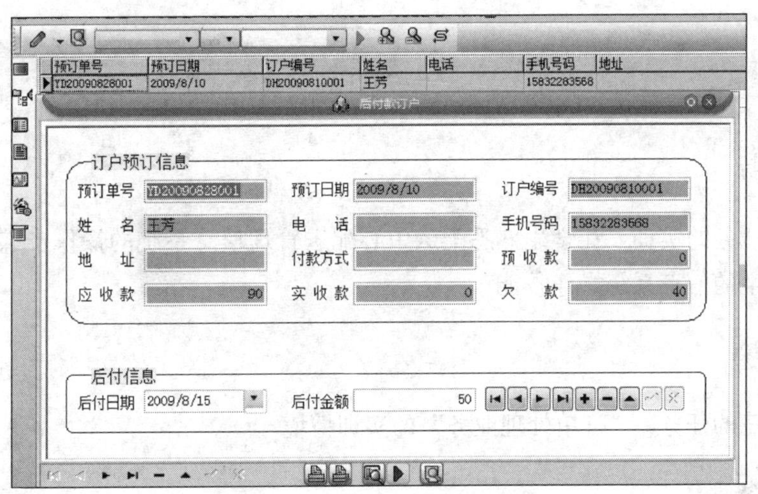

图 6—21　新增后付款订户信息

（3）根据后付款订户信息，打印付欠款收据，如图 6—22 所示。

（4）财务人员可随时通过【收款统计】来了解账款结算情况，如图 6—23 所示。

付欠款收据

姓　名：王芳
电　话：
手　机：15832283568
地　址：

后付日期	后付金额
2009/8/15	50
合　计：	50

打印时期：2009/8/15 15:15:23
公司名称：聊城洪顺食品有限公司
订货电话：0635-1234567

图 6—22　付欠款收据

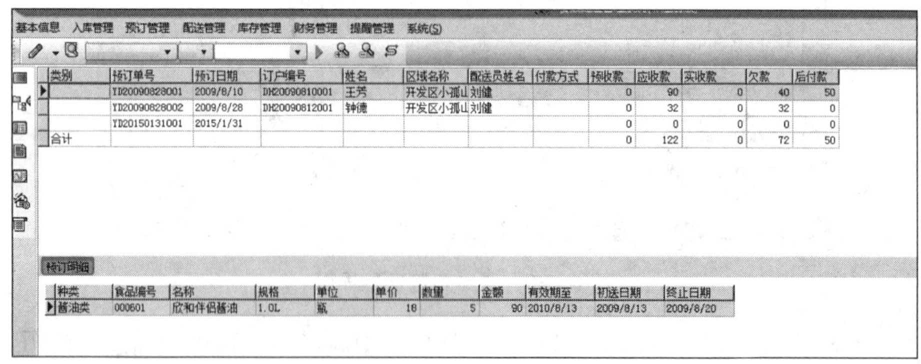

类别	预订单号	预订日期	订户编号	姓名	区域名称	配送员姓名	付款方式	预收款	应收款	实收款	欠款	后付款
	YD20090828001	2009/8/10	DH20090810001	王芳	开发区小孤山	刘健		0	90	0	40	50
	YD20090828002	2009/8/28	DH20090812001	钟德	开发区小孤山	刘健		0	32	0	32	0
	YD20150131001	2015/1/31						0	0	0	0	0
合计								0	122	0	72	50

种类	食品编号	名称	规格	单位	单价	数量	金额	有效期至	初送日期	终止日期
酱油类	000601	欣和伴侣酱油	1.0L	瓶	18	5	90	2010/8/13	2009/8/13	2009/8/20

图 6—23　【收款统计】界面

技能训练

实训目标

通过本任务的实训，让学生熟悉配送中心配送管理信息系统的操作步骤及内容，培养和提高学生的信息系统操作技能。

实训情境

见项目三的任务一“订单处理业务”的实训情境

实训任务

(1) 根据客户的订单资料，在配送中心订单管理子系统中完成相应的订单处理操作。
(2) 根据客户的订单资料，在配送中心配送管理子系统中完成相应的配送处理操作。
(3) 根据客户的订单资料，在配送中心财务结算管理子系统中完成相应的财务结算操作。

实训考核标准

对学生的实训结果给予考核，有利于激发学生的积极性。同时，通过考核找出实训过程中的不足并提出改进办法，有利于知识的总结和掌握。具体考核标准如表 6—9 所示。

表 6—9　　配送管理信息系统操作训练考评表

考核内容	考核标准	分值	实际得分
配送管理信息系统操作	订单管理操作正确	30	
	配送管理操作正确	30	
	财务结算操作正确	40	
合　计		100	

任务二
RDC 运作实例

任务结构图

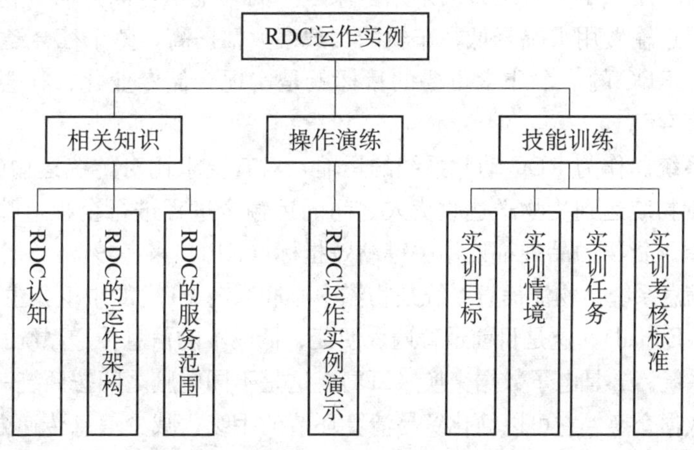

相关知识

一、RDC 认知

（一） RDC 的概念

区域分发中心（Regional Distribution Center，RDC）是近年来一种极为重要的物流运作模式。区域分发中心是指物流公司具体进行业务运作的分发、配送中心，一般设有运输部、资讯部、仓务部和综合部。

（二） RDC 运作的特点

RDC 物流运作模式具有如下特点：

1. 高度集权

这种物流运作模式的权力集中在总部，业务开发、各种物流运作指令均来自于物流公司的总部。各地的 RDC 只是按总部的指令，从事具体的物流服务操作。

2. 必须有支撑系统

RDC 物流运作有三大支撑系统，即仓储系统、运输系统和物流信息系统（IT 系统）。

（1）仓储系统。建立先进的仓储系统，为生产企业服务，按照货物的堆放体积收费，参照国际惯例，采用先进先出的管理方式进行管理。由于采用社会化、专业化的仓储管理办法，其费用与各企业自己单独建仓库的费用相比，无论从资金方面还是从利用率上均要节省，而且可使得企业库存真正降为零，大大降低其仓储成本。此外，在产品销售方面，各生产企业不仅可以利用 RDC 的分拨网络，把出厂的产品在最短的时间内送到消费者手中，加快产品的流通，使得产业资本的周转率明显提高，而且可以节省大量的运输及广告费用。由于载运方面采用多家客户同车配送，同方向货物一起载运的合理运输方式使得运输费用大幅降低，车辆的实载率大幅提高，整个社会经济效益增加。

所以，建立 RDC 的一个非常重要的目标就是实现仓储专业化、社会化管理，使得企业实现“零库存”。

（2）运输系统。作为 RDC 动脉系统的运输，对其要求比对传统运输的要求高得多，物流中心要对货物装运到货物送达收货人之间的运输全过程进行全程追踪。对运输的时间、货损、货差、货物的品种都使用关键绩效指标（KPI）来考核。

（3）物流信息系统。物流信息系统是物流中心联系各 RDC 的中枢，主要有以下技术：一是电子邮件（E-mail），这是目前最普遍、便捷、低成本的信息传递系统。目前，各物流公司均采用该系统。二是电子数据交换（EDI），这是不同电脑之间按照统一的信息标准所进行的结构化数据交换。它可以简化贸易清算环节的手续，减少信息传递方面的差错，降低客户反复修改或磋商时的通信成本和制作成本，缩短公司的采购周期。

二、RDC 的运作架构

（一）操作模式

RDC 的操作模式如图 6—24 所示。

图 6—24　RDC 的操作模式

（二）运作框架

RDC 的运作框架如图 6—25 所示。

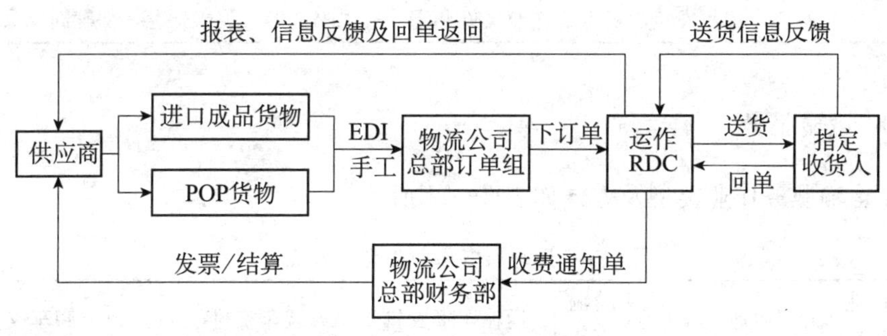

图 6—25　RDC 的运作框架

（三）货物流向

RDC 的货物流向如图 6—26 所示。

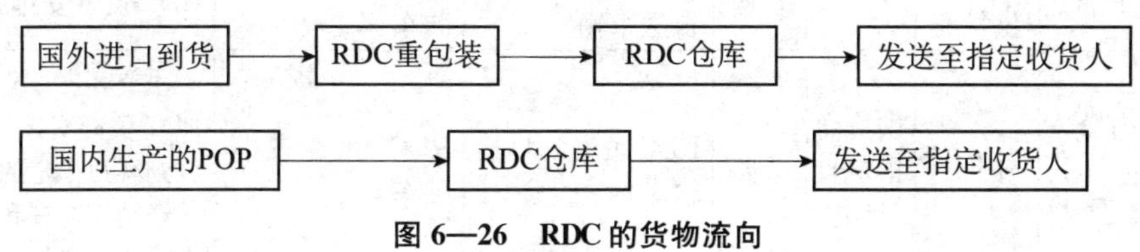

图 6—26　RDC 的货物流向

三、RDC 的服务范围

（一）仓储服务

RDC 仓储服务范围及要求如表 6—10 所示。

表 6—10 **RDC 仓储服务范围及要求**

使用 RDC	(1) 进口成品货物。 (2) 国产 POP 货物。
仓库类型	普通仓库存放
仓库基本条件要求	(1) 库房环境必须整洁干净，符合国家相关管理条例。 (2) 货物库存温度保持常温。 (3) 库房定期安排人员负责清洁货物外包装和打扫库房卫生，保持货物及库房卫生整洁并予以记录。 (4) 库房定期进行专门的防虫害处理，定期检查防虫捕鼠装置并做好记录。 (5) 库房符合消防安全的要求，做好相应的消防工作。
仓库作业具体要求	(1) 货物使用供应商纸箱存放，每个纸箱表面需包含产品名称、数量、生产日期等信息。 (2) 货物外箱代码或中文标签一律朝外摆放，货物严禁倒置。货物箱内存放同一品种的产品。 (3) 纸箱使用托盘摆放，堆码时同一品种、同一收货日期的产品放置在一起。 (4) 只有经授权的仓管人员才可以按照指令进行收发货作业，并由专人进行复核，同时每月定期进行盘点。 (5) 只有经过授权的包装人员才可以按照指令进行包装作业，并由专人进行复核；在包装时，作业人员不得损坏或污染货物。 (6) 所有作业人员必须保持良好的个人卫生，统一着装。所有作业人员必须具备相应的资格。 (7) 所有库房收发货、盘点等作业文件和记录应以书面形式妥善保存，保存时间大于三年。

(二) 运输服务

RDC 运输服务作业类型及方式如表 6—11 所示。

表 6—11 **RDC 运输服务作业类型及方式**

作业分类	作业名称	起运地	到达地	运输方式	运输车辆安排	装车安排	卸车安排
转仓作业	进口自送（进口产品）	堆场码头	RDC	自送	供货商自行安排自送车辆（一般为 40 英尺集装箱）	供货商自行负责装车	RDC 负责安排卸车
	POP 自送	指定供货商	RDC	自送	供货商自行安排自送车辆	供货商自行负责装车	RDC 负责安排卸车
分发作业	国内分发（进口产品）	RDC	供货商指定收货处	公路	RDC 负责安排运输车辆	RDC 负责安排装车	＊重要客户（KA 客户）：RDC 负责安排卸车并码放到客户指定的托盘上 ＊经销商客户和办事处：由收货人自行负责卸车
	国内分发（POP）	RDC	供货商指定收货处	公路	RDC 负责安排运输车辆	＊RDC 负责安排装车 ＊一般情况，仓库将 POP 的产品按单件数量进行拣货，发货时需使用周转箱	＊重要客户（KA 客户）：RDC 负责安排卸车并码放到客户指定的托盘上 ＊经销商客户和办事处：由收货人自行负责卸车

续前表

作业分类	作业名称	起运地	到达地	运输方式	运输车辆安排	装车安排	卸车安排
特殊提货作业	从指定提货处提取货物至 RDC	供货商指定提货处	RDC	公路	RDC 负责安排运输车辆	RDC 负责安排装车	RDC 负责安排卸车

（三）重包装服务

重包装作业服务的具体内容如表 6—12 所示。

表 6—12　　重包装服务

作业分类	作业名称	作业工具/材料安排	作业时间安排
贴标签	贴 CIQ 标签	（1）开箱检查产品中是否有包装损坏的货物； （2）按供货商指示，对产品进行 CIQ 贴标； （3）CIQ 标签由供货商提供。	仓库在收货完毕后，项目组通知包装车间，安排贴标作业。
	按客户要求贴特殊标签	（1）开箱检查产品中是否有包装损坏的货物； （2）按供货商指示，对产品进行特殊贴标； （3）标签由供货商提供。	项目组收到供货商物流部指令后，通知包装车间，安排贴标作业。

操作演练

操作任务

向学生演示高新物流配送中心的进口玩具和国内促销产品（POP）的 RDC 操作程序。

一、操作基本数据

（一）订单作业类型

订单作业类型如表 6—13 所示。

表 6—13　　订单作业类型

作业分类	作业名称	起运地	到达地	运输方式	订单格式	物流公司 OMS/WMS 系统供货商代码
转仓作业	（1）进口自送（进口产品）	堆场码头	RDC	自送	EDI 订单系统对接	MAT
	（2）POP 自送	供货商指定地点	RDC	自送	标准 Excel 文件订单	MAS

续前表

作业分类	作业名称	起运地	到达地	运输方式	订单格式	物流公司 OMS/WMS 系统供货商代码
分发作业	(1) 国内分发(进口产品)	RDC	供货商指定收货处	公路	EDI 订单系统对接	MAT
	(2) 国内分发(POP)	RDC	供货商指定收货处	公路	标准 Excel 文件订单	MAS
特殊提货作业	从指定提货处提取货物至 RDC	供货商指定提货处	RDC	公路	标准 Excel 文件订单	MAT

(二) 货物质量标准

1. 进口产品 MAT 质量标准

进口产品 MAT 质量标准如表 6—14 所示。

表 6—14　　进口产品 MAT 质量标准

WMS 系统订单 OMS 代码	RDC 仓库存放区域	货物质量标准说明	WMS 系统存放状态
MAT	1. 合格区	合格货物	
	可发	*外箱完好无损,无凹陷、变形或受潮等现象,外箱封箱带完好; *单个产品包装完好,包装盒无破损; *产品中包装上已贴中文卷标及 CIQ 卷标	可发 NR
	2. 待检区	待检货物	
	(1) 待检	进口货物完好无损,但尚未拿到进口质检合格证书的货物	待检 QA
	(2) 搁置	经供货商确认,允许仓库开箱检查,发现货物存在以下情况,需转搁置,等待供货商处理: *外箱封箱带被破坏,或者箱体变形受污,但开箱时确认里面的产品中包装完好无损; *产品中包装出现破损、凹陷、受污,但产品完好无损、产品表面无任何受污现象	搁置 OD
	(3) 产品控制	供货商书面指令,要求对指定货物进行控制:用于发指定客户或指定订单的货物	产品控制 HOLD
	3. 退货区	退回货物	
	退货	供货商下发退货订单,按订单将退回货物放置退货区	破损 DM+产品控制 HOLD
	4. 不合格区	不合格货物	
	破损	单个货物出现变形、破损、毁坏、污染(指雨淋、水迹、油污等)等受损情况	破损 DM

2. 国内 POP 产品 MAS 质量标准

国内 POP 产品 MAS 质量标准如表 6—15 所示。

表 6—15　　国内 POP 产品 MAS 质量标准

WMS 系统订单 OMS 代码	RDC 仓库存放区域	WPN/WPR 货物质量标准说明	WMS 系统存放状态
MAS	1. 合格区	合格货物	
	可发	单件（PC）完好无损的货物	可发 NR
	2. 不合格区	不合格货物	
	破损	单个货物出现变形、破损、毁坏、污染（指雨淋、水迹、油污等）等受损情况	破损 DM

（三）操作注意事项

1. 订单传送与接收

供货商以邮件或 EDI 系统对接的形式向总部订单组下发订单。（订单截止时间一般为每日下午 4:30。下午 4:30 之后下达的订单视为次日订单。）

2. 紧急订单

供货商要求在早于前置时间内将货物送达送货地点的，视为紧急订单。为确保紧急订单的可操作性，供货商在下发紧急订单前应先与运作 RDC 进行电话沟通，确认后进行操作，并按照紧急订单标准进行收费。

3. 取消及更改订单

如需取消或更改已下发至物流公司的订单，供货商需电话向运作 RDC 项目组的人员确认该订单的运作状况，根据该订单是否已进行运作确认相应处理。

4. 订单欠货处理

项目组处理当天接收的订单，若在处理时发现系统欠货，需立即与仓库进行实物确认，在仓库确认回馈为实物欠货后，项目组以“电话＋邮件”的方式通知供货商物流部相关人员。供货商物流部最晚在次日上午 10:00 前，以“邮件＋电话”的方式通知项目组后续操作指示。项目组在得到供货商物流部的指示后，再对该订单进行后续操作。

5. 收货标准

如果 RDC 在收货时发现货物存在以下情况之一，则应当场拍照，同时收入仓库的待检区域存放，项目组通知供货商，仓库按照供货商指示进行分拣。

（1）货物破损：是指不可挽救的货物，包括以下情况：外箱破洞、外箱有严重凹陷或变形（外箱有多处凹陷变形同样视为严重）、外箱受污染（指雨淋、水迹、油污等）等。

（2）货物搁置：是指通过修复或在重包装后可转为可发货物的货物，包括以下情况：

1）外箱封箱带被破坏，或者箱体变形受污，但在开箱时确认里面产品的包装完好无损；

2）产品中包装出现破损、凹陷、受污，但产品完好无损、产品表面无任何受污现象。

6. 发货规则

MAT 按照产品的收货日期先进先出。MAS 无发货规则。

二、订单处理程序

(一) MAT 订单处理程序

MAT 订单处理程序如图 6—27 所示。

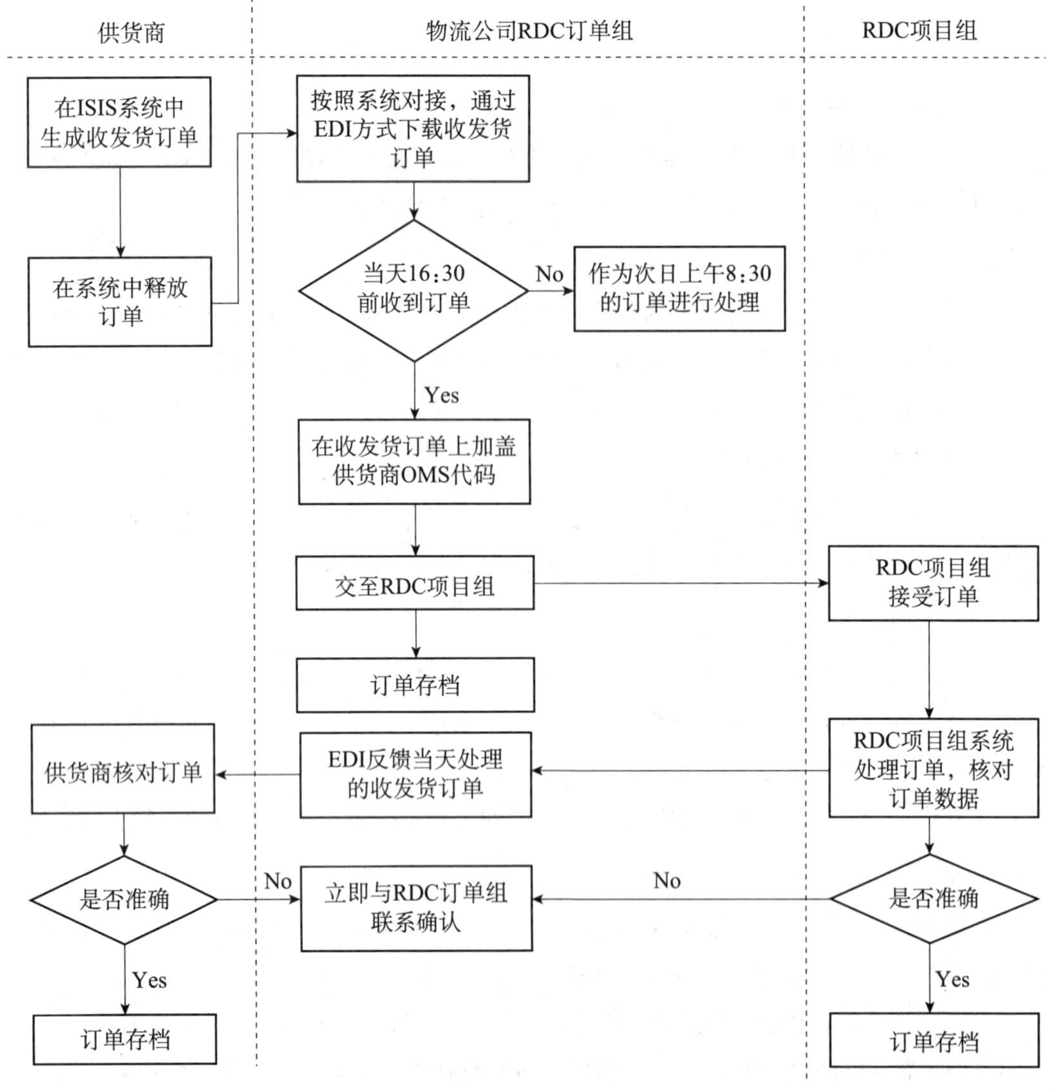

图 6—27 MAT 订单处理程序

(二) MAS 订单处理程序

MAS 订单处理程序如图 6—28 所示。

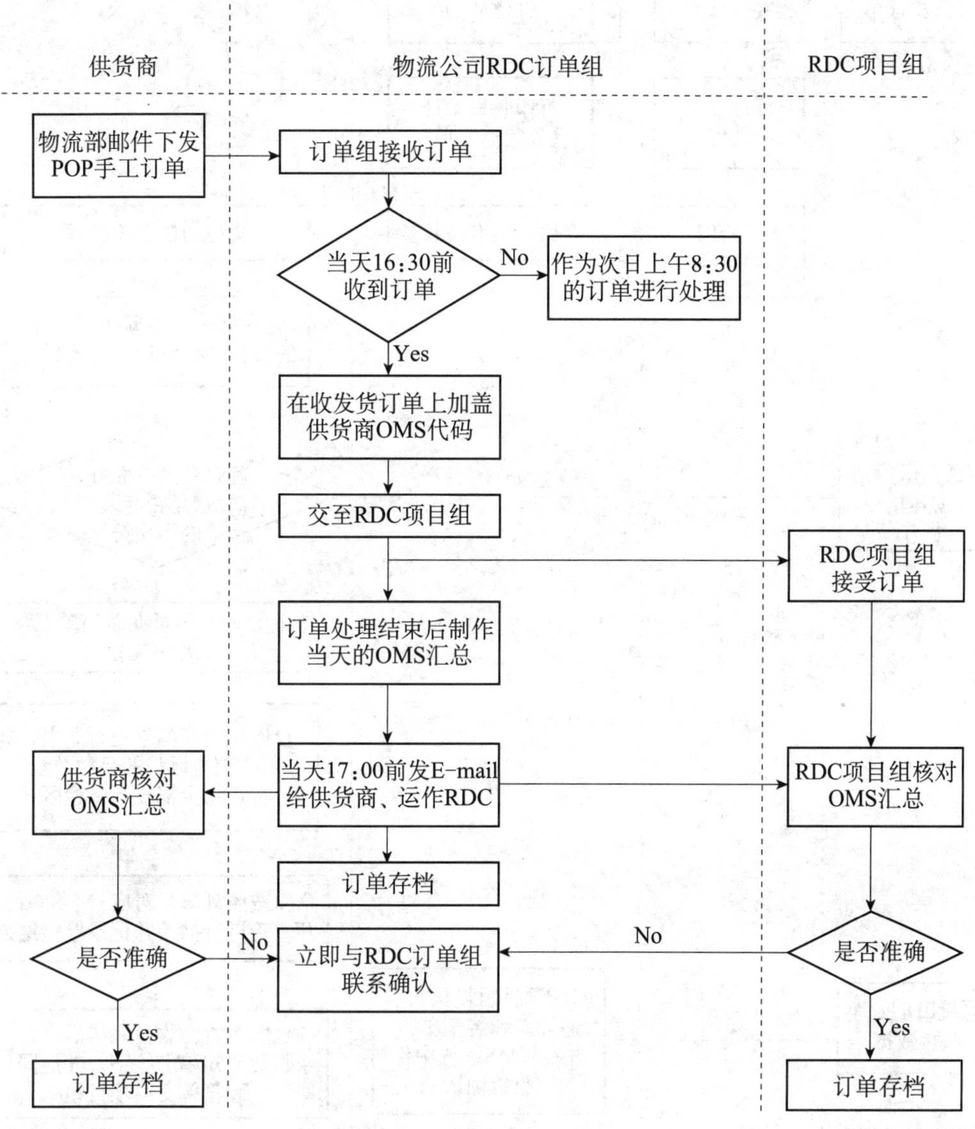

图 6—28　MAS 订单处理程序

三、收货作业程序

(一) MAT 进口自送——从码头自送进口货物至收货 RDC (SF-RDC)

从码头自送进口货物至收货 RDC（SF-RDC）运作流程如图 6—29 所示。

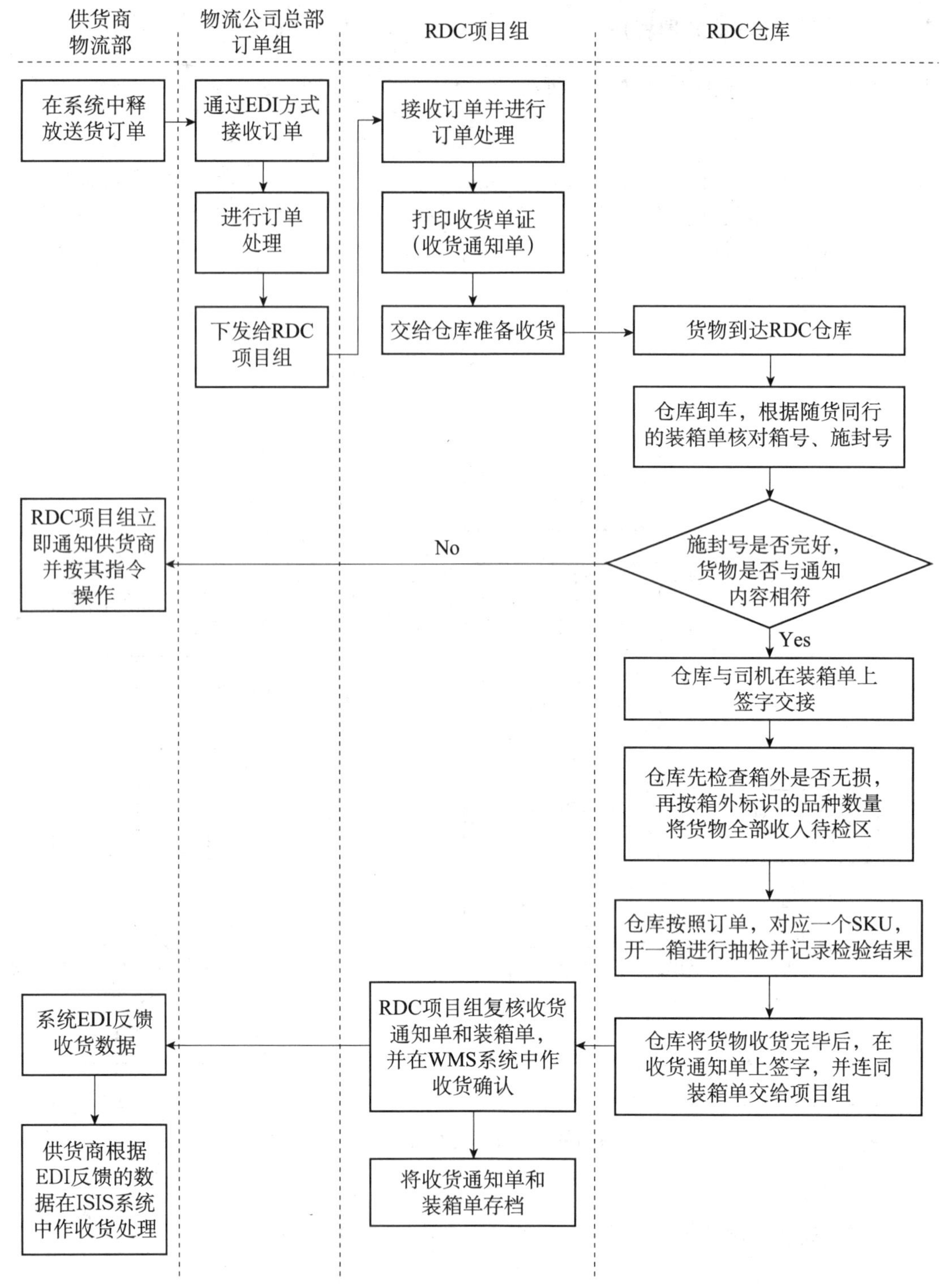

图 6—29　从码头自送进口货物至收货 RDC 运作流程图

（1）供货商物流部人员在系统中释放订单，通过系统对接的方式，将订单下发至物流公司总部订单组，订单内容包括订单号、产品种类、数量等信息。

(2) 物流公司总部订单组将该文件导入公司 OMS 系统，下发至 RDC 项目组。

(3) RDC 将订单导入 WMS 系统，并且在 WMS 系统打印收货单证——收货通知单 (ASN)，交给仓库用于到货后卸车清点核对。

(4) 对于进口货物，供货商需在海运自送集装箱到达 RDC 仓库的前一个工作日 (24 小时)，通知并下发海运集装箱清单给项目组人员，同时需注明集装箱箱号和施封号。

(5) 海运集装箱车辆到达 RDC 仓库后，仓库应先检查施封和集装箱箱体是否完好，施封号与集装箱箱号是否与订单上列明的号码一致。如果遇集装箱破封、箱体有损坏、施封号或箱号不正确，仓库人员应立即向项目组反映，由项目组与供货商物流部进行联系处理。检查无误后，仓库对车辆和货物进行拍照，最后与自送车辆司机在签单交接时注明。如果开箱后发现集装箱内货物有搁置或破损，项目组按照上述方式进行联系处理。

(6) 仓库人员将货物卸车入库，核对收货的品种、数量、状态并记录批号等。双方根据实收情况在随车同行的海运装箱单 (简称装箱单) 上签字交接。

(7) 自送司机与仓库之间的收货清点：

1) 对于整箱货物：

a. 若未发生封箱带被破坏或二次封箱，未发现箱体有破损、变形、污染，原则上按照整箱完好收货，不开箱清点里面的单件 (PC) 数量。

b. 进口到货因未通过 CIQ 认证，因此对应 WMS 系统，进口产品应先放入 QA 状态。

c. 进口到货的产品，仓库收货人员需进行抽检。抽检需按照订单和 SKU，对应一个 SKU 数量，开箱检查一箱货物的情况。抽检内容包括核对产品的品种、数量、中文标签的内容是否与外箱的描述一致以及产品的中包装、中文标签是否完好、完整。若抽检无误，则使用物流公司的封箱带进行封箱。仓库人员记录相关抽检情况。

d. 若发生封箱带被破坏或二次封箱，或者发现箱体有破损、污染，则需通知供货商并拍摄照片，仓库按照 PC 数量进行清点收货。

2) 对于零散货物：按照 PC 数量清点入库。

(8) RDC 仓库当天收货完毕后，提交仓库签字后的 ASN 和装箱单给 RDC 项目组，RDC 项目组以此在 WMS 系统内完成收货确认。

(9) RDC 项目组在次日上午 10 点之前，向物流部回馈收货抽检报告，WMS 系统在次日 EDI 自动回馈收货情况。

(二) MAS 促销品自送——从国内采购商至 RDC (SF-RDC)

从国内采购商至 RDC 运作流程如图 6—30 所示。

流程说明：

(1) 供货商物流部人员邮件下发手工订单至物流公司总部订单组，订单内容包括订单号、产品种类、数量等信息。

(2) 物流公司总部订单组接收订单，并给予 OMS 代码，然后下发至 RDC 项目组。

(3) RDC 项目组将订单导入 WMS 系统，并且在 WMS 系统打印 ASN，交给仓库用于到货后卸车清点核对。

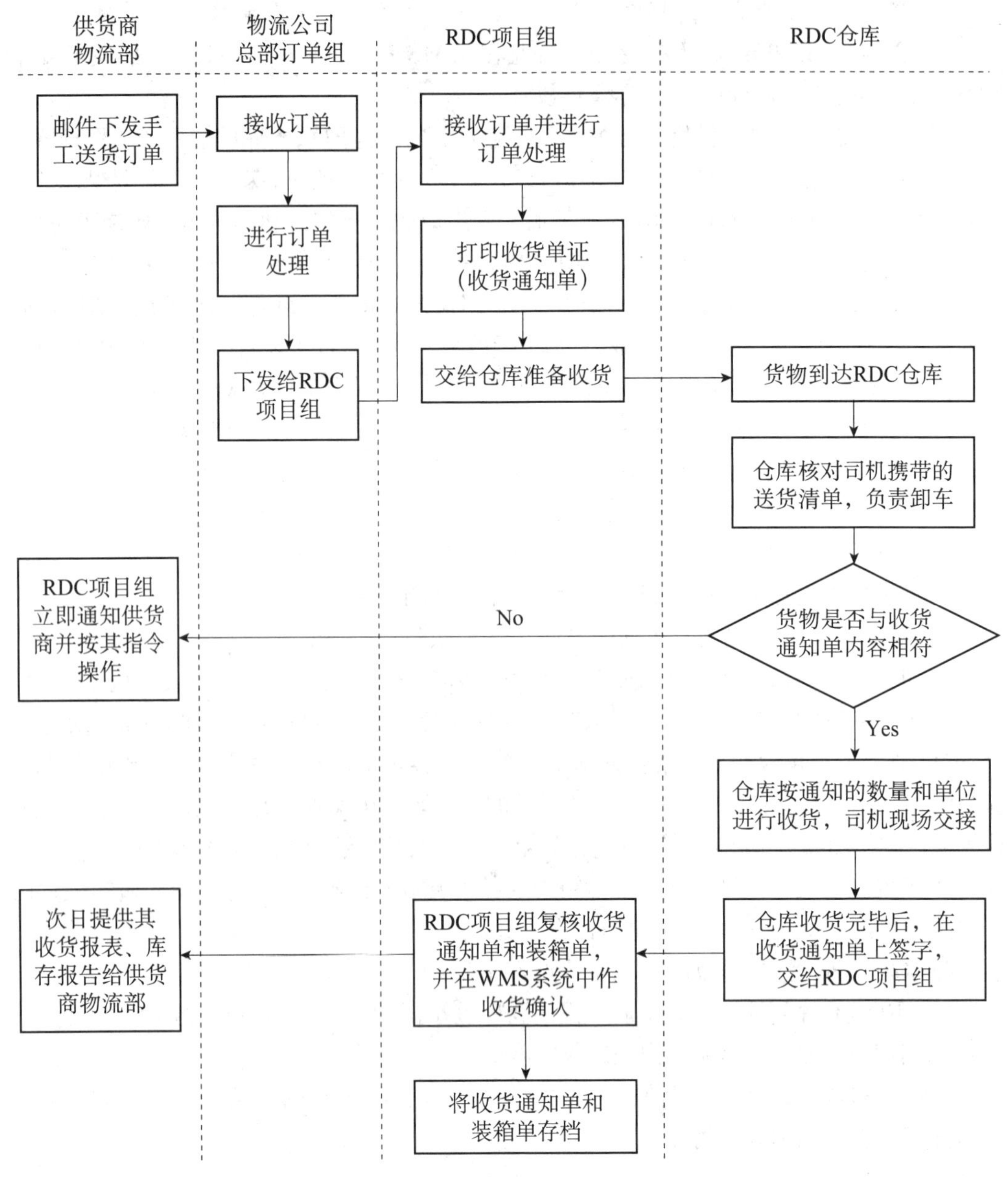

图 6—30　从国内采购商至 RDC 运作流程图

（4）自送司机将货物送至仓库，仓库按照 ASN 单证上打印的单位和数量，与司机现场进行清点。如若抵达的货物品种与 ASN 单证上的严重不符，则需通知 RDC 项目组，RDC 项目组告知供货商并处理。

（5）仓库根据实际核对的情况，在司机的送货凭证上进行签单交接。

（6）RDC 仓库当天收货完毕后，提交仓库签字后的 ASN 给 RDC 项目组。RDC 项目组以此于次日上午 10 点之前在 WMS 系统内完成收货确认，并以邮件方式发送收货变动表至供货商物流部。

四、分发作业程序

(一) MAT 进口产品——海关抽样 QA 状态发货

MAT 进口产品——海关抽样 QA 状态发货运作流程如图 6—31 所示。

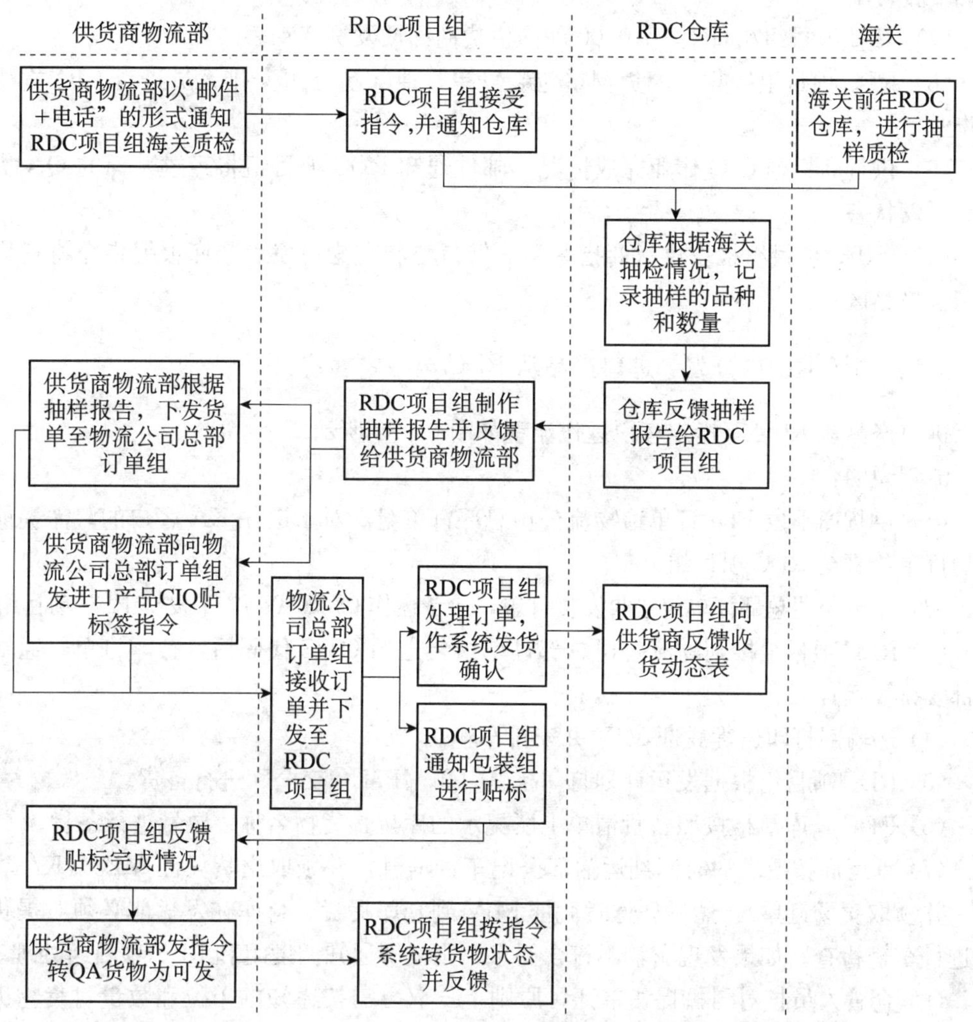

图 6—31 MAT 进口产品——海关抽样 QA 状态发货运作流程图

流程说明：

(1) 海关进口入库后，RDC 仓库需将货物全部都收入待检区，并确认 WMS 系统状态为 QA。供货商物流部确认相关入库信息，并联系海关进行抽样质检。

(2) 供货商物流部以“邮件＋电话”的方式通知 RDC 项目组，通知的内容包括海关抽样的时间和人员。

(3) RDC 仓库随同海关人员进行质检，记录已抽样的品种、数量、收货时间和库位等信息并制作相关抽样报告。

(4) RDC 项目组向供货商物流部提供抽样报告。

(5) 供货商物流部根据抽样报告，制作抽样发货订单，制作进口 QA 状态货物重包装订单，一并下发给物流公司总部订单组。

(6) 物流公司总部订单组接收订单，并下发订单至 RDC 项目组，RDC 项目组系统处理发货订单。

(7) RDC 项目组次日上午 10:00 前向供货商回馈发货变动表。

(8) RDC 项目组接收 QA 货物重包装订单，通知包装组安排人员进行 CIQ 货物贴标作业。

(9) 供货商根据 CIQ 作业完成情况，邮件通知 RDC 项目组将经过贴标的 QA 货物转为可发状态。

(10) RDC 项目组根据供货商指令系统转货物状态为可发。仓库根据指令将货物转移到合格品区。

(二) MAT 国内分发：进口产品从 RDC 至指定客户 (RDC-C)

进口产品从 RDC 至指定客户运作流程如图 6—32 所示。

流程说明：

(1) 供货商下发 EDI 订单给物流公司总部订单组。对于送往 KA 客户的，需提前将卖场订单传真至 RDC 项目组。

(2) 物流公司总部订单组接收发货订单，给予运作 OMS 代码，下发至 RDC 项目组。

(3) RDC 项目组接到物流公司总部订单组传送的 OMS 代码后，打印订单，通知运输部安排发运计划。

(4) 运输部打印送货凭证 MIV 并安排车辆。

(5) RDC 项目组根据发运计划打印拣货订单 (P/L) 交仓库进行备货。

(6) RDC 仓库严格按照备货清单上所提示的库位、货物名称、数量进行备货。

(7) 承运商按要求的时间到运输部登记车辆信息，并领取送货凭证 MIV (KA 客户需一并领取卖场订单)，然后凭送货凭证 MIV 到仓库提货，仓库在发货前必须对提货车辆进行车辆检查。如果发现车辆不符合要求，则立即通知调度组和 RDC 项目组处理。

(8) 仓管人员核对司机提货单证，原则上，双方需按通知的单位和数量对货物进行清点，确认无误后进行货物装货，发货完毕后，仓管员和承运司机在单证上签字交接。

(9) 仓库人员进行 RF 发货，对系统进行更新，作发货确认，正常情况下，当天的发货当天作确认。

(10) 追踪人员追踪货物的在途信息，并在 OTS 系统每日更新货物在途信息，一旦发生延误、破损、遗失，立即联系 RDC 项目组，由 RDC 项目组通知物流部并进行处理。

(11) 司机携带单证及货物前往送货，于客户处进行清点交接。客户先清点箱数，然后核对明细和货物状态等。如无异常，则双方在交接单上签字，司机携带单证返回；如有异常，送货人员立即反馈至 RDC 项目组，由 RDC 项目组联系供货商确认操作。对于

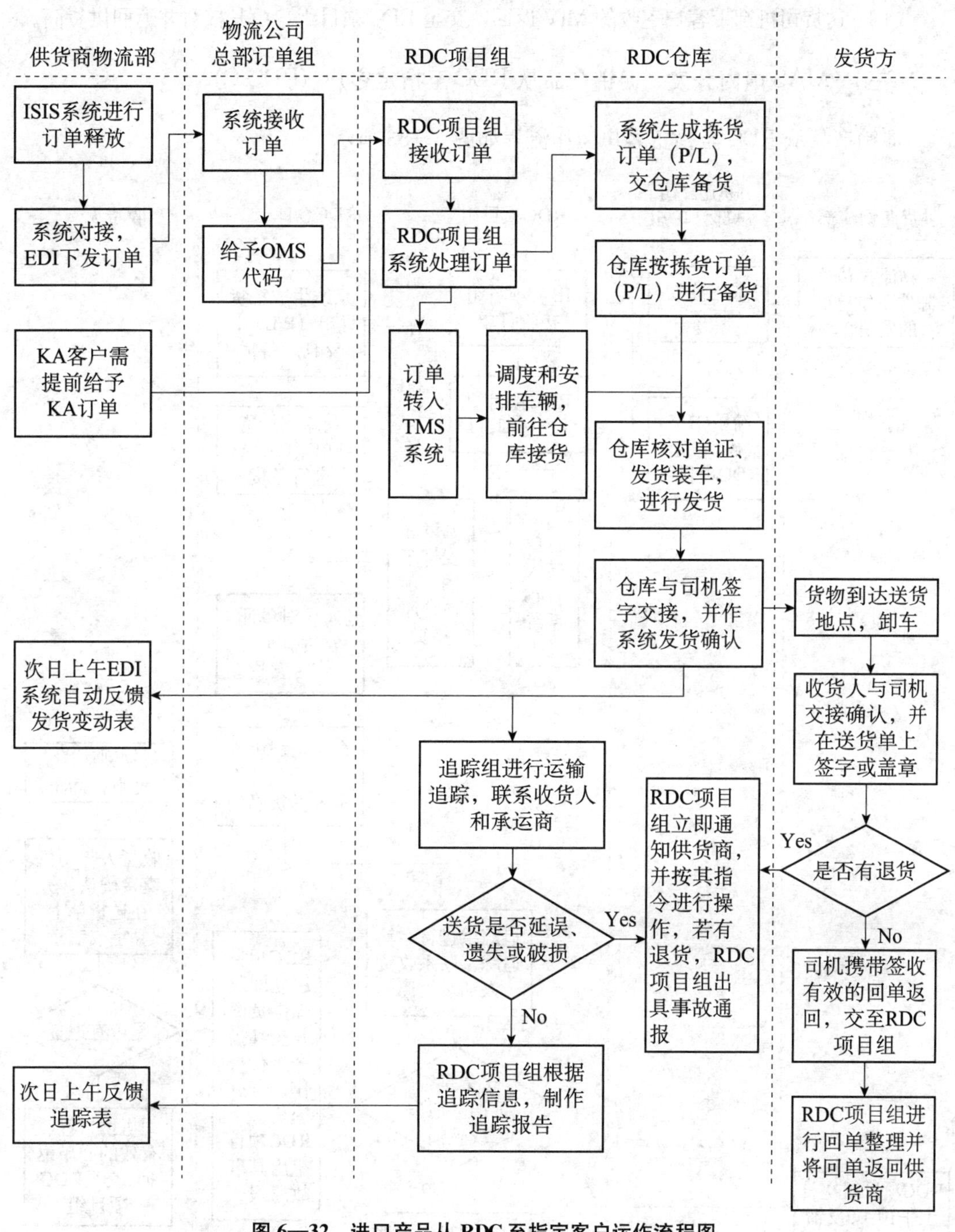

图 6—32　进口产品从 RDC 至指定客户运作流程图

品种、托盘外包装或托盘内产品若存在破损、损坏、受潮等情况，或者箱数有差异，需由客户和送货人员同时在交接单证上进行明确备注说明。

（12）系统 EDI 反馈发货变动信息，RDC 项目组制作追踪报告，在次日 10:30 前反馈给供货商物流部。

(13) 送货司机携带客户签收的 MIV 返回，交至 RDC 项目组，由其核对并返回供货商。

(三) MAS 国内分发：促销产品从 RDC 至指定客户 (RDC-C)

促销产品从 RDC 至指定客户运作流程如图 6—33 所示。

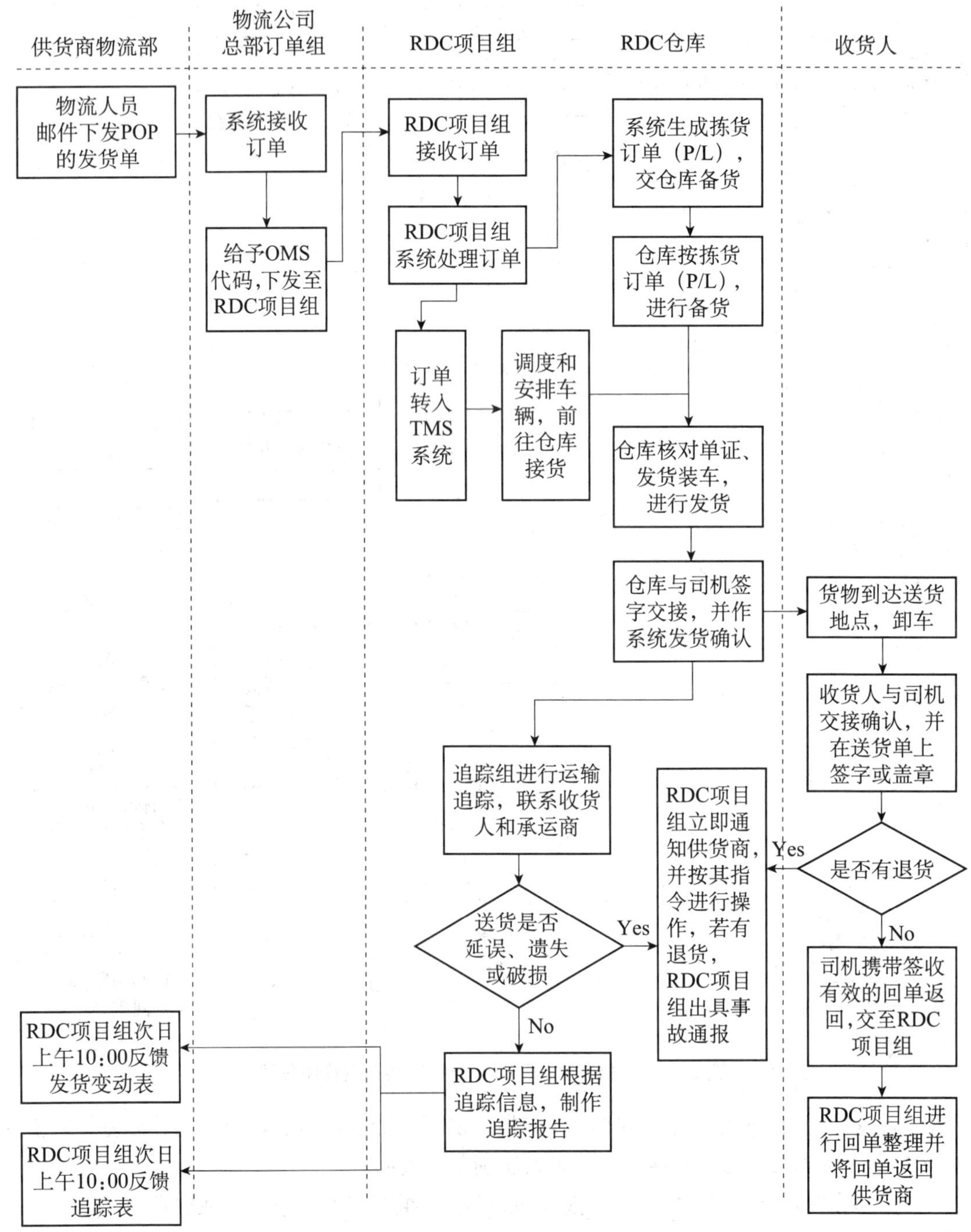

图 6—33 促销品从 RDC 至指定客户运作流程图

流程说明：

（1）仓库在拣货时核对货物品种、数量、批号是否与通知内容一致。如有差异，则必须立即通知 RDC 项目组，由 RDC 项目组负责与供货商进行协调并按照其指令进行操作。

（2）RDC 项目组在仓库完成发货后，在 WMS 系统进行发货确认。

（3）RDC 项目组负责进行制作并提供追踪报告。如发现有货物延误、受损或遗失现象，则立即通知供货商，并按照其指令进行处理。RDC 项目组每天上午 10:00 前以邮件方式将追踪报告发给供货商。

五、退货流程

从指定提货处提取货物至 RDC（C-RDC）的正常退货流程如图 6—34 所示。

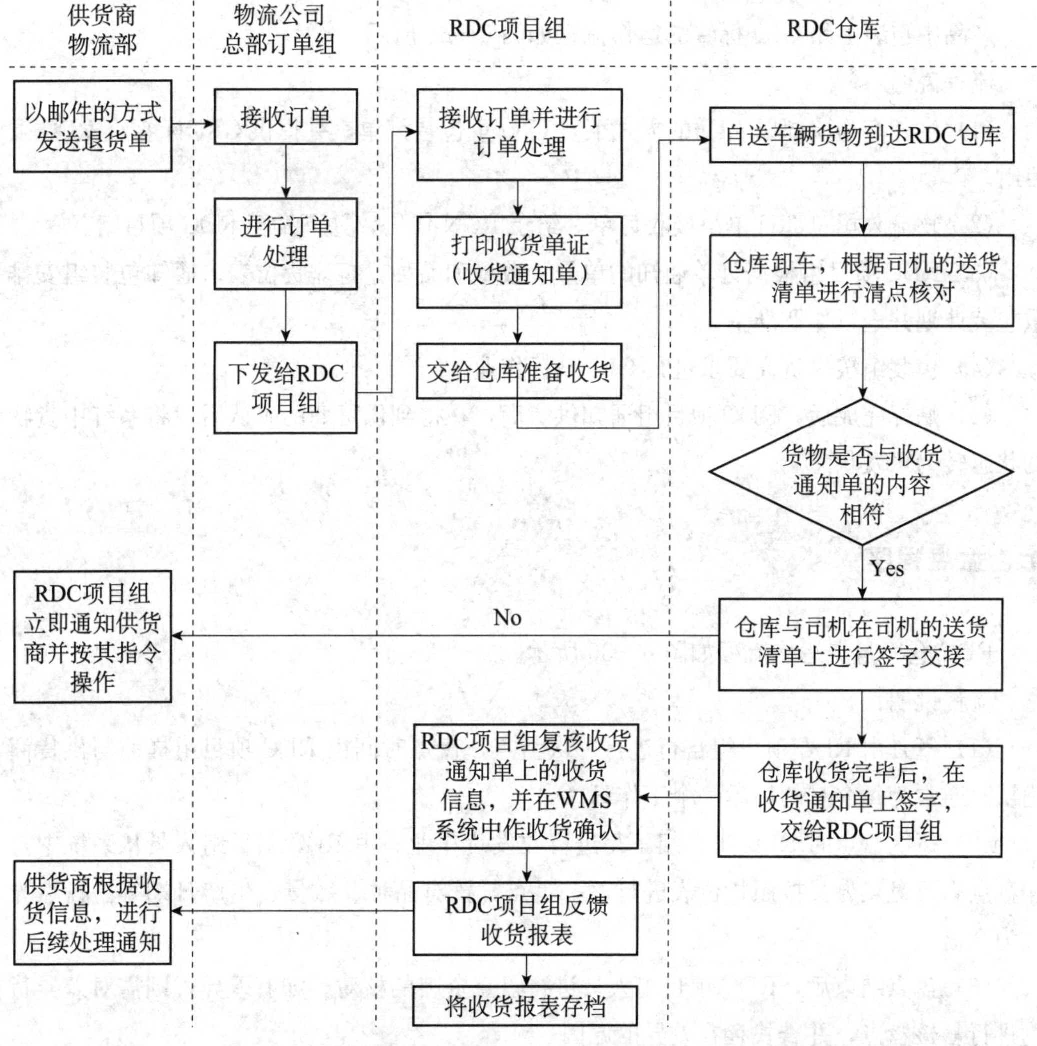

图 6—34　从指定提货处提取货物至 RDC 的正常退货流程图

流程说明：

（1）供货商物流部将正常退货订单以邮件的方式发送给物流公司总部订单组。

（2）物流公司总部订单组接收订单，编写 OMS 代码后下发至 RDC 项目组。

（3）RDC 订单处理人员接到订单，打印收货通知单，交给 RDC 仓库进行收货。

（4）供货商物流部以书面形式通知 RDC 项目组对退回货物状态进行处理。

（5）运输车辆将货物运到收货 RDC 仓库，RDC 仓库核对退货品种、数量、批号、状态后在司机的送货凭证上签字并签注日期。如发现货物与通知不符，仓库人员应立即向 RDC 项目组反映，由 RDC 项目组立即通知供货商并按照其指令进行处理。

六、重包装程序

产品中包装上贴 CIQ 标签的运作流程如图 6—35 所示。

流程说明：

（1）供货商物流部以 EDI 的方式下发 CIQ 重包装订单，并提供 CIQ 标签至 RDC 项目组。

（2）物流公司总部订单组接收订单，给予 RCN 代码，并下发至 RDC 项目组。

（3）RDC 项目组根据订单通知的单号、数量和品种，打印货位表，通知包装组安排重包装计划并进行作业准备。

（4）包装组按供货商要求进行 CIQ 贴标作业。

（5）贴标完成后，RDC 项目组通知供货商，在得到供货商的确认后，将系统中货物的状态转为可发状态。

七、盘点程序

RDC 仓库盘点运作流程如图 6—36 所示。

流程说明：

（1）每月由 RDC 项目组自行进行一次盘点，盘点时间由 RDC 项目组提前与供货商确认。通常为每个月的最后一个工作日。

（2）每次盘点时 RDC 项目组不得进行收发货作业。由 RDC 项目组人员从系统中打印盘点表，盘点人员按照货位表进行逐一盘点，核对品种、数量、生产日期等。盘点方式为全盘。

（3）盘点结束后，RDC 项目组人员进行盘点资料的核对，如有差异，则需对差异货物进行复核盘点，并查找存在差异的原因。

（4）RDC 项目组制作盘点报告。若供货商未要求签字确认并回寄，则一般在盘点当天将报告以邮件的方式发给供货商；如有盘点差异，则还需单独制作差异报告给供货商。

（5）按供货商的书面确认进行系统调整。

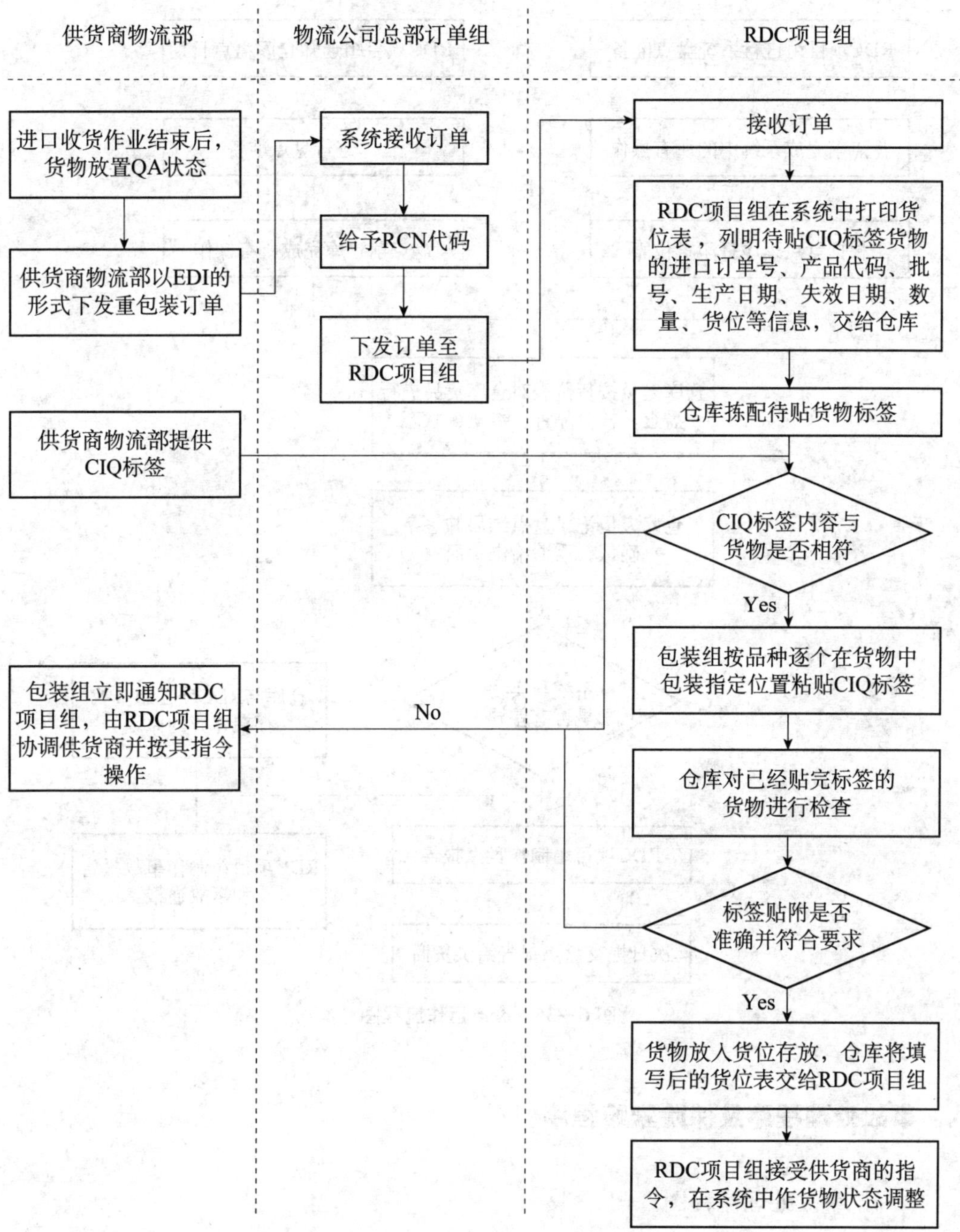

图6—35 产品中包装上贴CIQ标签的运作流程图

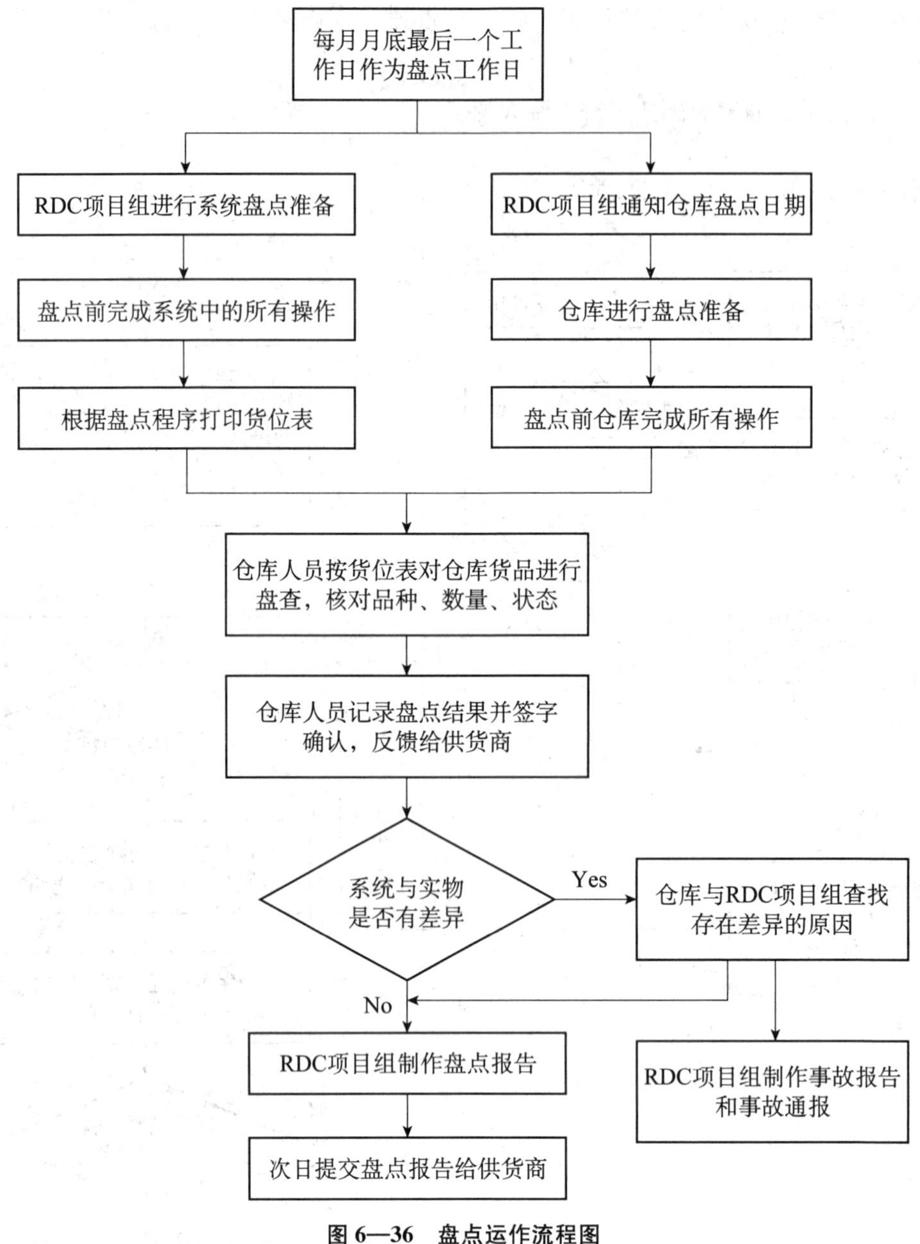

图 6—36　盘点运作流程图

八、事故处理程序及保险索赔程序

（一）事故处理流程图

事故处理的流程如图 6—37 所示。

流程说明：

（1）发生事故后，RDC 项目组应立即电话通知供货商，并在 48 小时内出具事故报

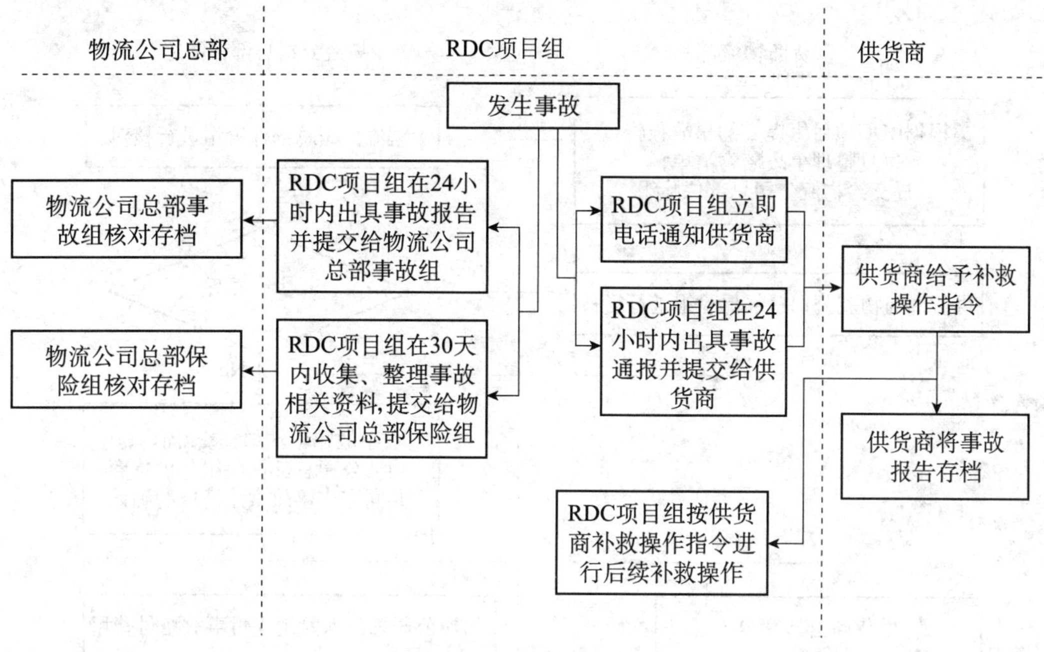

图 6—37　事故处理流程图

告并提交给供货商，同时提交给物流公司总部事故组。

（2）供货商物流部在收到事故报告后，签署处理意见回传给 RDC 项目组。

（3）RDC 项目组按照供货商物流部的指令对事故进行后续操作。RDC 项目组统计事故清单。

（4）RDC 项目组在事故发生后的 30 天内收集事故所需的相关资料并整理完毕，然后提交给物流公司总部保险组。

（5）供货商将事故报告交给物流公司总部保险组进行核对，核对后物流公司总部在规定的时间内进行赔付。

（二）保险索赔流程图

保险索赔的流程如图 6—38 所示。

流程说明：

（1）供货商相关人员收集、整理 RDC 项目组提供的事故报告。

（2）每月月底供货商提供包含事故报告编号的事故索赔清单与物流公司总部保险组核对。

（3）赔偿金额以双方合同相关条款为准。

（4）物流公司总部保险组确认无误后按照和约要求在 30 天内进行赔付，供货商出具发票，保险组同时安排具体赔付事宜。

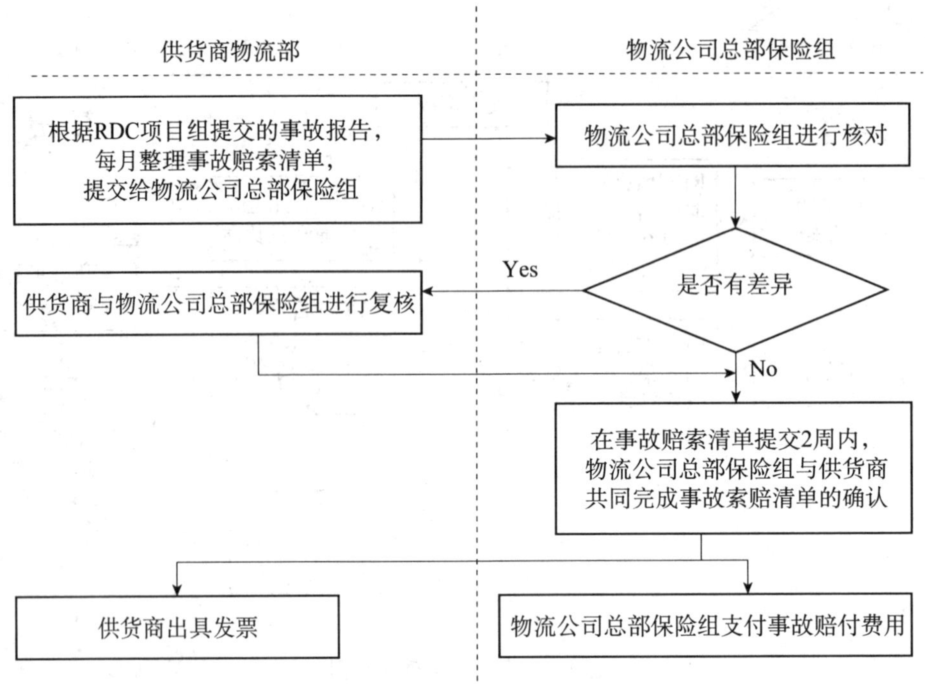

图 6—38 保险索赔流程图

九、回单程式

（一） 回单分类

（1）进口收货作业：以 RDC 仓库签字盖章的收货凭证和自送司机的装箱单作为回单。

（2）促销产品收货作业：以 RDC 仓库签字盖章的收货凭证作为回单。

（3）进口产品发货作业：以收货方签字盖章的送货凭证和 KA 卖场送货单作为回单。

（4）促销产品发货作业：以收货方签字盖章的送货凭证作为回单。

（5）正常退货作业：以退货方的退货清单及 RDC 仓库签字盖章的收货凭证作为回单。

（二） 回单的流程图

回单的流程如图 6—39 所示。

流程说明：

（1）供货商的回单均需要签收方签字盖章确认。

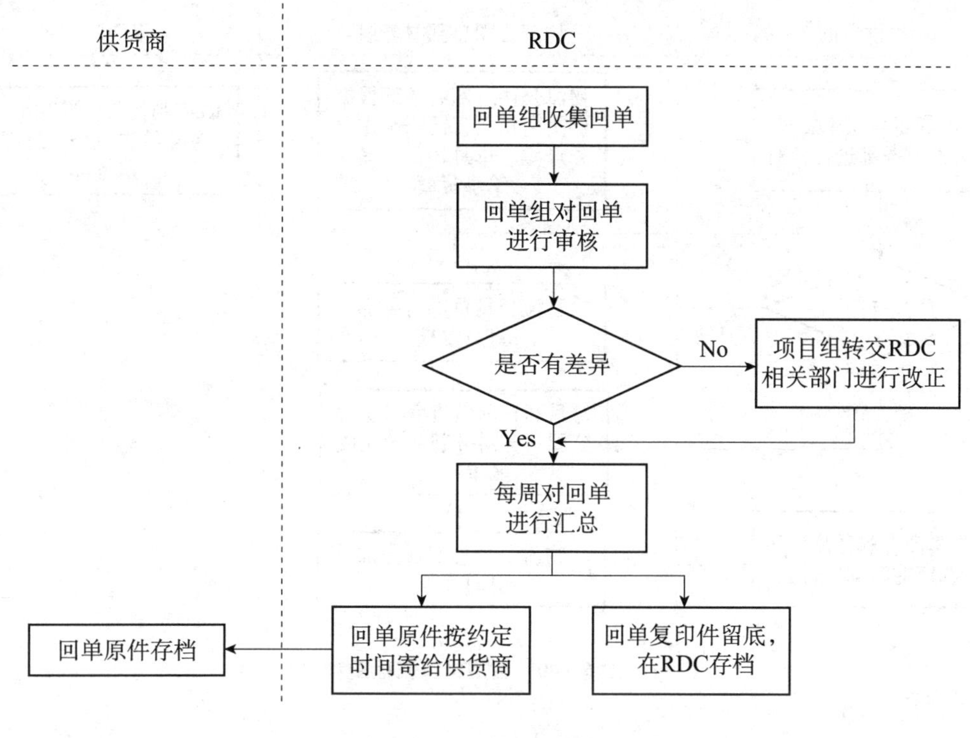

图 6—39　回单的流程图

（2）RDC 回单组负责收集回单并进行核对，有不符合要求的，则转交给 RDC 有关部门进行改正。

（3）RDC 及时整理、汇总运作订单的回单，回单复印件留在 RDC 存档，回单原件寄给供货商，寄送时附回单情况，供货商收到后核对签收并回传。回单寄送时间为每月 10 日和 25 日。

十、财务收费程序

RDC 与物流公司总部费用结算流程如图 6—40 所示。

流程说明：

（1）RDC 制作收费通知单，在每月 5 日前提交给物流公司总部财务部。

（2）物流公司总部财务部根据收费通知单制作财务账单，在每月 10 日前提交给供货商。

（3）供货商与物流公司总部财务部进行核对，并在每月的 25 日前完成确认。

（4）物流公司总部财务组按照确认情况出具相应的发票，供货商在和约规定的时间内安排支付财务费用。

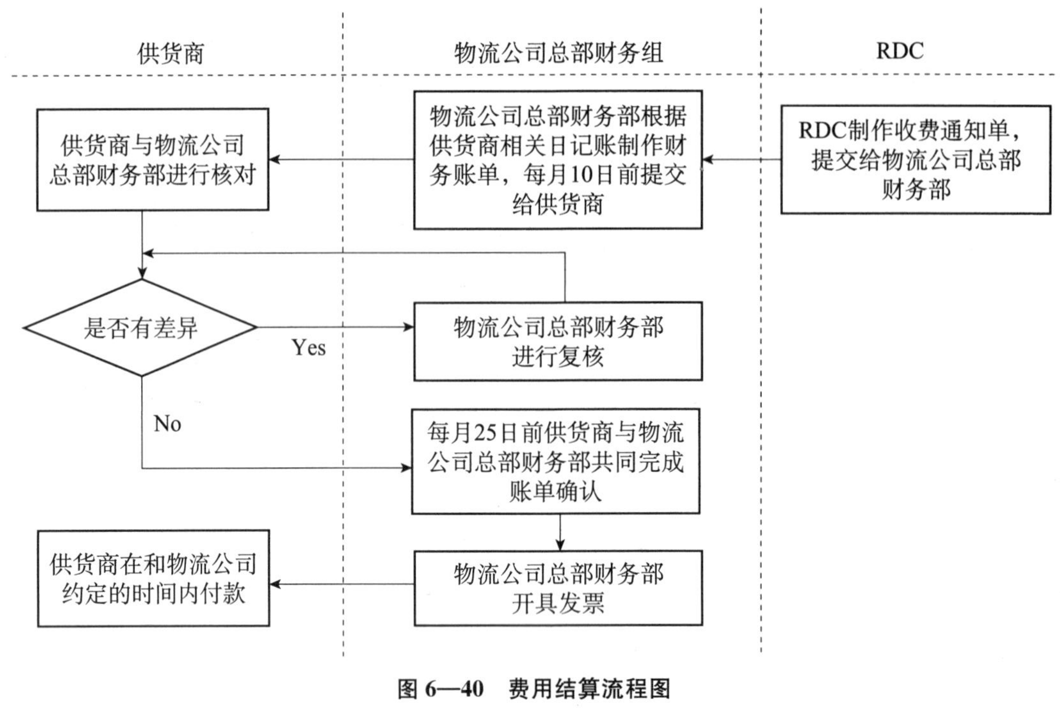

图 6—40 费用结算流程图

技能训练

实训目标

通过对本任务的学习，学生应了解 RDC 运作的特点，熟悉 RDC 的运作模式及服务范围，掌握 RDC 的运作流程，并能准确操作 RDC 运作系统。

实训情境

高新物流配送中心在 W 市的 RDC 将 100 台已经配好的长虹电视机配送到 Y 市的 4 个卖场。

实训任务

1. 调度员进行配送订单调度处理

RDC 调度员在收到客户的配送指令打单后，对配送单进行及时审核，按客户的配送要求及配送路线等相关因素进行车辆调度。开出派车单，在派车单上记录配送执行车辆、配送目的地、执行单号、货物规格、货物型号、货物数量、通知车辆时间、客户要求到达时间，并要求回单确认、费用确认、调度员签名、司机签名。配送车辆到达 RDC 后，司机在派车单签名确认，RDC 调度员在配送单上签名和盖章，撕下存根联的同时开具货物配送跟踪表给司机，在货物配送跟踪表上填写车辆到仓库时间、车牌号、司机签名、执行单号、送货地点、客户要求到达时间，其余的相关信息需由司机在货物配送跟踪表中填写（出库时间、实际到达送货时间、送货服务质量客户评判、客户签名等相关信息），司机拿配送单去仓库提货。

2. 仓库管理员进行配送单发货处理

仓库管理员在收到配送单后，对配送单进行审核，及时安排搬运工发货装车，司机与仓库管理员一起对配送单发货验收，对所发货物的型号、规格、数量、外包装质量按配送单进行验收确认（验收完毕，货物质量由司机负责）。装车完成后，仓库管理员在配送单上签名盖章，司机签名确认，撕下仓库联，仓库管理员在货物配送跟踪表上填写车辆出库时间并签名。由司机在仓库日工作交接表上的评判栏填写对本次车辆装卸质量的评判信息，司机拿配送单的其他联及货物配送跟踪表，开始运输配送作业。

3. 司机配送单配送处理

司机根据配送路线及客户要求到达时间等相关信息进行配送。当到达客户点时，司机与客户一起根据配送单进行货物验收，收货完毕，要求客户在配送单上签字确认，撕下客户收货联交予客户，将其他联带回，同时客户在货物配送跟踪表上填写收货时间、对配送服务的评判，并签字确认。

4. 配送回单处理

配送完毕，司机将当天所有配送运单（回单）进行整理，与货物配送跟踪表一起在规定的时间内交到 RDC 调度员处，RDC 调度员根据派车单对回单进行审核验收，并在派车单上的回单确认栏处签字确认。RDC 调度员将收到的回单进行整理，在规定的时间内将一份回单提交给物流公司总部的营业部，一份提交给供货商。如有问题及时处理，同时向有关责任处理部门汇报。

5. 配送费用处理

在当天配送工作完毕后，RDC 调度员将当日的货物配送明细表提交给物流公司总部营业部有关人员处，以做费用记录。

6. 配送质量跟踪处理

RDC 调度员根据货物配送跟踪表进行配送质量跟踪、审核、检查、考核，对配送进行有效的管理，对所发生的问题及时处理，不断地提高货物配送服务质量。

7. 配送事故处理

当配送作业出现责任事故时，及时处理并向有关责任处理部门汇报。将事情的前因后果、处理办法以及今后的预防措施详细记录并向有关责任处理部门汇报。

8. RDC 配送报表

司机应该根据所配送货物的情况编制 RDC 配送报表，并及时把配送结果反馈给配送中心入账。

9. RDC 调度员拜访配送客户

RDC 调度员根据货物配送质量跟踪表中客户反映的情况，安排对客户进行拜访，并填制客户拜访记录表。

10. RDC 日工作汇报

为了保证对客户项目在接管后的前期进行有效的监控，RDC 调度员每天向项目负责人汇报 RDC 运作的情况，汇报当日货物配送的准确率、准时率、客户满意度、出现问题、处理情况等相关信息。

实训考核标准

对学生的实训结果给予考核，有利于激发学生的积极性。同时，通过考核找出学生在实训过程中的不足并提出改进办法，有利于知识的总结和掌握。具体考核标准如表6—16所示。

表 6—16　　RDC 配送操作训练考评表

考核内容	考核标准	分值	实际得分
RDC 配送操作	配送人员分工明确	20	
	配送工作协调	15	
	配送作业的准确性	20	
	配送作业的准时性	20	
	配送作业的客户满意度	25	
合　计		100	

同步测试

一、单选题

1. 区域分发中心的英文缩写是（　　）。

A. DC　　B. RDC　　C. NDC　　D. CDC

2. 物流中心联系各 RDC 的中枢系统是（　　）。

A. 运输系统　　B. 仓储系统　　C. 配送系统　　D. 信息系统

3. 物流中心联系各 RDC 时，使用的成本较低的信息传递系统是（　　）。

A. 信函　　B. 电话　　C. E-mail　　D. EDI

4. 物流中心联系各 RDC 时，为了简化贸易清算环节的手续而使用的信息传递系统是

（ ）。

A. EDI B. 信函 C. 电话 D. E-mail

5. 海运集装箱车辆到达RDC仓库后，RDC仓库应先检查施封和集装箱箱体是否完好，施封号与集装箱箱号是否与（ ）上列明的号码一致。

A. 装箱单 B. 订单 C. 海运提单 D. 商业发票

6. 进口到货因未通过CIQ认证的进口产品，在WMS系统应先放入（ ）状态。

A. NR B. OD C. QA D. HOLD

7. 在RDC仓库合格区存放的进口货物，在WMS系统中的存放状态是（ ）。

A. NR B. QA C. OD D. HOLD

8. 外箱封箱带被破坏，但开箱时确认里面产品中包装完好无损，通过修复或重包装可转为可发状态的进口货物是（ ）。

A. 控制货物 B. 可发货物 C. 搁置货物 D. 破损货物

9. 外箱受雨淋、水迹、油污等污染的进口货物属于（ ）。

A. 可发货物 B. 破损货物 C. 控制货物 D. 搁置货物

10. RDC包装部按（ ）的要求进行CIQ贴标作业。

A. RDC B. 物流公司总部 C. 收货人 D. 供货商

二、多选题

1. RDC物流运作的三大支撑系统是（ ）。

A. 结算系统 B. 仓储系统 C. 运输系统 D. 物流信息系统

2. 物流中心联系各RDC的主要技术有（ ）。

A. E-mail B. EDI C. 信函 D. 电话

3. 区域分发中心是指物流公司具体进行业务运作的分发、配送中心，一般设有（ ）等部门。

A. 运输部 B. 资讯部 C. 仓务部 D. 综合部

4. RDC仓库的待检区存放的进口货物，在WMS系统中通常有（ ）存放状态。

A. NR B. QA C. OD D. HOLD

5. 下列（ ）进口货物属于不可挽救的破损货物。

A. 外箱破洞 B. 外箱有严重凹陷

C. 外箱有严重变形 D. 外箱受污染

6. 下列（ ）进口货物可通过修复或重包装转为可发的货物。

A. 外箱封箱带被破坏，但开箱时确认里面产品中包装完好无损

B. 箱体变形受污，但开箱时确认里面产品中包装完好无损

C. 产品中包装出现破损、凹陷、受污，但产品完好无损、产品表面无任何受污现象

D. 外箱有多处凹陷变形

7. RDC 在收入进口货物时发现货物存在（　　）情况之一的，则应当场拍照，同时收入仓库中的待检区域存放。

A. 进口货物完好无损，但尚未拿到进口质检合格证书

B. 产品中包装出现破损、凹陷、受污，但产品完好无损、产品表面无任何受污现象

C. 用于发指定客户或指定订单的货物

D. 单个货物出现受雨淋、水迹、油污等受损情况

8. 以 RDC 仓库签字盖章的收货凭证作为回单的有（　　）。

A. 进口产品发货作业　　B. 促销品收货作业

C. 正常退货作业　　D. 进口收货作业

9. 以收货方签字盖章的送货凭证作为回单的有（　　）。

A. 进口产品发货作业　　B. 促销品收货作业

C. 正常退货作业　　D. 促销品发货作业

10. 供货商的回单均需要签收方签字盖章确认，可作为回单的有（　　）。

A. 收货凭证　　B. 送货凭证

C. 退货方的退货清单　　D. KA 卖场送货单

三、判断题

1. RDC 物流运作模式的权力在各地的 RDC 处。（　　）

2. 各地的 RDC 不仅要负责业务开发，还要从事具体的物流服务操作。（　　）

3. 建立 RDC 的一个非常重要的目标就是实现仓储专业化、社会化管理，使得企业实现“零库存”。（　　）

4. E-mail 可以简化贸易清算环节的手续，减少信息传递方面的差错，降低客户反复修改或磋商时的通信成本和制作成本，缩短公司的采购周期。（　　）

5. E-mail 即电子邮件，这是目前最普遍、便捷、成本较低的信息传递系统。（　　）

6. 自送司机与仓库之间进行收货清点整箱货物时：若未发生封箱带被破坏或二次封箱，未发现箱体有破损、变形、污染，原则上按照整箱完好收货，并开箱清点里面的单件数量。（　　）

7. 自送司机与仓库之间进行收货清点时，对于零散货物，按照单件数量清点入库。（　　）

8. 进口货物重贴的 CIQ 标签一般由物流公司总部提供。（　　）

9. 正常退货作业，以退货方的退货清单及 RDC 仓库签字盖章的送货凭证作为回

单。（ ）

10. 进口产品发货作业只需以收货方签字盖章的送货凭证作为回单。（ ）

四、简答题

1. 物流配送中心信息管理系统各模块的主要作用是什么？
2. 物流配送中心信息管理系统用到的信息技术和必要的设备有哪些？
3. 简要说明 RDC 的含义和特点。
4. 简述 RDC 仓库作业的具体要求。
5. 简述哪些进口货物需转搁置。
6. 简述 RDC 仓库收货清点整箱进口货物时应注意的问题。
7. 简述 RDC 正常退货流程。
8. 简述 RDC 仓库的五防管理。
9. 简述 RDC 仓库的 6S 管理。
10. 简述 RDC 运作中供货商的回单分类。

五、案例分析题

案例一 青岛啤酒供应链管理

6 月的青岛，天气异常闷热。此时，青岛啤酒（以下简称青啤）销售分公司的吕大海手忙脚乱地接着电话，应付着销售终端传来的一个又一个坏消息。

“车坏了？要过几天才能回来？”“货拉错地点了？要隔一天才能送到？”“没有空闲的车辆来运货了？”……当时，身为物流经理的吕大海每天都把精力花在处理运输的麻烦事上，对于终端的销售支持简直就是有心无力。

炎炎夏季，正是啤酒巨头较劲的时候。而那时的青啤，却因为自己内部混乱的物流网络先输了一招。

“有时候仓库里明明没有货物了，还要签条子发货。而到了旺季，管理人员更是不知道仓库里还有没有货……”

随着啤酒市场的逐渐扩大，在青啤想发力的时候，混乱的物流网络成了瓶颈。而运输的混乱，又使啤酒的新鲜度受到了极大的考验。

可以说，新鲜是啤酒品牌的竞争利器，注重口感的消费者如果碰上了过期酒，品牌忠诚度绝对会大打折扣。由于缺乏严格的管理监控，外地卖不掉的青啤竟流回了青啤原产地——青岛，结果不新鲜的青啤充斥市场，使青啤的信誉度急剧下跌，销量自然上不去。

就这样，青啤人坐不住了。如果没有合适的解决办法，青啤制定的“新鲜度战略”根本实施不下去。

2001年，青啤面向全国进行销售物流规划方案的招标，最终，招商局下属的物流集团胜出，与青啤同征战场。

形容这次的结盟，吕大海用了“结婚”这个词，意指双方都是诚心诚意地“过日子”的。因为他们知道，供应链管理在当时还被视为一件新鲜事，迎接他们的必然是荆棘重重之路，要想实施成功，他们必须密切合作。

从变革一开始，青啤就狠心在服务商和经销商上“动刀子”。

虽然青啤自己拥有46台大型进口运输车辆，但实际上是远远不够用的，必须拥有大批的运输服务商来解决运力问题。而以前这些服务商都由青啤自己管理，精力有限。现在评估筛选以后，青啤挑选了最优质的服务商，然后交给招商物流来运作。

由于有严格的监控，现在每段路线都规划了具体的时间，从甲地到乙地，不仅有准确的时间表，而且可以按一定的条件——客户、路线、重量、体积——自动给出车辆配载方案，提高了配车效率和配载率，这都是之前无法做到的。

而青啤对于区域的经销商的要求则是拥有自己的仓库。青啤于是将各销售分公司改制为办事处，取消了原有的仓库及物流职能，形成了统一规划的CDC-RDC仓库布局。

所谓CDC-RDC仓库布局，可以说是重新规划了青啤在全国的仓库结构。

CDC-RDC设立了CDC（中央分发中心）、多个RDC（区域分发中心）和FDC（前端物流中心），一改以前仓库分散且混乱的局面。

这样，青啤从原有的总部和分公司都有仓库，变成了由中央分发中心至区域分发中心，再到直供商，形成了“中央仓—区域仓—客户”的配送网络体系，对原来的仓库进行重新整合。

吕大海说，全国设置了4个RDC，分别在北京、宁波、济南和大连。在地理上重新规划企业的供销厂家分布，以充分满足客户需求，并降低经营成本。

而FDC方面的选择则是考虑了供应和销售厂家的合理布局，能快速、准确地满足客户需求，加强企业与供应和销售厂家的沟通与协作，降低运输及储存费用。

青啤不仅仓储发生了变化，库存管理还采用了信息化管理，提供商品的移仓、盘点、报警和存量管理功能，并为货主提供各种分析统计报表，例如进出存报表、库存异常表、商品进出明细查询、货卡查询和跟踪等。

“可以说我们以前80%的精力都放在处理物流的问题上，但现在，我们可以把精力完全放在营销上了。”青啤办事处的人员深有感触地说。

由于将全部的精力投入市场终端，销售人员能及时掌控终端的情况，青啤的销量也就慢慢往上走了。

在一系列的整合后，青啤原先每年亏损过千万元的车队转变成一个高效、诚信的运输企业。运送成本由 0.4 元/公里降到了 0.29 元/公里，每个月下降了 100 万元。

在青啤向外地运送的速度上，也比以往提高了 30%以上。据称，山东省内 300 公里以内区域的消费者都能喝到当天的青啤。

问题：

1. 什么是 RDC 运作？
2. 青岛啤酒 RDC 是如何运作的？

案例二　沃尔玛的信息技术

沃尔玛公司是国际著名的大型零售企业。在过去的 20 年中，沃尔玛百货公司以每年 10%的增长速度膨胀，业务迅速扩张到亚洲、欧洲和南美洲。进入 20 世纪 90 年代，沃尔玛以其骄人的销售业绩，在世界 500 强企业的排行榜上，走出了一条通往巅峰的稳健的上升之路。

20 世纪 50 年代末，当第一颗人造卫星上天的时候，全世界商业界对现代通信技术还无人问津。但到了 70 年代，沃尔玛就率先将卫星通信系统运用于公司的发展。21 世纪伊始，沃尔玛又投资 90 亿美元开始实施“互联网统一标准平台”的建设。凭借先发优势、科技实力，沃尔玛的店铺冲出阿肯色州，遍及美国，走向世界。从这个角度看，与其说它是零售企业，不如说它是科技企业。

沃尔玛领先于竞争对手，先行对零售信息系统进行了积极投资的经典事例有：1969 年，最早使用计算机跟踪存货；1974 年，全面实现 SKU 单品级库存控制；1980 年，最早使用条形码；1984 年，最早使用品类管理软件；1985 年，最早采用 EDI；1988 年，最早使用无线扫描枪；1989 年，最早与宝洁公司等大供应商实现 VMI/ECR 产销合作。

早在 20 世纪 60 年代中期，山姆·沃尔顿只拥有几家商店的时候，他就已经清醒地认识到：管理人员必须能够随时随地获得他所需要的数据。例如：某种商品在沃尔玛的商店里一共有多少？上周的销售量是多少？昨天呢？去年呢？客户订购了多少商品？什么时候可以到达？在应用管理信息系统之前，这样的工作必须通过大量的人工计算与处理才能得到。因此，实时控制处于任何地点的商店的想法只是一个梦想而已。要想在现有的基础上扩大规模，只有密切追踪信息处理技术进步的步伐。

1974 年，沃尔玛开始在其分销中心和各家商店运用计算机进行库存控制。1983 年，沃尔玛的整个连锁商店系统都用上了条形码扫描系统。1984 年，沃尔玛开发了一套市场营销管理软件系统，这套系统可以使每家商店按照自身的市场环境和销售类型制定出相应的营销产品组合。

在 1985—1987 年，沃尔玛安装了公司专用的卫星通信系统，该系统的应用使得总部、分销中心和各商店之间可以实现双向的声音和数据传输，全球的沃尔玛分店也都能够通过自己的终端与总部进行实时联系。这一切的优势都来自沃尔玛积极地应用最新的技术成果。通过采用最新的信息技术，员工可以更有效地开展工作，更好地作出决策以提高生产率和降低成本。在沃尔玛的管理信息系统中最重要的一环就是配送管理。

20 世纪 90 年代沃尔玛提出了新的零售业配送理论：集中管理的配送中心向各商店提供货源，而不是直接将货品运送到商店。其独特的配送体系，大大降低了成本，加速了存货周转，形成了沃尔玛的核心竞争力。沃尔玛的配送系统由三部分组成：高效的配送中心、迅速的运输系统、先进的卫星通信网络。

除了优秀的配送系统外，沃尔玛还把信息技术与经营活动密切配合，开发出沃尔玛配送管理信息系统，该信息系统的应用更使其如虎添翼，它可以迅速得到所需的货品层面的数据，观察销售趋势、存货水平和订购信息等。十多年来，沃尔玛在这方面取得了惊人的成就，在全球拥有 3 000 多家分店、40 多家配销中心、多个特别产品配销中心，它们分布在美国、阿根廷、巴西、加拿大、中国、法国、墨西哥、波多黎各等国家。沃尔玛总部与全球各家分店和各个供应商通过公共的计算机系统进行联系。它们有相同的补货系统、EDI 条形码系统、库存管理系统、会员管理系统、收银系统。这样的系统使沃尔玛能从其任何一家分店了解全世界的分店的资料。

问题：

1. 沃尔玛的成功主要体现在哪些方面？
2. 信息技术的采用给沃尔玛带来了哪些好处？

参考文献

[1] 吕军伟．物流配送业务管理模板与岗位操作流程．北京：中国经济出版社，2005.

[2] 胥洪娥．配送中心运营与管理．天津：天津大学出版社，2009.

[3] 薛威．仓储作业管理．北京：高等教育出版社，2012.

[4] 李守斌．配送作业实务．北京：机械工业出版社，2007.

[5] 钱芝网．配送管理实务情景实训．北京：电子工业出版社，2009.

[6] 张开涛．配送中心运营与管理．武汉：华中科技大学出版社，2010.

[7] 秦龙有．仓储与配送管理．北京：机械工业出版社，2005.

[8] 李永生，郑文岭．仓储与配送管理．北京：机械工业出版社，2004.

[9] 浦震寰．现代仓储管理．北京：科学出版社，2006.

[10] 陈良勇．物流成本管理．北京：清华大学出版社，北京交通大学出版社，2008.

[11] 何海军．物流成本管理．北京：中国传媒大学出版社，2011.

[12] 黄世一．物流成本核算与分析．北京：清华大学出版社，2009.

[13] 倪凤琴．物流成本管理．北京：电子工业出版社，2004.

[14] 鲍新中．物流成本管理与控制．北京：电子工业出版社，2006.

[15] 朱伟生．物流成本管理．北京：机械工业出版社，2006.

图书在版编目（CIP）数据

配送实务/邓传红主编．—北京：中国人民大学出版社，2015.8
21世纪高职高专规划教材．物流管理系列
ISBN 978-7-300-21516-7

Ⅰ.①配… Ⅱ.①邓… Ⅲ.①物资配送-物资管理-高等职业教育-教材 Ⅳ.①F252.2

中国版本图书馆CIP数据核字（2015）第135627号

21世纪高职高专规划教材·物流管理系列
配送实务
主 编 邓传红
副主编 任天舒 熊晓艳
Peisong Shiwu

出版发行	中国人民大学出版社		
社 址	北京中关村大街31号	**邮政编码**	100080
电 话	010－62511242（总编室）		010－62511770（质管部）
	010－82501766（邮购部）		010－62514148（门市部）
	010－62515195（发行公司）		010－62515275（盗版举报）
网 址	http：//www.crup.com.cn		
	http：//www.ttrnet.com（人大教研网）		
经 销	新华书店		
印 刷	北京昌联印刷有限公司		
规 格	185 mm×260 mm 16开本	**版 次**	2015年8月第1版
印 张	19.5 插页1	**印 次**	2019年2月第2次印刷
字 数	388 000	**定 价**	34.00元

信息反馈表

尊敬的老师:

您好！为了更好地为您的教学、科研服务，我们希望通过这张反馈表来获取您更多的建议和意见，以进一步完善我们的工作。

请您填好下表后以电子邮件、信件或传真的形式反馈给我们，十分感谢！

一、您使用的我社教材情况

您使用的我社教材名称			
您所讲授的课程		学生人数	
您希望获得哪些相关教学资源			
您对本书有哪些建议			

二、您目前使用的教材及计划编写的教材

	书名	作者	出版社
您目前使用的教材			
	书名	预计交稿时间	本校开课学生数量
您计划编写的教材			

三、请留下您的联系方式，以便我们为您赠送样书（限1本）

您的通信地址			
您的姓名		联系电话	
电子邮箱（必填）			

我们的联系方式:

地　址: 苏州工业园区仁爱路158号中国人民大学苏州校区修远楼

电　话: 0512-68839320　　传　真: 0512-68839316

E-mail: huadong@crup.com.cn　　邮　编: 215123

网　址: www.crup.com.cn